줄 서서 먹는 식당의 비밀

줄 서서 먹는 식당의 비밀

대기업과 맞짱 떠서 이길 수 있는

김현수 지음

불황을 이기는
김현수의
인사이트 분석

장사는 식당밖에 없다

이상미디어

식당 성공에 목마른 당신에게

가끔 농담 같은 질문을 받는다. 상담할 때 피상담자와의 친분관계에 따라 상담 내용의 충실도가 달라지지 않느냐고. 장담하건대 그렇지 않다. 의사가 친분이 있는 환자건 처음 보는 환자건 같은 증세에 동일한 처방을 내리는 것과 마찬가지다. 친하다고 고급 정보를 제공하는 것도 아니고 친하지 않다고 해서 부실 상담을 하는 것도 아니다.

6~7년 전쯤부터 내 강연과 교육에 열성적으로 참여하는 사람이 있었다. 당시 그는 30대 후반의 젊은 나이에 탄탄한 고깃집을 창업하고자 동분서주했다. 나의 SNS에 자주 방문했고 우리 회사에서 주관하는 벤치마킹 행사에 빠짐없이 참석했다. 나는 그의 탐구 정신과 열정에 반했다. 시간이 흐르면서 우리는 차츰 친밀감을 느끼는 가까운 사이가 됐다. 비즈니스 관계로 만나 인간적으로 친해진 것이다. 그의 꿈은 국내에서 내로라하는 고깃집 브랜드를 출범시키는 것이었다. 꼼꼼한 창업준비는 물론, 대형 외식기업에서 다년간 근무하며 실무경험까지 쌓은 터라 그가 쉬 꿈을 이룰 것으로 예상했다.

그러던 어느 날, 6개월 정도 소식이 없던 그가 브런치 카페를 개점했다고 알려왔다. 그러면서 내게 '조언도 해줄 겸 한번 와 달라'고 말했다.

고깃집이 아니라 브런치 카페라니? 나는 그의 갑작스러운 표변에 내심 당황스러웠다. 얼마 뒤 그의 가게에 찾아갔다. 최근 커피 전문점들이 경쟁이 치열해지면서 매출 부진을 겪자 커피, 빵, 디저트 등 다양한 식사 메뉴를 갖춘 브런치 카페가 생겨났다. 편안하면서도 고급스러운 분위기에서 커피와 식사를 즐기고 싶은 30~40대 여성층이 선호한다. 이들은 시간적으로 여유가 있는 중산층 주부들이다.

그런데 막상 찾아가 보니 주 고객인 중산층 주부들이 찾아오기 어려운 서민 동네의 재래시장 근처였다. 진입로는 복잡했고 주차장도 없었다. 쾌적하고 여유로움이 느껴져야 할 브런치 카페와는 전혀 입지가 맞지 않았다. 무엇보다 매장이 너무 좁았다. 4층짜리 단독 건물이었지만 1층 전체 면적이 겨우 16m²(5평)에 불과했다. 그나마 층수가 올라갈수록 좁아지는 마름모꼴 형태의 건물이었다. 비좁아서 직원은 일하기 어려웠고 손님 역시 2~4층까지 오르내리기가 불편한 공간이었다.

그 대표는 임차료가 저렴했고 가까운 친척의 투자를 받을 기회여서 창업을 결정했다. 위에 열거한 악조건들은 눈에 들어오지 않았던 것이다. 게다가 지금까지 고깃집에 타깃을 맞추고 준비해왔던 그동안의 노력들이 무의미해졌다. 현재 개점한 지 3년이 되었는데 그는 아직도 힘겨운 경영을 이어가고 있다. 손해를 보더라도 그때 바로 털고 나와야 했다. 시간이 지날수록 유무형의 손실은 커질 것이다. 나와 가까웠던 관계였음에도 브런치 카페 사장은 잘못된 창업으로 고생길을 걷고 있다.

식당의 성패 가를 새 기준 '인사이트 경영'

앞의 사례와 정반대인 경우도 있다. 하루는 돼지 고깃집을 하겠다며 한 사람이 짧은 상담을 신청하고 찾아왔다. 나와는 일면식도 없는 이였다. 나는 그에게 가스나 전기에 굽는 불판구이 방식보다 훈향이 강렬하고 고기 맛이 월등한 직화구이 방식을 권했다. 모눈이 넓은 석쇠를 사용할 것도 일렀다. 그는 나의 조언에 어떤 반응도 보이지 않고 조용히 돌아갔다.

7~8개월 뒤 그는 내가 조언했던 대로 직화구이 고깃집을 창업해 큰 성공을 거뒀다. 모눈 넓은 석쇠 사용 등 얄미울 정도로 내가 일러준 포인트를 잘 잡았다. 최근 본점의 성공에 탄력을 받아 본점 콘셉트를 변형한 2호점까지 냈다. 그곳 역시 손님의 큰 호응 속에 엄청난 인기몰이

를 하고 있다.

예비지식이 부족한 내담자는 진찰 격인 통찰 상담에서 끝나지 않고 치료 격인 개선 활동(컨설팅)으로 이어지는 경우가 많다. 통찰 상담에서는 총론적인 이야기를 들려주고 개선활동에 들어가야 비로소 세부 각론에 따라 활동하기 때문이다. 위의 고깃집 주인은 선승이 화두를 깨닫듯 통찰 상담만으로도 벼락처럼 알아차린 것이다. 컨설팅 비용을 추가로 들이지 않고도 소중한 정보를 선용해 성공한 사례다.

물론 내 조언이 다 옳은 것도 아니며 내게 상담을 받았다고 100% 성공하는 것도 아니다. 내게 이런저런 조언을 열심히 들은 뒤 내 조언과 동떨어진 의사결정을 하는 사람들이 아주 많다. 앞의 브런치 카페 대표도 그런 경우다. 똑같은 얘기를 해줘도 경청하는 사람의 수용 능력에 따라 결과는 천차만별이다.

남의 얘기를 경청할 줄 알고, 들은 정보를 높은 순도로 걸러낼 줄 알며, 가공한 우량 정보를 바탕으로 밑그림을 그리고, 그 그림에 따라 실행하는 사람은 성공할 가능성이 크다. 이런 사람이 인사이트 능력이 뛰어난 사람이다. 인사이트는 풍부한 경험과 지식뿐 아니라 분석하는 능력, 종합하는 능력, 평가하는 능력, 실행력의 총합이다. 여기에 더해 풍부한 상상력과 공감능력도 필요하다.

오늘날 식당을 운영하는 데에도 이런 통찰력이 필요하다. 뛰어난 조리 기술을 가졌다고 최고의 외식업 경영자가 되는 것은 아니다. 나는 〈월간외식경영〉을 창간하기 이전부터 지금까지 20여 년간 수천여 곳의 식당을 찾아다녔고 식당 주인들을 만나봤다. 요즘에도 한 달에 50곳의 식당을 방문한다. 상담 요청을 받고 찾아가는 식당도 적지 않다. 경영이 어려워져 도움을 요청한 곳들도 있지만 이른바 대박식당도 있고 음식 맛이 출중한 곳도 있다. 각자 처지는 달라도 좀 더 나은 경영환경을 꿈꾸는 소망은 모두 한결같다. 그들과 대화를 나누다 보면 통찰력이 제각각임을 알 수 있다. 일시적으로 어려워도 충분히 극복할 것이 예상되는 사람이 있고, 지금 잘나가지만 미래가 위태로워 보이는 사람도 있다. 통찰력과 태도의 차이다.

식당이 어려움에 처하는 원인은 크게 대외적 요인과 대내적 요인으로 나눌 수 있다. 특정 기업체나 기관의 이전, 재개발, 도로개설, 공동화 현상, 도시계획 시행 등으로 기존 고객층이 떨어져나가는 것은 식당과 무관한 대외적 요인이다. 불경기, 천재지변, 정부정책 변경에 따른 특정 고객층 이탈도 마찬가지다. 그러나 음식의 질 저하, 불친절한 응대, 너무 비싼 가격, 불편한 식사 환경, 메뉴의 부조화, 불합리한 운영 등은 대내적 요인이다. 내가 접했던 부실 식당들은 대내적 요인으로 부실화된 경우가 대부분이다. 대내적 요인을 다시 분석해보면 대개 식당 주인의 성향과 직간접적으로 연결돼 있다.

인사이트란 알아차림, 혹은 알아차리는 능력이다. 먼저 나를 알아차리는 것이다. 즉 자신의 몸에 밴 습관과 편견을 알아차려 자신을 객관화하는 능력이다. 둘째는 바르게 알아차리는 것이다. 잘못 알거나 어렴풋이 아는 것은 차라리 전혀 모르는 것만 못한 경우가 많다. 셋째는 넓게 알아차리는 것이다. 한 가지 앎을 통해 그 주변부를 두루 이해하는 것이다. 요즘 대두되고 있는 통섭과 통하는 알아차림이다. 넷째는 남보다 먼저 알아차리는 것이다. 식당 경영활동도 자본주의 시스템 아래서 작동한다. 경쟁자보다 먼저 알고 먼저 행동해야 산다.

대외적 요인은 개선하기가 어렵고 효과도 미미하다. 하지만 대내적 요인에 의해 부실해진 식당은 주인의 의지와 노력 여하에 따라 얼마든지 개선이 가능하다. 이때 주인이 인사이트를 가졌느냐, 가지지 않았느냐 여부가 성패의 향방을 좌우한다. 아무리 의지가 강하고 맹렬히 노력해도 처음부터 인사이트가 결여된 개선 활동은 한계가 있다. 효과가 오래 가지도 못한다.

나는 수없이 많은 식당의 경영 개선 작업을 하면서 의뢰인의 알아차림 능력과 개선효과의 상관관계가 아주 밀접하다는 사실을 발견했다. 외식업 경영자의 알아차림 능력은 그래서 중요하다. 나는 경영자의 알아차림 능력에 기반한 외식업소 경영을 '인사이트 경영'으로 부르고자 한다.

한국 사회의 치열한 경쟁 담론을 꺼낼 때면 으레 한국 식당의 엄청난 숫자가 호출되곤 한다. 2017년 기준으로 무려 729,000개의 식당이 문을 열고 있다. 그만큼 우리나라 식당 수는 누구나 피부로 느낄 만큼 적정선을 훨씬 넘어섰다. 그런데 그 숱한 식당 가운데 인사이트 경영을 펼칠 능력자는 아주 극소수다. 뒤집어 말하면 조금만 인사이트 능력을 키워도 경쟁에서 이길 수 있다는 뜻이다.

이 책은 지난 15년간 여러 식당의 경영 개선 활동 현장에서 체험하고 느낀 것들을 바탕으로 엮었다. 식당 주인 자신과 한국 외식업계의 실상에 대한 편향된 시각을 교정해주고, 식당 주인이 부지불식간에 저지르는 실수, 식당을 운영할 때 흔히 발생하는 각종 문제를 해결하는 솔루션을 구체적으로 제시하고자 노력했다. 이를 통해 독자들이 인사이트 경영의 기본기를 탄탄하게 다지길 기대한다.

　식당 주인이 이 책을 읽었다고 당장 식당이 발전하거나 매출이 늘지는 않을 것이다. 다만 인사이트 능력을 키워줄 실마리는 충분히 제공하고자 노력했다. 평소 인사이트 능력을 키우면 식당이 위기에 빠질 확률도 그만큼 낮아진다. 독자 여러분께서 이 책과 더불어 인사이트 능력을 키우고 자신의 식당을 대한민국 외식의 명소로 가꿔나가길 기대한다.

2019년 9월

외식 콘셉트 기획자 김현수

2장 ♀ 식당 운영의 기본기

3장 ♀ 인사이트로 가는 길

4장 ♀ 인사이트 테크닉 적용하기

5장 ♥ 인사이트 아이템 필승 전략

필승 추천 아이템 10선

6장 ♀ 인사이트 경영으로 성공 일군 식당들

7장 곧 창업하는 당신에게 드리는 조언

1장

식당 주인도 모르는
대한민국
식당의 실상

◉ 2010년대 후반에 창업해 성공한 식당 경영자가 진짜 실력자

여러 식당이 경영개선 활동을 벌이지만 개선 효과가 예전 같지 않다. 그 이유가 여러 가지겠지만 홍보 측면에서만 보자면 폭증한 소셜 네트워크 서비스(SNS) 환경과 다변화된 홍보수단 때문이다. 홍보 역량을 아무리 집중해도 예전보다 성과를 기대하기 어려워진 것이다. 그렇게 된 것이 대략 2017~2019년인 2010년대 후반부터다.

예전에는 식당의 특징과 장점을 집중적으로 홍보하면 다소 미흡한 부분이 있더라도 홍보의 힘으로 어느 정도 커버가 됐다. 그러나 지금은 사정이 달라졌다. 근본적으로 실력이 부족한 식당은 아무리 홍보해도 부족한 실력이 가려지지 않는다. 그만큼 고객의 눈높이가 높아졌고 예리해졌다. 이제 실력이 없으면 홍보발도 받기 힘든 환경이 됐다. 자기 실력이 없어 보이는 식당을 고객은 거들떠보지 않는다. 그야말로 실력을 갖춘 자가 강자인 세상이 됐다. 그렇다면 실력의 원천은 무엇일까? 나는 분석력이라고 생각한다.

2018년 가을, 서울 충무아트홀에서 식당 주인들을 대상으로 강연을 했다. 그 자리에서 이야기 끝에 당시 내가 어느 식당에서 발견했던 짜글이(두루치기)에 대해 살짝 언급하고 넘어갔다. 그랬더니 일부 식당 주인이 짜글이의 메뉴 효용성을 알아챘다. 대부분의 청중은 무슨 말인지도 모르고 쓱 지나갔지만 몇몇 사람은 남다른 촉으로 짜글이의 활용 잠재력을 눈치챘던 것이다.

그 소수의 사람은 청취력이 뛰어난 사람들이었다. 시장 트렌드와 소비자 니즈를 이미 분석한 상태에서 강연을 듣다가 맥을 제대로 짚은 것이다. 그들에게는 분석력 외에도 공통점이 있었다. 그들은 여러 곳에 직영점을 운영하는 성공한 식당 주인들이었다. 그리고 보면 그들의 성공은 단순히 운만 좋아서 성공한 것은 아니었던 것 같다. 그들이 지금 누리는 성공의 밑바탕에는 청취력이라는 성공 자질이 갖춰져 있다.

남의 것을 따라 하더라도 자기 것으로 만들 줄 아는 능력 있어야 한다. 주부 고객에게 큰 인기를 얻고 있는 생선구이 전문점 가운데 선두주자 격인 식당이 있다. 이 식당은 다른 아이템의 식당 주인들까지도 벤치마킹 대상으로 삼아 자주 찾아가는 곳이다.

벤치마킹을 다녀와 이 집과 똑같이 식당을 꾸민 이른바 '짝퉁 생선구이집'도 생겼다. 겉모양을 그대로 베꼈다고 해서 원조 식당의 가치까지 공유할까? 그건 아니다. 분석의 과정 없이 흉내만 낸 것은 실익도 없고 자존심마저 저버린 행위일 뿐이다. 처음엔 멋모르고 갔던 손님들도 차츰 허술함을 알게 된다. 요즘에 그런 식당이 성공하긴 어렵다.

원조 생선구이집 주인은 식자재 유통 사업을 겸하고 있어서 원가에 대한 경쟁력을 갖췄다. 주요 식자재인 고등어와 산나물에서 특히 월등하다. 또 여러 차례 식당 운영에 실패했던 경험을 탄탄한 성공의 디딤돌로 삼았다. 이런 점들이 이 집의 주요 벤치마킹 요소다. 찾아온 대부분의 식당 주인도 그런 요소들을 눈여겨본다.

문제는 그다음이다. 성공 요소를 찾아냈지만 그 집처럼 식자재 유통을 겸할 수도 없고 일부러 몇 차례 식당 운영을 실패해볼 수도 없는 노릇이다. 벤치마킹은 대상 식당을 관찰한 뒤 배워야 할 요소(+요소)와 타산지석으로 삼아야 할 요소(-요소)를 찾아내 내 식당에 적용시키는 일련의 활동이다. 그렇다면 긍정 요소 외에 또 다른 측면도 찾아봐야 한다.

아무리 완벽한 식당이라도 단점은 있는 법이다. 예를 들면 벤치마킹을 하려는 식당의 밥맛은 그저 그런 편이다. 그렇다면 그 집 밥보다 더 맛있게 내놓는 건 가능한 일이다. 벤치마킹을 다녀와서 자신의 식당 밥맛이 좋아졌다면 성과를 낸 벤치마킹 활동이라고 할 수 있다. 또한 그 집에서 기대치에 미치지 못했던 부분을 체크해뒀다가 향후 다른 곳에서 배우면 된다. 생선구이 노하우나 조리도구, 시설, 시스템 등은 일본의 생선구이 전문점들이 앞섰다. 훗날 기회가 있을 때 일본의 생선구이 전문점에 가서 체크했던 항목들 위주로 벤치마킹을 하면 된다.

배울 만한 노하우나 아이디어가 있는 곳이라면 일본이든 어디든 뛰어가는 사람들이 있다. 바로 2010년대 후반에 성공한 식당 경영자들이다. 예전에는 어설프지만 잘나가는 식당을 비슷하게 흉내 내도 성공했다. 한때 최고의 전성기를 구가했던 한 외식업체도 그랬다. 작은 식당으로 출발해 국내 유수의 한식 브랜드로 성장한 그 업체는 외국계 사모펀드에 1,000억 원대 이상에 매각돼 화제가 되기도 했다. 그 업체의 성장 동력은 대표의 뛰어난 모방능력이었다. 운이 좋았던 시절이었다.

하지만 요즘에는 그렇게 해서 성공하기가 쉽지 않다. 요즘 창업에 성공하는 식당 주인들은 남의 것을 내 것으로 만드는 능력이 뛰어나다. 독서, 강연, 벤치마킹을 통해 다른 사람의 지식과 경험을 예민한 분석력으로 찾아내고 자기 것으로 만들 줄 아는 능력, 지금은 그런 사람이 성공하는 시대가 됐다.

📍 과거 잘나갔던 식당도 위기가 닥치면 헤맨다

봄 여름에는 모든 나무가 다 무성하다. 짙은 푸름을 뽐낸다. 그러다가 가을이 오고 겨울이 되면 대부분의 나무는 무성했던 잎을 떨군 채 나목이 된다. 오직 소나무와 잣나무만 푸름을 지속한다. 좋은 시절에는 어떤 나무가 사철 푸름을 유지할 역량을 지녔는지 알지 못한다. 추운 겨울이 되어야 비로소 드러난다. 외식 업계도 마찬가지다.

외식 업계 원로들을 만나면 "20~30년 전에는 식당 하기 좋았다"는 말을 흔히 듣는다. 내 생각에는 불과 5년 전만 해도 지금보다 식당하기가 훨씬 좋았던 '봄날'이었다. 타이밍이나 아이템만 잘 잡으면 웬만해선 실패하지 않았다. 특히 삼겹살과 막국수가 그랬다. 수요가 점점 늘어나는 아이템인 데다 지금은 보편화된 SNS 마케팅을 구사하면 어렵지 않게 대박식당으로 등극했다. 수요가 늘어나는 초기 시장 진입기였던 막국수는 독점적 지위까지 누렸다.

과거 잘나갔던 식당들은 성장해 몸집이 커졌다. 몇 년 새 식당을 둘러싼 환경은 바뀌었지만 식당 주인들의 의식은 크게 바뀌지 않았다. 지구환경이 변했지만 좋은 시절에 몸집을 불린 공룡과 같은 처지다. 물론 그들은 나름대로 대비책을 찾고 성실하게 대응했다. 여러 교육기관에서 교육도 받고 전문가를 만나 조언도 들으려고 노력했다. 그렇지만 관성에 매여 자신의 문제점을 찾아내지 못하는 경우가 많았다. 문제의 핵심은 소비자의 식상함을 어떻게 해소할 것인가이다.

내가 잘 아는 유명 콩나물국밥 전문점도 그동안 별 어려움 없이 승승장구했다. 그러나 콩나물국밥은 치명적 약점이 있다. 한 끼 식사로는 부족하다는 사람들의 인식이다.

최근 이를 돌파하지 못해 어려움을 겪고 있다. 문제 해결에 나섰지만 콘셉트 정비나 유기적 메뉴 개발에 실패해 어려움에서 벗어나지 못하고 있다.

우리 회사가 있는 양재동 근처의 콩나물국밥집은 비빔밥으로 이런 약점을 극복했다. 비빔밥의 주재료 역시 콩나물국밥과 같은 콩나물이다. 그렇지만 비빔밥은 한 끼 식사로 충분한 메뉴여서 콩나물국밥의 약점을 충분히 만회해준다. 이 집은 점심시간이면 손님들이 줄을 서서 비빔밥을 사 먹는다. 조금만 생각을 바꾸면 같은 콩나물로도 전혀 다른 상황을 맞이할 수 있다. 똑같이 콩나물국밥을 팔지만 유명 콩나물국밥 전문점보다 규모가 작은 식당은 오히려 건재하다.

오랫동안 대박식당을 구가해온 식당 주인들이 버려야 할 습성이 '관성적 경영'뿐만은 아니다. '단선적 사고'도 문제다. 사물이나 사건을 대할 때 자기 대롱을 통해 대상을 관찰하는 것처럼 단선적으로 본다. 복잡계가 지배하는 세상에서 단선적인 시각은 일종의 장애다. 어떤 이슈가 발생하면 그 이슈가 우리 식당에 어떤 영향을 미칠지 복합적 입체적으로 봐야 한다.

예를 하나 들어보자. 몇 번에 걸친 남북정상회담으로 평양냉면이 널리 알려졌다. 평양에서 공수해온 냉면을 회담 참석자들이 사이좋게 나눠 먹는 모습이 TV에 방영됐다. 그러자 갑자기 평양냉면 인기가 폭발적으로 상승했다. 평양냉면 전문점마다 몰려드는 손님 수가 회담 전과는 비교할 수 없을 정도였다.

그렇지만 전 지역이 고르게 영향을 받은 것은 아니다. 똑같이 평양냉면 불모지대였던 대구와 광주도 온도 차가 났다. 2018년 회담으로 광주에서는 수도권만큼이나 평양냉면 인기가 높아졌다. 하지만 대구는 여전히 미미한 편이다. 복잡한 지역적 사회적 정치적 역학관계가 작용한 결과다.

광주 시민은 정치 성향이 대구 시민보다 상대적으로 진보적이다. 해빙 무드가 조성되고 있던 당시의 남북관계에 대해서도 대구보다 광주 시민의 감수성이 더 높은 편이었다. 광주에서 평양냉면집을 차리면 성공할 가능성이 그만큼 높은 타이밍이었다. 그렇지만 대구는 그 정도까지는 아니었다. 이런 차이를 읽어내지 못한 채 대구에서 대박을 기대하고 평양냉면 전문점을 차린다면 어려움에 봉착할 가능성이 높다.

남북정상회담이라는 빅 이슈로 평양냉면 인기와 수요가 급증한 것은 사실이다. 그렇지만 지역적 편차가 엄연히 존재하는 것도 사실이다. 곤충의 겹눈처럼 대상의 여러 측면을 동시에 볼 줄 알아야 한다. 한눈에 한 가지만 보는 단선적 시선과 사고는 극복해야 한다.

내가 만든 음식을 누가 먹을 것인가 하는 문제는 중요하다. 평양냉면 얘기가 나온 김에 하나 더 생각해보자. 평양냉면은 대체로 남자들이 선호하고 함흥냉면은 여자들이 더 선호한다. 아이템을 선정할 때는 이런 부분을 종합적으로 고려해야 한다. 몇 년 전 경기도 과천 국립과학관에 입점할 외식업체의 공개 프레젠테이션에 다녀왔다. 국내 유수의 대기업들이 총출동했다. 엘리트 사원들이어서 그런지 그들의 자료 분석능력은 뛰어났고 논리적이었으며 발표력 또한 출중했다.

그러나 모두 헛다리를 짚고 있었다. 가장 중요한 핵심이 빠진 것이다. 국립과학관은 어린이들이 많이 모이는 곳이다. 당연히 어린이들이 선호하는 짜장면이나 돈가스 같은 메뉴로 접근했어야 했다. 하지만 어느 팀도 그런 맥을 짚지 못했다. 준비를 철저히 했고 발표는 잘했지만 알맹이 없는 프레젠테이션이 되고 말았다.

고학력에 경험까지 풍부한 잘나가던 식당 주인이나 똑똑한 대기업체 엘리트 사원이라고 해도 단선적 사고에 한 번 포섭되면 입체적 사고를 하지 못하는 경우를 여러 번 봤다. 자신이 입체적 사고능력이 부족하다고 판단되면 그런 자질이 뛰어난 사원을 채용해 위기 대처능력이 뛰어난 인재로 키워야 한다.

♀ 식당 주인들은 고객 마음을 너무 모른다

가끔 식당 주인들을 대상으로 한 강연에 강사로 나간다. 그때마다 소크라테스도 아니면서 산파술로 강연을 시작하곤 한다. 청중의 주의를 집중시키는 데는 역시 질문이 최고다. 한번은 강연에서 이런 질문을 던졌다.

"메밀국수를 좋아하십니까?"

"네!"

"그럼 메밀국수를 잘하는 식당, 아는 데 있나요?"

"……"

메밀국수뿐만이 아니다. 다른 메뉴를 물어봐도 식당 주인들은 바로 답을 하지 못한다. 특정 메뉴에 대한 고객의 니즈나 기호는 형성됐지만, 고객 니즈를 충족시키는 실력 갖춘 식당은 그만큼 드물다. 소비자가 원하는 것을 충족시켜 주기가 어렵다는 방증일 것이다.

맛은 좋은데 왜 손님이 없지?

경기도 분당의 설렁탕집 〈감미옥〉에 자주 간다. 내가 알기로는 설렁탕집 가운데 전국 최고의 매출을 올리는 곳이다. 1만 4,000원짜리 '특'은 나무랄 데 없이 훌륭하다. 한우, 육우, 외국산 소고기를 절묘하게 섞어 쓴다. 그렇지만 최고의 맛집이라는 생각은 안 든다. 다만, 고기 건더기에 지방을 섞어 살짝 기름진 맛을 내는 게 소비자들 입맛을 사로잡은 비결이다. 대부분의 설렁탕집에서는 지방을 떼어낸다. 막연하게 손님들이 싫어할 거라는 생각으로 기름기를 떼어냈을 것이다. 그렇지만 지방을 떼어내고 씹으면 고기가 뻣뻣하다.

부산 전포동의 설렁탕집은 양지 부위를 잘 써서 건더기의 식감을 제대로 잡았다. 분명 맛있는 설렁탕임에도 장사가 그다지 잘되는 편은 아

각종 나물이 어우러져 점심식사 메뉴로 인기를 모으는 〈양산박〉의 돌솥비빔밥.

니다. 갈 때마다 자리가 반 이상 비어 있다. 1만 1,000원이라는 가격이 고객의 발목을 잡는 것이다. 부산에는 저렴한 식사 메뉴가 많다. 부산 고객들에게 상대적으로 비싼 느낌을 준다.

가격만 좀 낮다면 손님들이 우르르 몰려갔을 집이다. 이 콘셉트를 그대로 서울로 옮길 수만 있다면 분명히 대박을 터트릴 것이다. 맛은 좋은데 왜 손님이 안 오는지 이 집 주인은 아직도 모르고 있는 것 같다.

회사 근처에 두부와 순두부를 직접 만들어 파는 식당이 있다. 나름 가성비가 좋고 순두부찌개도 맛있다. 그렇지만 반찬이 형편없다. 특히 김치가 그렇다. 주인에게 몇 번 조언을 해줬다. 그렇지만 개선이 전혀 되지 않는다. 예전에는 한 달에 두세 번 갔지만 요즘에는 한 달에 한 번도 못 간다. 나만 그런 줄 알았는데 우리 회사 직원들도 마찬가지였다.

양재동은 사무실 밀집 지역이다. 어느 날 오후 1시쯤에 주변 식당가를 둘러봤다. 1시는 직장인들이 점심 식사를 끝내고 사무실로 돌아가는 시각이다. 대부분의 식당은 역시 손님이 없었다. 그런데 여전히 손님으로 북적대는 식당 한 곳이 눈에 들어왔다. 돌솥비빔밥도 파는 콩나물국밥집 〈양산박〉이었다. 직장인들이 돌솥비빔밥을 먹기 위해 점심시간 마지노선인 1시를 넘어선 시간에도 찾아왔다.

돌솥비빔밥의 각종 나물과 채소에는 웰빙 요소가 있다. 추운 계절에 돌솥은 따듯한 온도감을 선사한다. 더구나 뜨거운 온기에 눌은 누룽지 맛도 입맛을 당긴다.

전주비빔밥보다 울산의 〈우시산함양집〉 비빔밥에 더 벤치마킹 요소가 많다. 그 집 비빔밥에는 소비자가 원하는 것들을 더 많이 담았다. 〈우시산함양집〉에는 괜찮은 소고기국밥도 있다. 소비자 취향을 제대로 저격한 두 메뉴가 매출을 쌍끌이로 끌어올린다. 전주의 비빔밥집들은 들어가기가 부담스럽지만 〈우시산함양집〉은 편안하게 들어갈 수 있는 것도 큰 차이다.

직장인 마음 훔치는 단 한 줄의 카피

점심때 사무실을 나와 길가로 나설 때까지 대부분의 직장인은 메뉴 결정을 못 한다. 미리 메뉴와 식당을 정해 놓고 출발하는 가족 외식이나 직장 회식과 다른 양상이다. 오피스 상권에서는 직장인의 이런 경향을 파고드는 전략이 필요하다. 직장인들은 근처 식당들의 위치와 메뉴를 다 꿰고 있다. 매일 반복되는 빤한 사냥터에서 직장인은 아주 사소한 이유라도 있으면 그 사냥감을 덥석 문다.

예전 직장 근처의 유부전골 전문점은 장사가 잘 안됐다. 그런데 어느 날부터인가 손님이 바글바글 몰렸다. 달라진 건 딱 하나. 식당 입구에 '속이 꽉 찬 주머니'라는 카피를 큼지막하게 써 붙인 것뿐이었다. 유부는 마치 주머니 같다. 직장인들은 속이 꽉 찬 주머니라는 카피를 보면서 크고 먹음직스러운 유부를 떠올렸을 것이다.

어느 돈가스집에서는 우동을 팔았다. 우동은 생각만큼 잘 나가지 않았다. 그 집에서 하루는 '일본인 셰프 ○○○ 씨가 전수해준 우동'이라고 써 붙였다. 그러자 우동 판매량이 대폭 늘어났다. 고객 입장에서는 일본인 아무개라는 사람의 개별성은 크게 중요하지 않다. 그가 어떤 요리를 추구하고 어떤 능력을 지녔는가 하는 사실보다 식당에서 뭔가 성의껏 우동을 만들었다는 느낌을 주는 게 중요하다.

김치찌개, 김치전골, 흑돼지 김치찌개…… 사실 이들 메뉴 이름에는 큰 차이가 없는 것 같다. 모두 김치를 넣고 끓인 음식이지만, 그렇지 않다. 김치찌개보다 김치전골이, 돼지 김치찌개보다 흑돼지 김치찌개라는 이름에 손님들은 더 끌린다. 직장인들은 이처럼 작은 글귀에도 찾아오기도 한다. 그야말로 한 끗 차이다. 단 한 마디, 단 한 줄의 글이 내가 만든 음식에 표정을 부여한다. 직장인의 마음을 파고드는 문구나 카피, 또는 POP(매장 홍보 문구)가 그래서 중요하다.

말이 나온 김에 한 가지만 더 짚고 넘어가자. 한식당이나 백반집에 가면 빠지지 않고 나오는 반찬이 있다. 콩자반이다. 누구도 먹지 않지만 어디나 다 내놓는다. 반면, 손님들 젓가락이 많이 가는 반찬은 따로 있다. 돼지고기 장조림이다. 다만 너무 짜지 않고 생강으로 잡내를 제거한 것이면 더욱 좋다. 돼지고기 장조림까지 내놓으면 지금 매출보다 더 상승할 것이다. 1kg에 4,000원 정도 하는 돼지 뒷다리살을 사용해 추가 매출을 올린다면 시도해볼 만하지 않은가?

입에 맞는 반찬을 내놓는 식당은 또 가고 싶어진다. 그렇지만 현실은 돼지고기 장조림보다 콩자반을 내놓는 식당이 더 많다. 콩자반보다 돼지고기 장조림이 더 비싸고 만들기도 어렵기 때문이다. 하지만 장조림 덕분에 추가로 올라가는 매출이 더 들어간 비용을 상쇄하고도 남을 것이다.

소비자가 갈 만한 식당이 없다

점심시간마다 '그저 괜찮은 밥집' 하나 찾기 어려워

내가 식당 관련 일을 하다 보니 주변 지인들로부터 식당 추천을 의뢰받곤 한다. 간단한 점심 한 끼부터 친구 만남, 가족 외식, 직원 회식, 상견례 등등 식당 사용 목적과 예상 지출 범위가 무척 다양하기도 하다. 그럴 때마다 나는 당혹스럽다. 상대방의 의도를 만족시킬 만한 식당을 시원하게 입에 올리지 못한다. 식당은 많이 아는데 딱히 갈 만한 식당이 없다. 함께 일하는 직원들도 가끔 비슷한 경험들을 토로한다.

아주 대단한 음식이나 서비스, 혹은 분위기를 원하는 것이 아닌데 기대 수준이 무척 높은 게 아닌데 막상 갈 만한 식당은 없다. 식당을 운영하는 입장에서는 경쟁이 치열하다고 아우성이지만 소비자 입장에서는 그저 괜찮은 정도의 식당 한 곳 찾기가 쉬운 일이 아니다.

점심시간에 식사하러 사무실을 나섰다. 고민 끝에 직원들과 콩나물국밥집으로 발길을 돌렸다. 딱히 갈 만한 식당이 얼른 떠오르지 않으면 가는 집이다. 어떠한 메뉴를 선택해도 최소한 실망하지 않을 집이다. 모두 돌솥비빔밥을 주문했다. 간판 메뉴는 콩나물국밥인데 비빔밥(6,000원)과 돌솥비빔밥(7,000원)이 더 잘 나간다. 같은 비빔밥인데도 1,000원 비싼 돌솥비빔밥이 더 만족도가 높다. 직장인들에게 점심값 1,000원은 굉장히 민감한 금액이다. 그런데도 적지 않은 직장인이 1,000원을 더 내고 기꺼이 돌솥비빔밥을 먹는다. 이것만 봐도 벤치마킹 대상이다. 반찬은 오징어젓갈, 단무지, 김치, 구운 김이다. 대단한 반찬은 아니지만 모두 먹을 만하다.

콩나물국밥집은 여러모로 괜찮은 식당이다. 하지만 아무리 맛집이어도 한 식당을 매일 갈 수는 없는 노릇이다. 마음 같아서는 경기도 용인시 수지의 생선구이집 〈산으로간고등어〉나 이웃 동네 개포동의 〈밀란국수〉에 가고 싶었다.

〈산으로간고등어〉에 가면 몸에 좋은 산나물과 화덕에 구운 맛있는 고등어구이를 먹을 수 있다. 서울 개포동 〈밀란국수〉는 반찬 가짓수가 많지 않으면서 손님 입맛에 딱 맞아떨어지는 찬류를 구성해 고객 만족도가 높다. 문제는 두 곳 모두 점심 먹으러 가기엔 거리가 다소 멀다는 점이다. 내 맘에 딱 맞는 이성은 이미 결혼한 사람이거나 현실적으로 내 사람이 될 수 없는 경우가 많다. 식당도 그렇다.

갈 만한 식당이 있음에도 소비자가 접근하지 못하는 제약 요인은 크게 두 가지. 거리와 가격이다. 〈산으로간고등어〉와 〈밀란국수〉가 너무 멀어 못 가는 식당이라면 근처 갈 만한 식당은 가격이 너무 비싸서 못 간다. 요즘 직장인이 점심값으로 허용하는 심리적 범위는 대략 7,000~9,000원이다. 직장인을 대상으로 점심 메뉴 위주의 식당을 운영한다면 이 가격 범위를 넘지 않는 게 좋다.

손님이 없는 데에는 다 이유가 있다

2018년 봄, 경기도 수원시의 오징어 전문점에 가족 외식을 다녀왔다. 프랜차이즈 가맹점인데 오징어 불고기 등 음식 맛은 좋은 편이었다. 식사를 마치고 나올 때 계산서를 받아든 아내가 놀라는 눈치였다. 생각보다 음식 가격이 비쌌던 것. 중산층에 속한다고 생각하는 나로서도 부담스러운 가격이었다.

식당에 들어섰을 때 저녁 식사 시간이었음에도 좌석이 4분의 1도 차지 않았다. 빈 자리를 보면서 의아해했는데 손님들의 심리적 허용치보다 높은 음식 가격 때문이었다. 음식 맛은 좋은데 가격이 너무 비싸 그 집에 두 번 다시 가지 않았다. 소비자는 가격에 매우 민감하다.

'맛은 좋은데 왜 손님이 없지?'라고 생각하기 전에 소비자 입장에서 음식 가격을 바라봐야 한다. 손님들이 부담스러워하지 않을 적정 가격인지 식당 주인들은 늘 고민해야 한다.

나는 외식업 관련 잡지사 경영, 외식 업체 컨설팅과 교육, 외식 업소 운영을 하고 있다. 여기에 일반 소비자로서의 외식을 자주 한다. 외식의 생산 주체이자 소비 주체다. 그러다 보니 외식업의 안과 밖이 입체적으로 또렷하게 보인다.

누구나 '요즘 식당이 포화 상태'라고 말한다. 외식업 경쟁이 너무 심하다고 아우성이다. 과연 그럴까? 일반 손님 입장이 되어 막상 갈 만한 식당을 찾아보면 그다지 없다. 이게 현실이다.

이런 문제의식에서 나도 식당을 차렸다. 116m²(35평) 무권리 점포에 들어가 1년 만에 하루 최고 17회전, 월 매출 9,000만 원의 기록을 세우기도 했다. 식당이 안 된다고 하소연하기 전에 자신의 식당이 과연 손님들이 오고 싶어할 만한 식당인지 냉정하게 따져봐야 한다.

📍 2018년 11월 12일 일상적 식당 체험기

식당의 문제를 진단하고 바른 처방을 하는 게 나의 직업이다. 그렇지만 한 사람의 고객이기도 하다. 평범한 손님으로 식당에 가지만 나는 습관적으로 사진을 찍거나 기록을 남긴다. 식당에서 얻어온 자료를 토대로 자연스럽게 분석한다. 이젠 식당 분석이 일상화되었다.

2018년 11월 12일, 그날은 평범한 하루였다. 점심시간에 지인이 페이스북에 소개한 돈가스집이 궁금해 그리로 향했다. 경기도 남부의 어느 백화점 내에 입점한 일본식 돈가스집이었다. 일본 나고야의 아카미소(보리누룩을 사용한 일본식 붉은 된장)를 사용해 달군 철판에서 먹는 일본 방식을 그대로 들여왔다. 뜨거운 철판에서 지글거리는 소리가 고객의 눈과 귀를 즐겁게 해주기에 충분했다. 일본의 본사는 1947년에 창업한 오래된 곳이었다.

나는 예전부터 나고야의 아카미소에 관심이 있었다. 돈가스와 아카미소의 만남이 무척 궁금했다. 먹어보니 조화로운 맛은 아니었다. 아카미소를 돈가스의 소스로 선택한 것이 일본 사람 입맛에는 맞을지 몰라도 한국인 입맛에는 아닌 듯했다. 돈가스 가격마저 과도하게 비쌌다. 등심 철판은 1만 9,000원이고 안심 철판은 1만 8,000원이었다.

적지 않은 사람들이 일본 외식 아이템을 그대로 한국에 들여와 실패한 사례가 많다. 일본인의 입맛과 정서, 한국인의 입맛과 정서는 비슷한 듯하면서도 다르다. 고급 백화점 내 식당이어서 비싼 가격에도 당분간은 손님이 오겠지만 앞으로도 계속 올지는 미지수다. 나 역시 이날 방문이 처음이자 마지막이었다. 나는 그 와중에도 벤치마킹 포인트를 확실하게 한 가지 챙겼다.

생각보다 돈가스집에서 일찍 일어섰다. 계획했던 시간보다 여유가 생겨 판교의 함흥냉면집 〈함관령〉까지 들러보기로 했다. 본래 평양냉면파인 나는 함흥냉면집에는 별로 출입하지 않았다. 지인인 고깃집 대표가 평소 추천했던 곳이어서 가게 됐다. 함경도 지역 콘셉트로 기획해 함경도 음식을 파는 집이었다. 나름 무척 노력한 흔적이 엿보였다.

안으로 들어섰는데 손님이 거의 없었다. 바로 옆집이 유명한 평양냉면집인데 그런 영향도 없지 않은 것 같았다. 동행했던 직원과 물냉면과 회냉면을 주문했다. 물냉면의 육수는 소고기로 비교적 잘 냈다. 냉면 수준이 대체로 양호한 편이었다. 회냉면도 있었는데 요즘엔 회냉면보다 코다리냉면이 대세인 것 같다. 먹기 편하고 비린내가 나지 않는 점이 코다리의 강점이다. 내가 주인이었다면 회냉면을 코다리냉면으로 대체했을 것이다.

식사를 마치고 계산하면서 주인에게 물어봤다. 바로 옆집에 유명 평양냉면집이 있는데 지장 없느냐고. 주인은 평양냉면과 함흥냉면은 서로 다르기 때문에 아무 상관없다고 했다. 하지만 정말 그럴까?

함흥냉면은 여성들에게 인기가 있다. 잘만 하면 아직도 괜찮은 아이템이다. 그러나 구태여 대박 냉면집 옆에서 문을 열 필요는 없다. 대박집에 가려서 자칫 존재감이 부각되기 어려울 수 있다. 특히 한여름에 옆집 주차장이 손님 차량으로 홍수를 이루고 대기 손님이 북적거리면 상대적으로 더 가려진 느낌이 든다. 이 집 음식 수준은 괜찮은 편이었다. 여기에 주인의 고객 분석능력과 입체적 사고가 더해지면 점포가 좀 더 활성화될 것 같았다.

퇴근길에 아내와 함께 저녁식사를 하러 동네 칼국수·수제빗집인 〈성복동국수집〉에 들렀다. 60m²(18평)에 일곱 테이블의 작은 규모다. 이 집은 주차장이 없고 입지도 D급 상권에 있다.

칼국수와 수제비 단 두 가지 메뉴만 취급한다. 심지어 식대를 선불로

받는다. 그런데도 식당은 손님들로 항상 붐빈다. 주인이 직원 한 명만 데리고 아주 효율적으로 운영한다. 메뉴와 조리, 서빙을 최대한 간단하고 쉽게 줄였다.

이 집 수제비·칼국수 국물은 멸치로 우려냈다. 그 맛에 인근 중산층 아파트에 사는 주부나 노년층 손님을 비롯해 가족 단위 손님들이 자주 찾아온다. 확실히 잘 우려낸 멸치 육수는 중산층이 선호하는 맛이다. 성업 중인 서울 대치동과 경기도 분당의 수제빗집을 봐도 그렇다. 채소를 넉넉히 넣어서 그런지 먹고 나면 배 속이 편안하다. 아내는 국물을 싹 비웠다. 여성들은 고깃국물보다 깔끔한 국물을 더 선호하는 경향이 있다. 김치 맛이 조금 아쉽지만 크게 나무랄 정도는 아니다.

이 집은 철저히 국물에 초점을 맞췄다. 주인이 네 명에게 뛰어난 국물 맛을 전수해줬다고 한다. 자리가 안 좋아도, 주차가 안 돼도, 규모가 작아도, 반찬이 맛없어도 국물이 맛있으면 사람이 몰리는 것을 확인했다. 수제비와 칼제비를 먹고 나오면서 한 가지 깨달았다. 우리나라 사람은 멸칫국물에 길들여졌다는 것을.

그러려고 했던 건 아닌데 오늘도 세 곳의 식당에서 벤치마킹 요소와 개선할 요소들을 챙겨왔다.

♈ 손님은 편안하게 먹고 싶다

'거친 밥을 먹고 물 마시며, 팔을 굽혀 베개 삼아 살아도 즐거움이 또

한 그 가운데 있다'

공자님 말씀이다. 제아무리 값비싸고 고급스러운 맛있는 요리라고 해도 먹는 사람 마음이 편안하지 않으면 말짱 도루묵이다. 허접한 음식이라도 맘 편히 먹으면 그게 더 달다. 즐거움과 행복은 진귀한 요리를 먹을 때가 아니라 싸구려 음식이라도 편안하게 먹을 때 찾아온다. 인간은 그런 존재다.

서울 양재동 어느 일식집은 점심에 1만 원짜리 특선메뉴를 내놓아 좋은 반응을 얻고 있다. 초밥에 회도 몇 점 먹을 수 있고, 생선구이와 국물도 제공한다. 비교적 고객 만족도가 높은 메뉴다. 음식의 질도 양호하다. 그렇지만 나는 이 집에서의 식사가 불편하다. 사실 이 메뉴는 일식집 입장에서는 고육지책으로 내놓은 메뉴다. 이윤이 얼마 남지 않지만 업주 입장에서는 점심 손님이라도 끌어와 저녁으로 이어지게 해보고 싶었을 것이다.

고객 입장에서 일식집은 주로 접대를 위해 방문한다. 자연스럽게 '팁 인심'이 후하다. 일식집이나 고급 초밥집의 직원들 보수는 고객이 주는 팁으로 작동되는 시스템이었다. 더 많은 팁을 받아내기 위해 주방 직원이 희귀 부위 횟감이나 금술을 손님에게 서비스하는 경우도 있다. 경기가 좋았을 때는 이런 시스템이 잘 작동됐다. 하지만 경기가 불황 국면으로 접어들면서 이런 시스템이 제대로 돌아가지 않았다. 더불어 일식집도 차츰 쇠락했다.

이런 식당에서 일하는 직원들은 아직도 과거의 관성이 남아 있다. 은근히 팁을 바란다. 팁을 주지 않는 손님이 이들에게 반가울 리 없다. 이

집 직원들도 마찬가지다. 1만 원짜리 점심 메뉴를 먹으러 가면 식당 직원들로부터 뭔가 냉대를 받는 느낌이 든다. 식당 측은 무감각해도 눈치 빠른 손님은 예민하게 감지한다.

2018년 겨울, 즉석 우동·짜장의 가치를 재발견하고 몇몇 전문점을 찾아다녔다. 요즘 같은 불경기에 문턱이 가장 낮은 겸손한 아이템이다. 우동·짜장 전문점에 들어서면 누구나 편안하게 들어와 편안하게 먹는 모습을 보게 된다. 한국인이 선호하는 짜장면과 멸치 육수의 우동이라는 강점도 있지만 문턱이 낮은 편안함이 이 아이템의 최고 강점이다.

사천탕면으로 유명한 중식 프랜차이즈 브랜드가 있다. 예전에 근무했던 사무실 인근인 서울 잠원동에도 가맹점이 한 곳 있었는데 명성에 비해 장사가 안됐다. 그 가맹점은 점포 전면 파사드(외관)가 너무 화려해 비싸고 고급스러운 중식당이라는 느낌을 줬다. 주변이 사무실 밀집 지역이었는데 직장인들이 짜장면 한 그릇 먹고 싶어도 호화스러운 점포 모습에 주눅이 들어 쉬 들어가지 못한다.

중식당은 면을 많이 팔아야 한다. 그런데 과도한 파사드가 입구에서 손님을 쫓아버리는 꼴이 돼버렸다. 그 집 주인은 그 사실을 몰랐을 것이다.

식당은 손님이 편해야 한다. 주인들은 대개 음식에만 관심이 높다. '거친 밥'에 신경 쓰는 사이 손님들은 우리 식당의 옥호(이름), 서비스, 파사드, 음식 가격에 불편함을 느낄지 모른다. 불편하다고 말해주는 손님이라도 있으면 그나마 다행이다. 손님 입장에서 다시 한 번 점검해보자. 우리 식당은 편안한 집인지.

📍 키워드나 콘셉트보다 고객 니즈가 우선

부대찌개는 남녀노소 누구나 선호하는 메뉴다. 국내 최고의 부대찌개 브랜드가 예전 같은 전성기를 구가하지 못하지만 그래도 부대찌개는 아직 메뉴로서의 존재감이 살아 있다.

얼마 전, 식품업체 종사자들을 대상으로 강연을 했다. 그 자리에서 육가공업자 한 분이 질문을 했다. 수제 소시지를 생산하는데 자사 제품을 소화할 직영 식당을 운영하고 싶다며 좋은 방안이 없느냐는 것이었다.

자사 제품 수제 소시지의 안정적 판로 확보를 위한 조치였다. 전략으로는 나쁘지 않다. 하지만 나는 식당의 미래를 낙관할 수 없다고 예측했다. 수제 소시지는 부대찌개와 맞지 않기 때문이다.

요즘 적지 않은 곳에 '수제 소시지'를 키워드로 내세운 부대찌개집들이 보인다. 수제 소시지라는 키워드 자체는 좋다. 정성과 고급스러운 이미지가 돋보인다. 고객 건강을 염려하는 마음까지 배어 있다. 공장제 소시지에 비해 차별화 포인트로 띄우기 쉽다. 그렇지만 팔리지 않는다. 왜 소비자는 식당 주인의 기대와 착한 마음을 배반하는 걸까?

부대찌개의 본적을 미군 기지촌이라고 한다면 핵심 식자재의 출처였던 원적은 미군 부대다. 부대찌개는 미군에 납품된 군용 육가공품을 찌개 재료로 사용하면서 비롯됐다.

주 재료인 햄과 소시지는 염도가 높고 온갖 잡육과 부산물이 혼재됐다. 미군용 햄과 소시지는 높은 칼로리의 육가공품을 오래 변질되지 않도록 대량 생산한 공장제품이다.

한국인은 매운 양념과 짭짤한 장을 넣고 전골식으로 끓여서 우려낸 맛을 좋아한다. 여기에 고기를 넣으면 국물 맛이 금상첨화다. 고기가 귀했던 시절 미군 부대에서 나온 햄과 소시지가 그 역할을 대신했다. 그런데 한국식 찌개 맛과 절묘하게 맞아떨어졌다. 어떤 의미에선 고기보다 더 나았다.

사실 그 맛은 염도가 높고 '불량식품' 같은 맛이다. 바로 한국인이 기억하는 부대찌개 맛이다. 사람들은 긴 시간 표준으로 삼아온 고정된 입맛에서 벗어나기 힘들다. 그 맛은 시간을 두고 축적된 공동체 구성원의 집단 기억이기도 하다. 입맛에도 관성이 있다. 소비자는 그 맛에 길들여졌고 중독됐다.

수제 소시지는 정제된 깔끔한 맛이 난다. 부대찌개 맛과 도무지 어울리지 않는다. 부대찌개 속 수제 소시지는 너무 순하고 착하다. 손님이 기대했던 부대찌개 맛이 아니다. 부대찌개는 불량스러운 맛으로 먹는 음식이다. 수제 소시지를 넣으면 불량스러운 본디 부대찌개의 맛이 나질 않는다.

부대찌개에 수제 소시지 키워드나 콘셉트를 덧씌우면 안 팔린다. 고급화하느라 비용만 늘 뿐이다. 키워드나 콘셉트도 좋지만 음식에서 더 중요한 것은 소비자 입맛이다. 부대찌개가 특히 그렇다. 키워드나 콘셉트는 인식의 문제다. 그러나 입맛은 감각의 문제다. 감각은 인식이나 이성에 앞선다. 키워드나 콘셉트보다 소비자 입맛을 더 우선시해야 한다.

◉ 필요한 비용은 과감하게 지출하라

　지인을 통해 찾아온 예비 창업자가 있었다. 대기업체에 오래 근무하다 퇴직한 분이었다. 학력이나 재력도 일반 생계형 창업자에 비해 우월했다. 중식당을 개점하고 싶은데 괜찮겠느냐며 물어왔다. 그는 중식당으로 성공한 다른 이의 사례에 고무됐다. 성공의 주인공에 비하면 자신의 자질이 무엇 하나 뒤질 게 없다고 판단한 듯했다.

　그러나 나는 단호하게 반대했다. 업종 특성상 중식당은 조리장의 입김이 세다. 숙련된 조리장을 구하기 힘들뿐더러, 노동 강도가 센 편이어서 이직률이 높고 전통적으로 자기주장이 강하다는 평가가 있다. 웬만큼 외식업에 종사한 주인도 때론 컨트롤하기 힘들다. 하물며 처음 외식업에 도전하는 초보자임에랴. 행여 드센 조리장이라도 만나면 그에게 휘둘릴 것은 불을 보듯 뻔했다.

　어린 나이에 중식당에 들어가 일찍 중식을 배운 사람 가운데 성공한 중식당 주인이 많다. 성공하려면 중식 메뉴 조리법에서부터 중식당의 특성, 구조, 구성 인력들의 행동양식까지 꿰뚫어야 한다. 그만큼 머리보다 손 지식이 훨씬 더 긴요한 아이템이다. 예비 창업자의 학력이나 대기업 근무 경력은 중식당 경영에 그다지 도움이 안 된다. 어떤 의미에서는 방해만 된다. 풍족한 여건에서 인접 부서 지원을 받으며 일했던 습관은 혼자 모든 걸 해결해야 하는 중식당 운영에는 장애가 될 것이다.

　게다가 그는 대중성이 떨어지는 '오룡해삼'을 요리 메뉴로 밀겠다는 것이었다. 하지만 오룡해삼은 중식 마니아들조차 생소해하는 메뉴다.

군이 이름조차 생소한 메뉴로 승부를 보려고 하는 것도 무리수였다.

알고 보니 그는 이미 중식당 창업을 결심한 상태였다. 모든 걸 결정해놓고 나에게 '확인 사살'을 하려고 찾아온 것이다. '답정너'라는 말이 무색했다. 자신의 성공은 예정된 것이고, 당연히 내가 동의할 줄 알았던 모양이다. 두 번에 걸쳐 무료로 상담을 해줬건만 일종의 확증 편향이었다.

나의 반대에도 결국 그는 중식당을 차렸다. 아마 10억 원 이상의 거액을 투자한 것 같았다. 그러나 성공을 자신했던 그의 바람과 달리 식당 사정은 어려워졌다. 상황이 여의치 않자 다시 나에게 연락을 해왔다. "지나가는 길에 한번 들러달라"는 것이다. 아마도 비용을 들이지 않고 나의 조언을 듣고자 하는 눈치였다.

사실 개점 전에 조언을 해줬던 것도 정식 상담이 아닌 무료 상담이었다. 그런데도 나는 성심성의껏 조언을 해줬다. 이제 와서 또 상담료 몇 푼 아끼려는 저의가 보였다. 이는 태도의 문제고 성의의 문제다. 무려 10억 원 이상 투자 여력이 있는 사람이 정작 중요한 곳에 들어가는 돈은 아까워하는 모습이 보기에 안타까웠다.

돈을 아끼는 것은 좋다. 하지만 반드시 써야 할 비용을 쓰지 않는 것은 올바른 경영자의 태도가 아니다. 상담을 하다 보면 가끔 이런 유형의 사람을 만난다. 고학력자나 대기업 출신자 가운데 유독 많다. 이런 태도를 가진 사람이 성공하는 경우는 본 적이 없다.

오늘도 그는 여기저기 다니며 공짜 조언을 동냥할 것이다. 식당 경영에 아무 도움도 안 될 말의 조각들을 구걸하기 위해.

| 2장 |

식당 운영의
기본기

◯ 나는 식당 운영 체질인가?

군대에 들어간 지 얼마 안 된 젊은이들이 가장 듣기 싫은 소리는 "너 군대 체질이다!"는 말이라고 한다. 우스갯소리지만 하루라도 빨리 전역하고 싶어 하는 군인에게 듣기 좋은 말은 아닐 것이다. 체질에 맞으니 좀 더 군대생활을 오래 해보라는 뜻이니 말이다. 군대뿐 아니라 어느 특정 직군이나 직업이 그 사람의 성향이나 기질과 맞아야 그 분야에서 성공할 수 있다. 식당도 마찬가지. 식당 체질은 따로 있다. 체질도 아니면서 뛰어들면 사람도 힘들고 성과도 나지 않는다.

자신이 식당 운영 체질인지 알려면 우선, 체력이 식당 일을 감당할 만한지 스스로 살펴보자. 외식업 창업 상담을 하다 보면 50대나 60대인 분들도 가끔 찾아온다. 이 연령대는 체력이 서서히 하향곡선으로 접어드는 시기다. 식당은 음식을 파는 업종이면서 '나를 파는' 업종이다. 나의 성격, 나의 체력, 나의 특기, 나의 취향, 심지어 나의 외모도 상품의 일부가 된다. 이 가운데 창업자의 체력은 식당 창업에 아주 중요한 요소다. 식당 창업을 하려면 최소한 40대 이전 체력이 고갈되기 전에 시작하라고 권고해주고 싶다.

둘째는 내가 외식사업에 애정이 있는지 돌아보자. 명문대 경영학과를 나와 미국에서 MBA 자격을 취득한 후배가 있다. 우연히 목 좋은 곳에서 식당을 운영해 돈을 벌었다. 후배는 오토 매장(주인이 매장에 없고 직원이 관리하는 매장)을 원해 카운터를 지킨 적이 없었다. 그 후 다시 서울 구로동에 식당을 차렸다. 운도 따랐고 나의 도움으로 방송까지 타는 등 꽤 선전했다.

성공에 도취되었는지 후배는 나의 만류에도 시내 요지에 두 번째 식당을 열었다. 하지만 요즘 저조한 실적으로 힘들어하고 있다. 후배는 근본적으로 외식업에 애정이 없다. 식당을 단지 돈벌이 수단으로만 생각한다. 애정이 없으니 관심이 없고, 관심이 없으니 식당 메뉴 구성이나 마케팅은 남에게만 의존한다. 남이 도와주는 것도 한계가 있다. 식당에 애정이 없다면 다른 일을 알아봐야 한다.

셋째는 원가에 지나치게 집착하는 면도 식당 경영자로 적합하지 않다. 식당도 먹고살자고 하는 일이다. 식당도 장사이니 남아야 하는 건 맞다. 그런데 식당에서 파는 물건은 좀 다르다. 옷이나 신발 같은 공산품이 아닌 음식이다. 음식은 묘한 상품이다. 돈을 매개로 거래되는 상품인 것은 맞지만 파는 사람과 사는 사람 사이에 돈 이외의 '그 무엇이' 오간다.

그것은 정일 수도 있고, 정성일 수도 있고 배려일 수도 있다. 분명한 것은 다른 공산품을 사고 팔 때와는 다른 정서를 음식에서 느낀다는 점이다. 한국인은 특히 더 예민하다. 이 점이 다른 비즈니스와 외식업의 가장 큰 차이일 것이다. 대학에서 경영학을 전공했다고 외식업 경영에 성공하는 건 아니다. 우리나라에서는 특히 더욱 그렇다.

넷째는 어두운 표정의 소유자가 아닌지 거울을 보자. 더구나 남과 이야기하거나 접촉할 때 거부감을 주는 얼굴은 아닌지. 사실 누구나 자기 얼굴을 볼 기회가 많지는 않다. 자기 표정을 객관적으로 보기도 힘들다. 그래도 냉정하게 평가했을 때 자기 표정이 어둡다면 식당 창업은 재고해봐야 한다. 미남 미녀만 식당을 할 수 있는 건 아니지만 식당의 표정은 주인의 표정을 닮는다. 손님은 분위기가 어두운 식당에 들어갈 마음이 생기지 않는다.

나는 30대 시절부터 내 나름의 기준을 갖고 음식과 식당을 분석했다. 그것 자체가 즐거웠다. 당시에는 어떤 목적의식도 없었다. 취미라면 조금 유별난 취미였다. 그런 행동은 범위가 일본으로까지 확대됐다. 1년에 10회 정도 일본의 식당들까지 드나들었다. 식당을 하려면 이 정도의 열정과 애정이 있어야 하지 않을까? 다른 능력은 그 다음이다.

우물 안 개구리, 식당 밖을 꿈꾸자

창업하려는 사람이 짬뽕을 주메뉴로 외식사업을 시작해보고 싶다며 찾아왔다. 그가 창업을 희망하고 있는 점포는 입지상 짬뽕보다 냉면이나 막국숫집을 했으면 좋을 자리였다. 나는 이 점을 알려주고 막국수를 창업 아이템으로 추천했다. 막국수 벤치마킹을 다녀오고 막국수 조리법도 배우도록 주선했다. 착착 막국수 창업 준비를 진행했다.

그런데 나와 상의도 없이 여태껏 준비한 막국수가 아니라 느닷없이 주꾸미 전문점으로 창업을 했다. 아마 창업을 준비하는 동안 주꾸미로 대박을 낸 식당에 필이 꽂혔던 모양이었다. 어이없는 상황이었지만 그의 선택에 대해 내가 왈가왈부할 수는 없는 노릇이었다. 하필 식당 위치가 강력한 주꾸미 전문점들이 모인 곳이어서 더욱 살아남기 어려워 보였다.

아니나 다를까, 매출이 부진해지자 그는 다시 나에게 연락을 해왔다. 지난번 선택의 실패에 대한 자기반성은 전혀 없었다. 여전히 자기 생각의 테두리에 갇혀 있었다. 이런 유형의 창업자에게는 아무리 성심성의껏 조언을 해줘 봐야 도로아미타불이다.

모든 걸 결정해놓고 확인하는 차원에서 상담을 받으러 오는 사람도 있다. 한번은 밀면과 칼국수에 돼지고기를 파는 식당의 오너 셰프가 찾아왔다. 자가제면(직접 면을 뽑음)으로 식당을 운영하는 30년 경력의 실력자다. 모든 음식의 질이 우수한 편이다.

그는 "돼지 한 마리를 전부 다 사용하고 여기에 면 메뉴를 결합한 콘셉트의 식당을 해보겠다"며 나의 의견을 물었다. 그의 말대로 돼지를 한 마리 단위로 구매해 활용하면 원가가 낮아 수익성이 좋을 것이다. 문제는 현실적으로 돼지 모든 부위가 골고루 팔리지 않는다는 점이다. 잘 팔리는 부위와 그렇지 않은 부위의 차이가 너무 심하다. 이 점을 설명하면서 포기하라고 권했다. 하지만 그는 자신의 생각대로 밀고 나갔다. 결국 실패하고 지금은 아이템을 돼지 대신 닭으로 바꿨다고 한다.

몇 해 전 방송에도 몇 차례 나왔던 인천의 철판두루치기집이 있다. 높은 지명도와 다르게 매출은 오르지 않았다. 이 아이템은 가격을 올리기 어려운 메뉴다. 내가 업주에게 아이템을 바꾸라고 권했지만 바꾸지 않았다. 자기 메뉴에 대한 주인장의 애착은 컸다. 애착은 곧 집착이 되었고 끝내 버리지 못했다.

반면 대구의 어느 한우 전문점은 벤치마킹과 메뉴 개발을 통해 어려움에서 벗어났다. 그 집은 한우 물회로 방송에 10여 차례나 나와 유명했지만 역시 매출은 늘 제자리걸음이었다. 한우 물회는 별미로 먹는 메뉴이지 재반복 구매가 일어나는 일상적인 메뉴가 아니다. 점주가 이런 문제의식을 자각하고 돼지고기찌개로 업종을 전환했다. 점주는 돼지 앞다리살과 뒷다리살을 섞어 쓰면서도 맛을 내 매출을 올렸다. 수익성도 크게 개선됐다. 나중에는 프랜차이즈 사업까지 진출했다.

전남 해안 도시에 노출이 양호한 점포인데 자리에 비해 매출이 높지 않은 삼겹살집이 있다. 삼겹살보다 갈비와 냉면이 맞을 입지였다. 내가 업종 전환을 권유했지만 망설이기만 하고 끝내 실행하지 못했다. 남북 정상회담 이후 호남권에서도 냉면 수요가 급속히 늘었다. 냉면을 미리 장착했더라면 지금의 상황보다는 훨씬 나아졌을 것이다.

나는 한 달에 50여 곳 이상의 식당을 방문한다. 여기에 드는 식대만 해도 적지 않은 액수다. 그런 비용과 시간을 들여 개별 식당들의 장단점을 비교 분석한다. 이런 노력을 일상적으로 하다 보면 남들은 보지 못하고 알지 못하는 부분이 보이고 알게 된다.

매일 식당 안에서만 생활하는 사람에겐 자기 식당이 곧 우주다. 그 안에서 자신이 우주를 이해한다고 착각하기도 한다. 자기 식당밖에 알지 못하는 사람이 일 삼아 여러 식당을 찾아다니는 사람의 식견을 당할 수 없다. 자기 식당 안에서 보고 듣고 아는 것만 진리로 여겨 전문가의 의견을 묵살하는 건 어리석다. 식당 주인의 집착과 아집이 때로는 자신의 식당을 위태롭게 할 수도 있다.

운이 없으면 분석력이라도 있어야

분석력으로 독창적 메뉴 개발 이끌어

요즘 인터넷 뉴스를 통해서 꼭 읽어보는 기사가 있다. 전직 언론인이자 정치인이었던 남재희 씨가 회고록 형식으로 쓴 글인데 나름 읽을 가치가 충분하다. 지난 일화도 흥미롭지만 내용을 압축하는 콘텐츠 전개방식에 묘미가 있다.

그가 쓴 글 가운데 '원래 관심 없는 사안이더라도 서로 치고받고 치열하게 논의하다 보면 점점 발전하고 진화한다'는 부분이 눈길을 끈다. 글쓴이는 사물을 해석하고 분석하는 능력이 뛰어나다. 그는 요즘에도 가끔 방송에 출연한다. 고령이지만 지금도 논리가 선 '말'이 되고 전언한 회고록처럼 '글'이 되는 사람이다. 어떤 사안이든지 깊은 통찰력으로 명쾌하게 설명하는 능력을 지녔다.

일부 외식 기업이나 대박 식당 대표들의 경우 치열함이나 분석력이 부족함에도 성공하는 사례를 여러 번 봤다. 성공 요인 중 운(運)이 7할 정도가 아니라 9할 이상 차지한 경우다. 그런 곳일수록 주체적인 개발 능력은 사실 미진하다. 단지 브랜드와 명성 때문에 현재는 영업이 잘되지만 앞으로는 어떻게 될지 의문이다.

일본 먹방 드라마에서 벤치마킹한 메뉴인 가츠샌드.

독창적 개발력은 벤치마킹과 관찰력이 뒷받침돼야 향상한다. 치열한 논의도 필요하다. 나는 지방의 여러 식당을 자주 찾는 편인데 우리나라 음식에서 한 가지 발견하는 특성이 있다. 지역에 따라 소비자 입맛과 기호가 다른 것은 분명한데 어느 지역을 가나 짜장면, 김치찌개, 갈비탕, 순댓국 등 평범한 메뉴를 파는 식당들이 다수를 차지한다.

서울이나 전라도나 경상도나 다 비슷한 메뉴에 비슷한 맛의 식사가 가능하다. 특정 지역에 가서 그 지역에서만 맛볼 수 있는 개성과 차별성이 뚜렷한 음식을 맛보기가 쉽지 않다. 이것이 대한민국 식당의 현실태다. 이게 음식의 평준화인지 모르겠지만 현재 우리나라 외식업과 외식 전문가의 수준이기도 하다. 한마디로 독창적 메뉴 개발력의 총체적 부재다.

2년 전 메밀국수 돈가스 전문점에 신메뉴로 처음 개발해준 가츠샌드(샌드위치 사이에 돈가스를 넣은 일본식 음식)는 내가 일본 먹방 드라마에서 벤치마킹한 것이다. 일본 먹방 드라마를 보았을 때 이 메뉴는 틀림없이 맛있을 거라는 확신이 들었다. 사실 이 메뉴는 아주 간단하다. 식빵에 소스를 바르고 두툼한 돈가스를 넣어서 먹는다. 일본에 갔을 때 여러 번 먹었는데 의외로 중독성과 풍미가 있다. 이것저것 토핑한 어설픈 샌드위치보다 풍미가 훨씬 풍부하다. 일본과 한국에서 몇 번 먹어본 우리 직원들도 한결같이 매력적이라는 의견이었다.

국내에서 '가츠샌드' 키워드로 소구하는 식당이 거의 없었다. 현재 이 메뉴를 도입한 메밀국수 돈가스집들은 매출에 다소 도움을 받고 있다. 또한 포장 판매에 강점이 있는 메뉴라서 테이크아웃 판매 매출을 추가로 기대할 수 있다.

관찰과 상상력 통해 분석능력 높여야

울산의 일식 전문점 〈섬섬옥수〉에 동절기 메뉴로 멘치가츠(곱게 간 소고기를 공 모양 튀김옷을 입혀 튀겨낸 음식)라는 메뉴를 추천한 바 있다. 몇 해 전 그 식당 업주와 일본 도쿄로 함께 벤치마킹을 다녀왔다. 이후 메뉴 개발에 성공해 지금은 그 일식집의 주요 메뉴로 자리를 잡았다. 멘치가츠도 여러 해 전 인터넷을 통해 접한 메뉴다. 일본 도쿄 기치조지라는 동네의 멘치가츠를 판매하는 유명한 정육점에 직접 찾아가서 먹어보고 이 메뉴를 도입했던 것이다.

프랜차이즈 형태의 기업형 외식 업소를 포함해 단기간에 매출이 급상승한 식당들은 대체로 메뉴 개발력이 취약하다. 고객의 잠재적 니즈를 제대로 파악할 시간이 없었으며 고객의 니즈를 반영한 메뉴 개발을 시도해본 적도 거의 없었기 때문이다. 고객이 무엇을 원하는지 어떤 메뉴를 준비해야 하는지 깊이 생각해볼 겨를도 없이 성장한 경우다. 그런 업소는 벤치마킹을 해도 기계적으로 한다. 따라서 상상력도 빈곤하다.

나는 한국외식업중앙회에서 매월 발간하는 잡지인 〈음식과 사람〉 '틈새 메뉴' 꼭지에서 추천 아이템으로 메밀국수를 꼽은 적이 있다. 외식업에 종사하는 사람의 90% 이상이 메밀국수의 성장 잠재력을 잘 모르고 있다. 2016년에 경기도 북부의 부진했던 두부 전문점에 메밀을 추천해서 이 메뉴로 업종을 전환한 후 하절기에 상당한 매출 성장을 기록했다.

최근 소비자들의 메밀 선호도는 급속하게 높아지고 있다. 불과 몇 년 전에는 메밀국수에서 30% 정도의 메밀 함유량에도 만족했지만 이제는 최소 60~70% 수준을 선호한다. 이는 강원도와 수도권 기준이다. 그렇지만 이 기준은 점차 타 지역으로 확산될 것이다. 메밀국수는 몇몇 부진했던 식당에서 티핑 포인트(Tipping Point: 급격하게 변하기 시작하는 극적인 순간) 아이템 구실을 톡톡히 해냈다. 웰빙 요소와 중독성을 동시에 보유한 메뉴이기 때문이다. 이 점은 메밀국수가 불경기 극복 가능성도 크다는 것을 보여준다.

이처럼 아이템의 특성과 가능성을 보는 안목은 부단한 벤치마킹과 관찰을 통해서 가능하다. 그렇다고 한두 번의 벤치마킹으로 갑자기 안목이 느는 것은 아니다.

경북의 어느 고깃집은 고기를 연탄불에 구워서 제공한다. 특이한 것은 양념육보다 생고기가 더 맛이 좋고 상품성이 우수하다는 점이다. 이 아이템은 변두리 상권이나 국도변 단독 건물에서 운영하면 승산이 있다. 영세한 식당에서 도입하면 더욱 메리트가 있다. 조리 과정이 간편하고 구매력이 있는 식사 메뉴만 개발하면 금상첨화다. 간단하고 따라하기 용이한 아이템이지만 이런 아이템이 전국에 그다지 많지 않은 것이 현실이다.

나는 주말이면 대개 차를 몰고 지방으로 식당들을 찾아 떠난다. 솔직히 피곤하다. 다이어트는 언감생심이다. 그렇지만 다니면 다닐수록 새로운 아이템이 눈에 쏙쏙 들어온다. 새로운 것을 발굴하는 기쁨은 행복하다. 관찰 결과에 상상력을 입히면 새로운 작품으로 탄생하곤 한다. 그 재미에 자꾸만 주말에도 차에 시동을 건다. 운이 없다고 앉아서 자조할 것이 아니라 잘나가는 식당들을 찾아볼 것을 권한다. 찾아가서 어떻게 하면 나도 잘나갈지 관찰하고 상상하고 분석해보자.

📍 해석하고 분석하는 능력 길러야

1960, 1970년대만 해도 소처럼 우직한 것이 미덕이었다. 근면함과 성실함이 성공의 열쇠라고 믿어 의심치 않았다. 당시 경제개발계획 실행과 맞물려 국가가 나서서 국민을 계몽한 측면도 없지 않다. 그러나

지금의 외식업은 열심히만 한다고 성공하는 게 아니다. 요즘 근면하고 성실하지 않은 식당 주인은 드물다. 인근 식당 몇 군데만 둘러봐도 알 수 있다. 다들 각자의 자리에서 분투하고 노력한다. 그렇게 힘들게 일하는데도 왜 현실은 늘 기대를 배반할까?

요즘은 경쟁자들도 나만큼 근면하고 성실하다. 몸으로만 열심히 해서는 소기의 성과를 내기도, 경쟁에서 이기기도 어렵다. 머리를 써야 한다. 머리 쓰기의 시작은 현상을 해석하고 분석하는 일이다.

몇 해 전 두툼한 숙성 삼겹살이 부상하자 많은 부자가 탄생했다. 당시 때맞춰 두툼한 숙성 삼겹살 프랜차이즈 고깃집을 차린 사람들이다. 이들뿐 아니라 본가나 놀부 브랜드처럼 초창기에 돈을 번 사람들도 타이밍을 잘 맞춰 큰돈을 벌었다. 그러나 프랜차이즈 아이템만 잘 잡으면 돈을 벌 수 있는 시대가 점점 저물고 있다. 시간이 갈수록 돈 되는 프랜차이즈 아이템이 출현할 확률은 줄어든다.

믿을 건 실력뿐이다. 창업 아이템을 선택하든 프랜차이즈 아이템을 선택하든 결정은 자신이 해야 한다. 의사결정을 할 때 가장 필요한 능력이 분석력이다.

내 경험에 따르면 분석력은 스스로 함양해야 한다. 평소 어떤 사안에 대해 흘려버리지 말고 끊임없이 질문을 해야 한다. 사안의 태동에서 소멸에 이르기까지 그 전말에 대해 분석해보는 습관을 들이는 게 중요하다. 이런 습관이 쌓이면 분석 능력이 고도화된다.

2019년 초에 유명 외식기업의 설렁탕 프랜차이즈 개설 프로젝트를 도와준 적이 있다. 프로젝트 착수 직후 우선 우리 회사 직원들을 상대로 설렁탕 취식 횟수와 선호도를 조사했다. 예상대로 젊은 직원들은 여느 젊은이들처럼 평소에 설렁탕을 거의 먹지 않았다. 2003년 광우병 파동(미국의 광우병 발생으로 미국산 소고기 수입 전면 금지 조치) 이후 중노년층에게도 다소 잊힌 메뉴가 됐다.

나는 서울에서 나고 자랐다. 다행이 어려서부터 서울음식이기도 한 설렁탕을 충분히 경험할 수 있었다. 유달리 음식에 관심이 많았던 덕분에 설렁탕집의 주방 시스템과 운영 시스템이 머릿속에 저절로 정리가 된다. 향후 소비자가 원하는 설렁탕은 건더기가 맛있는 설렁탕이 될 것이다. 미국 LA의 〈한밭설렁탕〉, 동두천 〈진미옥〉, 부산 〈서울깍두기〉 등의 사례에서 그런 분석이 가능하다.

나는 설렁탕 한 그릇을 먹더라도 들어간 재료와 조리 방법을 나름 분석한다. '분석적으로 먹기'가 일찍 몸에 밴 것이다. '분석적 먹기'는 비교와 대조의 방법을 가장 많이 동원한다. 비교는 다른(집) 음식과 비슷한 점이 무엇인지를 찾아내는 작업이다. 대조는 다른(집) 음식과 다른 점이 무엇인지를 찾아내는 작업이다. A점의 설렁탕을 먹으면서 B점의 설렁탕 재료와 맛, 조리 방법의 닮은 점과 다른 점을 각각 찾아내는 식이다.

또한 A점의 설렁탕을 먹으면서 그 집의 다른 메뉴와 같은 점과 다른 점은 무엇인지도 찾아본다. 이 방법을 발전시키면 유사 메뉴로까지 범위를 확장시킬 수 있다. 설렁탕을 먹으면서 같은 탕반(국밥)인 순댓국이나 해장국류, 혹은 갈비탕 등과도 비교 대조하는 작업을 시도한다. 이런 작업을 하다 보면 어렴풋이 설렁탕의 윤곽이 잡힌다. 그 윤곽을 점차 뚜렷하고 정교하게 가공하는 것이 분석이다.

문학이나 예술 비평가들이 작품 분석을 할 때 써먹는 방법도 이와 유사하다. 그러고 보면 외식업도 예술이고 문학이다. 어찌 안 그렇겠는가? 먹는 일이 인간의 가장 기본적인 활동인데.

⏺ 경청이 밥 먹여준다

나는 상담과 강연을 통해 적지 않은 말을 한다. 말하는 게 직업이다 보니 하루 일과 가운데 말하는 시간이 큰 부분을 차지한다. 그러고 보면 말만 하는 사람 같지만 그렇지 않다. 나는 말하는 사람보다 듣는 사람이 되고 싶다. 그래서 평소 주변 사람들의 말을 들으려고 안테나를 바짝 세운다. 50을 훌쩍 넘긴 나이임에도 아직 '꼰대' 소리는 듣지 않는다. 남의 얘기를 귀담아 들으려고 노력했던 것 덕분일 것이다.

구약성서에 '하늘 아래 새로운 것은 하나도 없다'고 했다. 이 세상에 100% 창조물이란 존재하지 않는다. 나의 외식업 관련 지식도 마찬가지. 내가 구축한 지식 가운데 상당 부분은 남에게 들어서 아는 것들이다. 나의 강연 내용이 모두 혼자 깨우친 지식은 결코 아니다. 남에게 뭔가를 알려주기 위해서는 먼저 남에게 뭔가를 들어야 한다. 널리 충분하게 들은 것들 가운데 다시 남에게 들려줄 만한 지식과 정보도 있는 법이다.

나는 상대가 누구든, 어떤 주제든 타당한 이야기라면 새겨듣는다. 무심코 던지는 사람의 말에는 계산하지 않은 순수의 세계가 있다. 그 말들 가운데 신뢰도가 아주 높은 정보나 매우 유용한 지식이 섞여 있는 경우가 많다. 뻘 속의 진주다. 흘려들으면 이 진주를 놓친다. 적당한 긴장을 유지한 채 상대방의 이야기를 듣는 것이 나의 대화 습관이다.

서울 망원동 일대는 홍대앞 상권의 연장 지역이다. 비교적 젊은 계층의 소비가 우세한 지역이다. 누군가와 얘기하다 "망원동에 곱창전골로 잘나가는 식당이 있다"는 얘기를 들었다. 그 얘기를 듣는 순간 '곱창전골은 죽지 않았다. 다만 잠시 사라졌을 뿐이다'는 생각이 불꽃처럼 튀었다. 상대방은 무심코 한 얘기였지만 내겐 의미 있는 메시지였다. 그 말을 듣지 못했다면 곱창전골에 대한 나의 해석이 불완전했을 것이다.

청취력은 때로 해석의 영역이기도 하다. 이전 세대 사람들은 곱창전골 선호도가 높았다. 보통 곱창전골은 중노년층 메뉴이자 한물간 메뉴로 치부한다. 그런데 젊은 층이 곱창전골을 외면하지 않았다는 것은 뭔가를 강력하게 시사한다. 곱창전골은 부활이 가능한 메뉴다. 정육 부위로 내는 국물과는 또 다른 매력이 내장에서 우러나는 국물 맛이다. 수도권에서는 젊은 층에서 곱창전골을 선호하는 흐름이 분명히 존재한다. 곱창전골은 재료 가격을 외국 수입산으로 얼마든지 맞출 수 있는 좋은 메뉴다.

중노년층이 유지해온 곱창전골 불씨가 어떤 계기를 만나면 청년층에게 커다란 불길로 확 일어날 것이다. 이는 마치 2018년에 예상치 못한 흥행을 거뒀던 영화 〈보헤미안 랩소디〉의 경우와 비슷하다. 흥행의 주역은 문화적 소양이 있는 중년층이었다. 중년층들이 과거 추억 속에 남겨뒀던 불씨를 청년층에게 옮겨 붙게 한 것이다. 그룹 퀸의 곡들은 음악성과 대중성을 동시에 갖췄다. 젊은이들도 선호할 만한 요소가 충분했다. 젊은이들의 음악적 감수성에 중년들이 불을 지른 것이다.

대구 〈국일생갈비〉의 후식 된장찌개도 노인들이 주고받는 애기를 우연히 듣고 더욱 심증을 굳혔다. 그 뒤 일부러 찾아가기도 하고 주변 사람들에게도 맛보게 했다. 청취의 핵심은 무심코 던진 상대방이나 주변인의 말에서 유의미한 정보를 끄집어내는 것이다.

그러나 그 과정은 쉽지 않다. 유의미한 정보를 얻기 위해 우리는 첩보원이 돼야 한다. 첩보원이 하는 일은 무엇인가? 첩보를 수집하는 것이다. 아군에게 도움이 될 만한 사항들을 탐지하고 모아야 한다. 그러려면 대화할 때나 남들의 대화를 흘려듣지 말고 '첩보원 마인드'로 대화 내용을 들어야 한다. 첩보원 마인드로 듣다가 정보 가치가 있는 대화를 선별적으로 캐치하는 능력, 이게 바로 청취력이다.

이렇게 모은 대화 내용이 모두 정보가 되는 건 아니다. 첩보 활동으로 얻은 내용은 아직 첩보에 불과하다. 첩보는 정보와 다르다. 원석을 가공해야 보석이 되듯, 첩보 내용들을 모아 가공 과정을 거쳐야 가치 있는 정보가 된다. 수집한 첩보들을 서로 비교, 대조하고 검증하는 작업을 거친다. 마지막으로 현장 확인을 통해 사실로 판명되면 비로소 정보가 된다.

정보는 가치에 따라 낮은 수준의 정보도 있지만 상당한 고급 정보도 있다. 업계 트렌드, 경쟁 업소, 레시피, 재료비 인상 등 그 어떤 종류든 고급 정보 하나가 식당을 획기적으로 발전시킨 사례는 부지기수다. 거꾸로 말하면 성공한 식당 주인들은 대부분 청취력의 대가들이다.

📍 관찰력이 재산이다

    똑같은 대상을 보고도 사람마다 얻는 지식이나 정보의 양과 질이 다르다. 어떤 사람은 흘려버리는데 어떤 사람은 지식과 정보를 그물처럼 엮어 뇌에 담아둔다. 저장해둔 지식과 정보는 나중에 비슷한 상황에 처했을 때 꺼내서 유용하게 활용한다.

    관찰하는 것은 어떤 대상을 보는 것이다. 그냥 보는 게 아니라 생각하면서 보는 것이다. 생각이란 질문을 하는 것이다. 그러니까 진정한 관찰은 질문을 하면서 대상을 보는 것이다. 이때의 질문이 바로 문제의식이다. 문제의식이 있는 사람은 대상이나 현상을 허투루 보지 않는다.

    30대 시절 자주 갔던 어느 시장 안에 허름한 순댓국집이 있었다. 그 집에서는 순댓국과 함께 마늘을 줬다. 그 집 순댓국을 먹고 나면 속이 편했다. 그때 마늘의 역할에 대해 주목했다. 당시의 관찰 덕분에 한 가지 사실을 알게 됐다. 순댓국의 주재료인 돼지고기와 마늘은 서로 궁합이 잘 맞았다. 지나치게 맵지만 않다면 마늘은 순댓국 먹은 속을 편안하게 해준다는 걸 체험적으로 익혔다.

부민옥 소주를 부르는 안주 양무침. 〈부민옥〉은 '양
무침'이라는 키워드를 독점하고 있다.

이때의 관찰 결과를 머릿속에 입력해뒀다. 나중에 돼지고기를 파는 사람에게 이 사실을 조언해줘야겠다는 생각과 함께. 실제로 외식 업소의 콘셉트를 기획하는 외식 콘셉트 기획자가 되면서 관찰을 통해 얻은 온갖 지식들이 내 재산이 됐다.

서울 을지로 〈부민옥〉은 기본적으로 국밥을 파는 국밥집이다. 그런데 양이나 곱창 같은 소 내장을 메뉴화 했다. 이 집에 가보면 적지 않은 손님들이 소의 위장인 양을 적당한 크기로 썰어 양념으로 무친 양무침에 소주를 주문해서 먹고 마시는 모습을 볼 수 있다.

소 내장 부위는 특유의 쫄깃한 식감이 매력적이다. 질경질경 씹어 먹으면 자동으로 소주를 마시고 싶은 욕구가 생긴다. 국밥집임에도 결코 저렴하지 않은 가격의 양무침에 소주 매상까지 올린다. '양무침'이라는 키워드를 혼자 맘껏 누리는 식당이다. 이런 메뉴의 속성을 간파하는 것도 관찰의 힘에서 나온다.

관찰 방법에도 요령이 있다. 관찰 결과가 의미 있으려면 다음과 같은 네 가지 방법을 사용하는 것이 좋다.

우선 망원경을 들여다보듯이 시야를 확대해 보는 방법이다. 넓고 크게 보고 전체적인 윤곽을 파악한다. 트렌드를 파악할 때 주로 사용한다. 예를 들어보자. 요즘 동네 삼겹살집은 여전히 장사가 잘 되고 있을지 모른다. 하지만 최근 5년간 전국적인 삼겹살 판매 추이를 관찰해 보면 점점 하향추세임을 알 수 있다. 우리 동네 삼겹살집이 잘나간다고 나도 삼겹살집을 해서는 안 된다.(삼겹살이 꼭 그렇다는 건 아니다) 둘째는 현미경을 들여다보듯이 시야를 좁혀 보는 방법이다. 특정 부분을 미세하고 자세히 관찰한다. 점포 구할 때 잠재 고객 예측, 계산할 때 손님의 표정과 무심코 내던지는 말, 우리 식당 음식 맛의 변질 등등이 세밀한 관찰을 요한다.

세 번째는 시점을 다각도로 옮겨가며 관찰하는 방법이다. 위아래에서, 좌우에서 살펴본다. 예를 들어 새로운 메뉴를 도입하려고 했을 때 주인 입장에서 돈이 되는지, 손님 입장에서 매력 있는 메뉴인지, 직원의 입장에서 조리가 복잡한지 등을 들여다보는 식이다.

네 번째는 추론하며 관찰하는 방법이다. 가장 창의성이 필요하고 수준 높은 관찰법이다. 감미료로 설탕 대신 꿀을 넣는다면, 면을 삶지 말고 튀긴다면…… 이런 식으로 눈앞에서 벌어지고 있는 상황을 유심히 관찰한 뒤 다른 조건이나 상황을 자기 나름대로 덧붙여 '이렇게 하면 저렇게 될 것이다'하고 추론해가는 방식이다.

관찰은 습관이다. 평소 호기심과 문제의식으로 무장하고 관찰한 것은 기록해두는 게 중요하다. 요즘 유행하는 각종 SNS를 활용하는 것도 좋은 방안이다. 블로그, 페이스북, 인스타그램에 기록하다 보면 관찰 내용이 정리가 되면서 한 번 되뇌게 되어 학습 효과도 있다.

관찰을 목적으로 떠나는 벤치마킹이나 견학 등의 적극적 관찰도 있지만 일상에서도 관찰은 얼마든지 가능하다. 홀에서 주방에서 손님의 말과 행동에서 유의미한 관찰 결과를 끄집어내면 언젠가는 내 재산이 된다.

몇 해 전 국내 육계가공 업체로부터 수천억 원 규모의 사업계획서 작성을 의뢰받은 적이 있다. 이 회사는 닭고기를 생산해 전문 프랜차이즈와 대형 유통업체에 납품하는 대기업이었다.

닭을 도계 절단 세척 포장하는 가공 과정에서 폐계(廢鷄) 발생은 불가피하다. 폐계는 닭고기로서 가치가 낮아 상품성이 떨어진다. 이 폐계를 닭곰탕 재료로 활용하는 방안이 계획서 내용의 골자였다.

계획서의 가장 큰 핵심 주제는 폐계로 만든 다량의 닭곰탕 국물을 어떻게 활용할 것인가였다. 평소의 지속적 관찰 덕분에 인터넷 검색만으로 발품을 크게 줄일 수 있었다. 내 관찰 결과에 따르면 닭 육수는 면과의 조합은 성공할 수 있어도 밥과의 조합은 어려웠다.

예를 들면 〈일산칼국수〉나 〈명동교자〉처럼 닭 국물에 면을 넣어 성공시킨 사례는 많지만 밥과의 조합인 닭곰탕으로 크게 성공한 사례는 거의 없었다. 기껏해야 몇몇 기사식당 정도였다. 닭 육수 자체는 돼지 육수에 비해 맑고 깔끔하다. 그런 장점에도 폭발력은 돼지 육수에 뒤진다. 닭곰탕은 음식의 변형이나 응용 등 융통성이 그만큼 떨어지기 때문이다.

또한 닭 육수를 활용한 칼국수 전문점은 대형 규모 창업에 알맞다.(소형 면 전문점 창업에는 멸치 육수가 더 적합하다.) 2, 3일 만에 70쪽 분량의 사업계획서를 완성해서 제출했다.

작업을 하면서 그 회사 담당부서 직원들이 1차로 작성했던 사업계획서를 참고로 들여다봤다. 형식에 치우친 보고서는 현실성이 떨어졌다. 엘리트 사원들 작품이었을 텐데 꼼꼼하게 살펴보니 시장 현실을 제대로 반영하지 못했다. 아마 그런 이유로 채택되지 못하고 나에게 다시 작성을 의뢰했던 것 같았다.

우수한 성적으로 대기업에 입사한 엘리트 사원이라고 해도 경험치와 지속적인 관찰이 부족한 상태에서 보고서를 쓰면 결국 형식적인 보고서에 그치고 만다. 대학에서 배운 아카데믹한 이론과 분석 도구가 업무에 필요할 때도 있지만 꾸준한 관심과 예리한 관찰력으로 축적한 정보나 지식이 더 요긴하게 쓰이기도 한다.

◉ 소비자 관점에서 메뉴를 설계하라

동절기를 앞둔 경기도 용인의 함흥냉면 전문점 〈신부자면옥〉에 겨울철 메뉴로 전골식 불고기를 추천해줬다. 메뉴 추천은 간단한 몇 마디 말로 전달했지만 그 이면에는 결코 간단하지 않은 추천 사유들이 숱하게 숨어 있다. 한 송이 국화꽃이 쉽게 피어나지 않는 것처럼.

전골식 불고기는 일단 한 풀 꺾인 메뉴다. 그렇지만 상권이나 점포 유형에 따라 그 효용성이 완전히 사라진 메뉴는 아니다. 다시 소환해 얼마든지 유용하게 활용이 가능하다. 전골식 불고기는 메뉴 특성상 다른 고기 메뉴에 비해 원육의 중요성이 덜하다. 음식 맛을 고기보다 양념에 더 의존한다. 고전적인 음식이어서 젊은 층보다 아무래도 중·노년층에서 선호한다. 여성 고객층의 지지도 있다. 이런 메뉴 특성을 살려 몇몇 업소에 적용해 성과를 거두기도 했다.

나의 제안에 냉면집 대표는 동의했다. 다만 불고기 원육을 한우로 사용하자고 했다. 주 고객층의 하나인 노년층 손님들이 고기의 원산지에 민감하다. 나는 이 식당 개점 초기에 육개장을 메뉴로 구성하도록 해 성공시킨 적이 있다. 그때도 같은 이유로 육개장에 한우를 넣었다. 하지만 불고기 재료만큼은 외국산으로 쓰라고 권했다. 그 집 입지가 서민층 지역이었기 때문이다.

불고기는 외국산 소고기 사용이 불가피하다. 한우로는 1만 원대에 고객이 만족할 만큼 제공하기 어렵다. 한우로 제맛 나는 불고기를 만드는 건 좋은 일이다. 하지만 양이 적거나 가격이 너무 비싸진다. 양과 가격은 소비자의 가장 기본적 구매 기준이다. 아무리 맛있어도 먹다 만 듯 하거나 비싸다는 느낌이 들면 소비자는 다시 찾아오지 않는다.

나는 외식 콘셉트 기획자이지만 한 사람의 소비자이기도 하다. 점심 시간은 내가 평범한 소비자 입장으로 돌아가는 시간이다. 회사 가까운 곳에 한우를 사용한 불고기집이 두 곳 있다. 한 곳은 양질의 원육을 사용하고 맛까지 좋지만 가격이 비싸다. 다른 한 곳은 맛은 다소 떨어져도 양이 푸짐하고 가격이 저렴하다. 점심시간에 불고기가 먹고 싶을 때

나는 후자의 집을 선택한다. 가끔 부담 없는 만남에는 이 집 불고기에 소주를 곁들이기도 한다. 이 집은 소 한 마리를 통째로 쓴다. 등심 안심 갈비 등을 제외한 나머지 정육 부위를 불고기감으로 소진해 푸짐하게 제공하는 경쟁력을 보유했다.

나는 국내에서 비교적 고소득층에 속하는 소비자일 것이다. 그런데도 한우불고기는 가격이 부담스럽다. 가격뿐 아니라 양이 적어 먹고 나서도 만족스럽지 않다. 나만 이런 판단을 하는 것일까? 아니다. 소비자는 가장 적은 비용으로 가장 만족스러운 음식을 먹으려 한다. 메뉴를 설계할 때 원가, 이익률, 조리 과정도 중요하지만 소비자 관점을 놓치면 안 된다. 당신이 소비자라면 과연 내가 취급하는 메뉴를 흔쾌히 선택할 것인지 생각해봐야 한다.

중산층이지만 가성비를 앞세우는 나의 개인적 불고기 소비 경향과 함께 서울 신촌 〈형제갈비〉의 불고기 사례를 냉면집 대표에게 들려줬다. 〈형제갈비〉는 업력이 오래된 저력 있는 식당이다. 비록 미국산 소고기로 불고기를 만들지만 '단돈 1만 원'에 먹음직스러운 불고기를 내놓는다. 고객 만족도가 아주 높다.

나의 권유로 〈형제갈비〉를 방문해본 냉면집 대표는 외국산 소고기 사용이 큰 문제가 없음을 확인했다. 그 집을 다녀와서 외국산 소고기를 사용하기로 결정했다. 냉면집 대표도 한 사람의 소비자가 되어 미국산 소불고기의 맛과 가격을 직접 체험해보고 나서야 안심을 했던 것이다.

〈형제갈비〉 자매 브랜드인 〈큰언니불고기〉도 미국산 소고기로 만든 저가형 불고기 메뉴가 고객들에게 좋은 반응을 얻고 있다. 또한 창고형

할인매장에서 개인적으로 가끔 구입하는 미국산 불고기의 기본 만족
도도 아주 높았다. 불고기 주 고객층이자 주부인 아내도 매우 만족스러
워했다. 이런 개인적 경험들 역시 외국산 소고기 사용 지지의 판단 근
거가 됐다.

📍 가까운 곳에도 벤치마킹 요소는 널렸다

'등잔 밑이 어둡다'는 말이 있다. 또 '진리는 먼 곳에 있지 않다'는 말
도 있다. 잘 살펴보면 가까운 주변에도 벤치마킹 요소는 널려 있다. 줄
서서 들어가는 대박집만 벤치마킹 대상이 아니다. 내가 평소 가끔 이용
하는 회사 주변의 평범한 식당들도 벤치마킹 요소를 갖고 있다.

서울 양재동 〈성천막국수〉는 본점 격인 서울 답십리 〈성천막국수〉
의 친척이 운영한다. 동일한 이름을 쓰고 기본 콘셉트도 같다. 이 집 막
국수 수준은 그다지 대단한 편은 아니다. 양재동 오피스 상권의 지하에
위치해 입지도 막국수 전문점으로서는 적절하지 않다.

그렇지만 찜닭을 메뉴화하여 닭고기를 막국수와 묶은 것은 높이 평
가할 만하다. 대부분의 막국숫집에서 돼지고기를 내놓는 것과 대비된
다. 막국수의 메밀은 성질이 차가운 식자재다. 돼지고기 역시 찬 성질
의 음식이다. 그러나 닭은 더운 성질을 지닌 음식이어서 찬 성질의 메
밀과 서로 잘 맞는다. 찜닭 반 마리를 메뉴화해 소비자 부담을 낮춰준
점은 막국숫집 주인이라면 눈여겨볼 대목이다.

옥호로 쓴 '성천'은 평안도의 지명이다. 이북 음식 전문점임을 간판에서부터 풍긴다. 규모가 작은 식당임에도 물막국수 재료인 동치미를 저장고에 따로 보관하며 사용하는 점도 높이 평가할 만한 요소다.

양재동 〈원조명동찌개마을〉은 찌개 전문점인데 코다리찜을 잘한다. 주인 아주머니가 딸과 둘이서 식당을 운영한다. 주인 아주머니 손이 맵고 빠른 데다 코다리는 비교적 조리 과정이 간단하다. 메뉴 구성이 복잡하지 않고 조리와 반찬도 간단해 일손을 줄여 인력 효율성을 높이고 인건비를 줄였다.

반찬은 가짓수가 적고 거의 매일 같은 반찬이 나오지만 '공장 제품' 느낌은 나지 않는다. 이 집 코다리찜은 기존의 코다리찜 맛에서 벗어났다. 요즘 코다리찜들은 팬에 기름 두르고 볶아낸 듯한 천편일률적인 맛이 난다. 메뉴 이름처럼 찜 맛이 아니라 볶은 느낌이 나고 지나치게 맵기도 했다. 그런데 이 집 코다리찜은 국물을 자박하게 잡고 무를 넣었으며 약간 무른 듯한 코다리의 식감이 살아 있다.

양념 범벅인 대부분 전문점의 코다리찜에 비해 이 집 코다리찜은 가정식 느낌이 강하게 난다. 코다리 전문점 창업을 고려하는 사람이라면 눈여겨볼 부분이다. 코다리찜은 식사 메뉴로는 비싼 음식이다. 이 집은 7,000원으로도 점심에 코다리 메뉴 구성이 가능함을 보여준다. 문 앞에 '낮술 환영'이라고 써 붙여 놓았다. 고객에게 점심에 코다리찜을 안주삼아 가볍게 소주 한 잔 마시는 콘셉트로 권유한 부분도 괜찮다.

〈양재동 아는 집 가정식 뷔페〉는 6~7년째 반찬 레퍼토리가 한결같

〈양재동 아는 집 가정식 뷔페〉 많은 사람이 집밥 느낌이 물씬 풍기는 된장국을 찾지만 시중 식당에서는 먹기 어려운 음식이다.

다. 항상 같은 반찬임에도 내가 이 집에서 가끔 아침을 먹는 이유가 있다. 국 맛이 좋기 때문이다. 이 집은 된장을 직접 담가서 사용한다. 직접 담근 된장으로 소고기를 넣고 얼갈이된장국을 끓이는데 그 맛이 훌륭하다. 해장국으로 먹기에도 좋다. 수도권 사람들은 소고기 국물의 밑맛에 끌리는 경향이 짙다. 이 집 된장국은 아무리 먹어도 물리지 않는 중독성이 있다.

장에서 된장을 빼고 남은 간장으로 끓인 국도 맛있다. 뭇국, 콩나물국, 미역국 등을 끓일 때면 조선간장 특유의 깊은 맛이 구미를 당긴다. 60~70대로 보이는 연로한 자매 두 분이 식당을 운영하고, 아침 6시부터 오후 3시까지 짧은 시간 영업함에도 손님들이 늘 붐빈다.

〈밀란국수〉는 입지가 C 급인 상권에 위치했다. 그런데도 직장인과 가족 단위 고객들 모두 선호하는 음식들로 메뉴를 짰다. 음식 맛도 평균 이상인데 가성비도 높아 손님이 줄을 선다. 메뉴 간에 식자재나 조리법의 호환성도 있어서 조리할 때 효율성이 높다.

아무리 개성이 없는 식당이어도 벤치마킹 요소를 찾아낼 수 있다. 문제의식과 통찰력만 있다면 말이다. 우리 집 주변의 식당들을 다시 보자! 어떤 벤치마킹 요소가 있는지.

♀ 공부가 어렵다면 벤치마킹하라

식당 경영에 필요한 지식을 얻는 대표적인 방법이 공부와 벤치마킹이다. 공부는 본원적 지식을 내 것으로 만들어줘 튼실한 지적 밑천을 쌓게 한다. 하지만 기본지식과 배경지식이 선행돼야 한다. 이에 비해 벤치마킹은 기본지식이나 선행지식이 크게 필요치 않다. 누구나 실행 의지만 있으면 나설 수 있다. 공부에 비해 소요 시간이 짧고 쉽게 적용할 수 있으며 효과가 크고 빠르다.

얼마 전 규모가 큰 외식업 기업체 대표를 만났다. 여러 종류의 다양한 외식 업소들을 운영하는데 최근 해장국 식당을 내고 고전하고 있다. 이 회사가 운영하는 해장국 식당은 월 1억 5,000만 원이 손익분기점이

벤치마킹 요소가 있는 식당을 방문해 관찰과 메모에 열중하고 있는 예비 창업자와 식당 대표들.

다. 그렇지만 현재 월 1억 원 정도의 매출을 올리고 있다. 자세히 살펴보니 식당 규모는 큰데 주방이 구석에 치우쳐 있는 등 동선이 불합리했다. 해장국 맛도 일부 수정이 필요해 보였다.

또한 이 식당의 저녁 매출을 주도하는 메뉴인 곱창전골의 가격을 조정할 필요가 있었다. 대표에게 벤치마킹을 제안했다. 요즘 엄청나게 높은 매출을 올리고 있는 서울 강남의 해장국집이 있다. 그 집과 비슷한 맛과 콘셉트의 해장국집이지만, 상품력은 더 우수한 식당을 추천해줬다. 또 한 집은 범위를 넓혀서 대전에서 24시간 영업을 하는 〈태평소국밥〉을 추천했다. 두 집 모두 벤치마킹 요소가 있다.

벤치마킹은 단순 모방이나 짜깁기와 다르다. 남의 것을 내 몸에 맞게 변형시켜 받아들이는 것이 벤치마킹이다. 내 몸의 체질, 내 몸의 운동 메커니즘이 허용하는 범위에 있어야 이질적인 것을 받아들여도 거부반응이 생기지 않는다. 서로 다른 머리 몸통 팔다리를 기계적으로 이어 붙인다고 하나의 생명체가 탄생할 수 없는 것이다. 남의 것을 내 것으로 만드는 벤치마킹을 하려면 각각의 요소를 유기적으로 잘 조합해야 한다. 유기적 조합의 여부가 진짜 벤치마킹과 가짜 벤치마킹을 가르는 기준이다.

퍼즐 조각은 밖에서 구해오되 퍼즐의 기본 틀은 내가 짜야 한다. 투자와 투기가 한 끗 차이이듯 벤치마킹과 카피도 마찬가지다. 자기 나름의 철학과 해석이 첨가되지 않고 막무가내로 베끼기만 해서는 짝퉁밖에 안 된다. 남의 피부나 장기를 이식했어도 최소한 피는 나의 피가 돌아야 한다. 분명한 나만의 색깔을 입혀야 진정한 벤치마킹이다.

요즘 외식업 창업자는 물론, 외식업 종사자들 가운데 벤치마킹에 대한 관심이 부쩍 늘고 있다. 이들을 위해 벤치마킹에 필요한 준비물이나 실전 기술을 정리해봤다.

벤치마킹 전에 알아두면 좋은 것들

성공적 벤치마킹을 위해서는 사전 준비가 탄탄해야 한다. 우선 나 자신과 내 점포에 대한 정확한 인지가 필요하다. 나의 능력 한계, 우리 식당의 정체성과 콘셉트, 역량 등의 파악을 선행한 뒤에야 벤치마킹 방향을 정할 수 있다. 내 점포에 필요한 것은 무엇인지, 내 약점은 무엇인지, 즉 벤치마킹을 왜 하려는지, 그 이유를 고민해봐야 한다. 이를 간파해야 그 부분을 채워주고 업그레이드 시켜줄 적절한 벤치마킹 대상을 선정할 수 있다. 벤치마킹의 목적과 분야를 명확히 하지 않은 채 실시한 벤치마킹은 단순 견학에 그치고 만다.

벤치마킹 목표가 설정됐으면 어떤 곳으로 할 것인지, 벤치마킹 대상을 선정해야 한다. 특정 메뉴의 맛이나 조리 노하우는 해당 분야 유명 음식점이나 전문가의 추천 업소가 적당하다. 관리 시스템, 청결, 위생, 서비스, 동선 등이라면 선진 프랜차이즈 외식 업소도 좋다. 이 과정에서 가급적 아는 사람을 통해 업소를 소개받는 것이 좋다. 외식 업계 경쟁은 매우 치열하다. 디테일한 정보를 얻기란 하늘의 별따기다. 맨몸으로 부딪치는 것보다는 지인을 통해 소개받는 것이 효과적이다. 서로 아는 사람이면 온전한 정보를 다 얻지는 못할지라도 오픈 마인드로 진솔하게 대해줄 가능성은 높아진다.

평소 식당 업주 모임이나 벤치마킹 커뮤니티에 참석하는 게 그래서 중요하다. 벤치마킹도 가급적 혼자보다는 같은 목적을 가진 여럿이 움직이면 좀 더 얻는 게 많다. 전문 기획자의 도움을 받는 것도 중요하다. 전문가와 함께하면 더 큰 시너지가 생기고 시야와 사고의 폭 자체가 넓어진다. 멘토(Mentor)에게 조언을 구하고 따르면 체험을 확장할 수 있다. 아무리 작은 난장이라도 거인의 어깨에 올라서면 그만큼 멀리 볼 수 있고 빨리 갈 수 있다. 물론 그 전에 자기 자신을 알고 파악하는 것이 먼저다. 또한 인맥이 참으로 중요하다는 것을 여러 번 느낀다. 평소에 양질의 인맥을 잘 형성해 놓길 권하고 싶다.

요즘에는 외식업뿐만이 아니라 아예 이종 업종으로의 벤치마킹을 하는 경우가 늘고 있다. 벤치마킹은 업종의 한계나 산업의 경계가 없다. 새로운 아이디어를 위해서라면 틀이나 제한을 두지 않는 것이 바람직하다.

한식당을 운영하는 경영자라고 해도 일식당이나 이탈리안 레스토랑에도 벤치마킹을 가듯이, 외식업에 종사하지만 서비스업, 항공업, 패션업 등 분야를 가리지 않고 보고 배울 수 있다. 그만큼 소비자의 니즈도 다채롭게 변화하고 있기 때문이다. 좀 더 여유가 있다면 국내외에서 열리는 외식업 관련 박람회에 참가하는 것도 큰 도움이 된다.

벤치마킹 대상 업소를 선정했다면 그 집에 대한 꼼꼼한 정보 수집은 필수다. 이러한 사전 조사 과정을 간과하면 안 된다. 비교 업체에 대한 이해가 밑바탕이 돼야 내 점포에 맞게 활용할 수 있는 점들을 볼 수 있기 때문이다. 충분한 '뒷조사'가 뒷받침된다면 그만큼 보이는 것도, 알게 되는 것도 많을 것이다.

벤치마킹 때 챙겨야 할 준비물

볼펜과 메모용 수첩을 준비한다. 볼펜은 가급적 세 가지 색을 준비하는 게 좋다. 중요 부분을 다른 색으로 입체적으로 기록하면 나중에 읽기가 수월하다. 두 번째는 줄자다. 테이블이나 식기 등의 사이즈, 식탁 간의 간격 등을 측정한다. 세 번째는 비닐봉지다. 맛은 장기적으로 기억할 수 없다. 맛을 언어로 기록하는 것 또한 한계가 있다. 준비해간 비닐봉지에 벤치마킹 대상 음식점의 소스나 주메뉴를 담아온다.

네 번째는 카메라다. 메모보다 한 장의 사진이 훗날 더 확실하게 기억에 남는다. 주메뉴, 밑반찬, 파사드, POP 광고 문구 등 벤치마킹에 필요한 부분들을 찍어둔다. 주의할 것은 어느 식당인지 알 수 있도록 간판과 전경을 함께 찍어둔다. 카메라가 없으면 휴대폰 카메라를 대용해도 상관없다. 1인분 무게나 한 메뉴에 들어간 식자재 양을 대략적으로 파악할 수 있는 미니 저울이나 음식의 짠 정도를 측정할 염도계도 미리 챙겨두는 게 좋다.

벤치마킹 실전 기술

첫째는 적극적으로 질문하기다. 영업에 방해되지 않는 범위 내에서는 뻔뻔해질 필요가 있다. 적극적으로 경험하고 질문해도 예의만 지킨다면 상대방도 이해할 것이다.

최근 대박집 반열에 오른 고깃집 대표는 들어가자마자 업주에게 궁금했던 점을 대놓고 물어본다. 웬만한 사람은 욕먹을까 봐 그렇게 하지 못한다. 그렇지만 그는 거리낌 없이 당당하게 질문한다. 국내 최고의 갈빗집 대표는 주방에까지 들어가서 물어본다. 그들은 수십, 수백억대 부자인데도 그렇다. 우리 식당 생존을 위해 체면은 잠시 접어두자.

둘째는 낮은 자세로 임하기다. 우리 식당보다 못하다고 벤치마킹 요소가 없는 게 아니다. 그곳만의 차별화 요소가 뭔지 배우는 자세로 찾아봐야 한다. '별거 없다'는 오만한 생각으로는 아무것도 못 배운다. 손님이 계속해서 찾는 식당이라면 그만한 이유가 있다. 장사가 잘 되고 손님들이 넘치는 업소에는 그곳만의 노하우가 있듯이 장사가 안되는 집에는 그만한 이유가 있는 법이다. 맛있는데도 장사가 안되고 인테리어가 빼어난데도 손님들이 별 감흥이 없다면 그 이유를 파악해봐야 한다. 따라 해서는 안 될 점이 있다면 그것 역시 벤치마킹할 요소다. 잘못된 것을 봤을 때는 혀만 끌끌 찰 것이 아니라 나만큼은 이를 피해 가야겠다는 타산지석의 안목을 키우는 기회로 활용하자.

단점은 쉽게 보이지만, 남의 장점 찾는 일이란 게 생각만큼 녹록지 않다. '아는 만큼 보인다'는 말이 딱 맞는 순간이다. 앉아서 꼬투리 잡으며 욕만 하고 있어서는 얻을 것이 없다. 벤치마킹은 비교하려고 간 것이 아니라 그 업소만의 차별화 요소를 배우러 간 것이다. 좋은 것만 받아들이는 것이 아니라 좋지 않은 것을 통해 반면교사로 삼을 수 있어야 한다.

셋째는 메모하기다. 이 책에서 나는 누차 메모와 글쓰기를 강조했다. 보고 경험하는 것은 일시적이다. 머릿속에 오래 기억하고 나중에 이를 정리해 하나의 결론으로 도출하기 위해서 메모는 필수다. 벤치마킹하러 다니다 보면 그냥 빈손으로 사람들을 따라다니는 외식업주들을 많이 만날 수 있다. 메모해야 모든 일정이 끝난 후 총체적으로 정리할 수 있고 이를 문서화해 정확한 진단을 하기가 수월하다. 수첩과 볼펜이 거추장스럽다면 하다 못해 스마트폰 메모장이라도 활용하길 권한다. 때로는 사진 한 장이 열 줄의 글보다 더 강한 임팩트를 남길 수 있다. 특히 여러 곳을 다닐 때면 메모하는 것에 지칠 수 있고 정확한 자료를 남기기 힘들 수도 있는데, 이때에는 사진으로라도 꼭 기록하도록 하자. 메모하는 습관은 성공하는 습관이다.

넷째는 의미 있게 입력하기다. 이 책의 다른 장에서 언급했던 청취력, 관찰력, 분석력을 총동원 해본다. 맛, 서비스, 인테리어 등 기본 요소를 파악하는 것은 기본이다. 전체적으로 크게 보고 부분적으로 나눠서 세밀하게 보고, 손님 입장으로 관찰하고 업주 입장으로 관찰한다. 벤치마킹이라고 하면 메뉴만을 보러 간다는 인식이 짙다. 하지만 비단 맛뿐만 아니라 매장의 콘셉트, 분위기, 서비스 등 거시적이고 미시적인 다양한 관점에서의 벤치마킹을 되새겨야 한다. 음식 외에도 인테리어, 익스테리어, 접객, 식기, 플레이팅, 교육 등 내 점포와 다른 점이 있다면 얼마든지 벤치마킹의 대상이 될 수 있다.

다섯째는 적용 가능성을 염두에 두기다. 다른 외식 업소를 방문하다 보면 좋은 아이디어를 많이 얻을 수 있다. 하지만 아무리 좋더라도 우리 식당에 맞지 않는 것이라면 과감하게 포기할 줄 알아야 한다. 각각 요소를 보되 자신의 업소에 접목할 만한 부분을 캐치하는 것이 벤치마킹을 잘하는 것이다. 자신에게 맞지 않는 옷은 안 입느니만 못하다. 한복을 입고 있는데 남의 연미복이 멋져 보인다고 내 몸에 걸칠 수는 없다. 이를 위해서는 자신의 업소를 명확하게 이해하고 지향해야 할 방향을 분명히 설정해야 한다. 이게 희미하면 벤치마킹이 단순 모방이나 카피에 그칠 위험이 아주 높다.

여섯째는 마음으로 보기다. 눈에 보이는 표면적인 것 말고 심층적인 것을 파악해야 한다. 업주가 어떤 생각으로 저런 맛을 내고, 무슨 의도로 저런 서비스를 하고, 어떤 노림수로 저런 가격을 붙이고, 저런 인테리어에는 무슨 철학이 깃들어 있는지 파악하라는 것이다. 잘못하면 달은 못 보고 부처님의 손가락만 쳐다보고 돌아온다.

벤치마킹 다녀온 후에 해야 할 것들

새로운 정보를 수집했다면 그것을 일정한 형식을 갖춰 기록해야 한다. 자료로 축적해놔야 써먹기도 수월하다. 기록은 기억보다 오래간다. 메모를 모아 문서화해 놓는다면 내 점포에 적용하기는 더 수월해진다. 벤치마킹을 다녀온 업소의 특징과 벤치마킹 요소들을 적은 메모를 나만의 자료와 데이터로 축적해놓아야 한다. 이것이 모이면 곧 콘텐츠가 되는 것이다. 벤치마킹한 결과를 토대로 다녀온 각 업소와 비교하거나 대조하고, 이를 결합해 내 점포에 적용하게 되면 데이터는 온전한 자신의 자산이 될 것이다. 또한 무조건 기록만 했다고 장땡은 아니다. 주기적으로 그 기록을 다듬고 업데이트해 두어야 한다.

기록했다면 실행까지 이어지게 하는 것이 바로 벤치마킹의 대미이자 피날레다. 벤치마킹 다녀온 후 얻은 것을 직접 실천하고 실험해봐야 한다. 다녀온 경험에만 만족한다면 그저 '맛집 기행'에 그치고 말 것이다. 앞서 기록하고 모아 놓은 데이터를 근거로 벤치마킹 목적에 따라 메뉴, 접객, 마케팅 등에 접목해 실행한다. 벤치마킹은 실행을 전제로 한 행동이다. 벤치마킹은 누구나 다녀올 수 있다. 하지만 실천하는 자만이 성공의 영광을 누릴 수 있다. 이것저것 따지고 재기보다는 과감하게 시도하는 추진력이 필요하다. 좋은 아이디어를 얻었다면 자신의 것으로 만들기 위한 실천이 동반돼야 좀 더 나은 결과를 도출할 수 있다. 이를 위해서는 과정을 전체적으로 파악하는 통찰력이 요구된다.

그러나 축적한 자료와 데이터를 기반으로 적용하는 과정에서 아무리 좋은 내용도 내 점포와 맞지 않으면 '그림의 떡'이다. 현실적으로 실행 가능한지를 꼭 생각해봐야 한다. 이를 냉철하게 판단할 수 있는 절제력이 필요하다. 동일한 메뉴, 똑같은 서비스도 점포의 스타일과 환경, 여건에 따라 달라진다. 예를 들어 벤치마킹한 메뉴의 수익성은 물론 식자재의 안정적인 공급이 가능할지, 조리하는 데 어려움은 없을지, 기존 메뉴와의 충돌이나 약화는 없는지까지도 모두 살펴봐야 한다.

이러한 점을 고려하지 않고 무작정 도입하는 것은 맞지 않는 옷을 입은 것과 같다. 그런 옷은 애초에 안 입느니만 못하다. 이를 위해서는 내 점포에 대한 명확한 이해가 뒷받침돼야 하는 것이므로, 결국 나 자신부터 알아야 한다. 이로써 다시 벤치마킹의 첫 번째 단계로 순환하게 된다. 남을 알기 위한 출발은 결국 나를 아는 것으로부터 시작해야 한다.

♀ 솔선수범하는 주인이라야 산다

식당 직원들이 하루가 멀다 하고 일터를 옮기는 게 요즘 외식 업계 세태다. 너무 가볍게 움직이는 직원들의 처신이 1차적인 문제다. 하지만 솔선수범을 보이지 못하는 주인의 태도도 그런 현상을 부채질한다. 직원들은 은연중에 주인의 태도와 가치관을 보고 배운다.

10년 전 일본 어느 외식 잡지 편집장이 한국 식당을 취재하기 위해 내한한 적이 있다. 당시 그의 취재를 지원해주기 위해 수원의 유명 갈빗집인 〈가보정〉에 함께 갔다. 갈빗집임에도 양념게장이 맛있어서 손님들이 몇 차례씩 리필해서 먹는 거로 유명하다. 지금도 그렇지만 그때

광주똑순이아구찜 함께 고생한 직원의 10년 근속을 축하한다는 내용의 현수막에서 백옥자 대표의 진심이 엿보인다.

당시에도 매출액이 상당한 갈빗집이었다. 웬만한 기업보다 큰 규모의 식당인데도 여주인이 직접 주방에서 설거지하면서 음식 관리를 진두지휘하는 모습이 포착됐다.

하나를 보면 열을 알 수 있다. 이 집 음식이 탁월하지는 않지만 꾸준히 성장해 지금은 엄청난 규모를 자랑한다. 여주인이 직원과 음식 관리를 직접 꼼꼼하게 챙기면서 이 집은 부쩍 성장했다.

서울 서남부 지역에서 아귀찜으로 유명했던 〈광주똑순이아구찜〉이 있다. 이 식당에 갔다가 특별한 현수막을 보고 깜짝 놀란 적이 있다. 주방 쪽 벽면에 '똑순이 셰프 박○○ 님의 10년 근속을 축하합니다'라는 현수막이 걸렸다. 순간 어떤 감동이 느껴졌다. 이런 감동은 나만 느끼지 않았을 것이다. 박 아무개 셰프는 물론이고 모든 직원과 손님들에게도 흐뭇한 감동을 일정량씩 나눠줬을 것이다.

이 집은 소문난 대박집이어서 손님이 많았다. 직원 입장에서는 일이 많고 힘든 축에 들어가는 식당이었다. 그런데도 대부분의 직원이 이탈하지 않고 오랫동안 주인에게 의리를 지켰다. 업무 강도가 센 편이었지만 직원들이 상당히 친절했고 식당 분위기가 밝았다.

직원들이 바보였을까? 받은 만큼 주려는 것은 인지상정이다. 사람은 자기를 알아주는 사람에게 충성을 바친다. 이 집 백옥자 대표 역시 〈가보정〉 여주인처럼 항상 주방에서 직원들과 조리와 설거지를 했다. 그를 만나려면 주방으로 가야 했다. 평소에 먹을 게 생기면 직원들 주려고 챙겨뒀다. 아픈 직원은 눈치 보지 않고 쉴 수 있도록 미리 배려했다. 평소 직원 마음을 잘 살피고 그들이 편하게 일할 수 있도록 일터 환경을 조성했다.

금실 좋은 부부도 한 장소에서 10년을 함께 일하면 사이가 멀어지기 쉽다. 직원과 더불어 10년 이상 같이하려는 노력, 궂은 일을 찾아 주인이 먼저 팔을 걷어붙이는 것이 바로 솔선수범이다. 〈광주똑순이아구찜〉이 대박식당의 지위를 오래 누렸던 숨은 비결이었다.

서울 관악구 신림동 〈막불감동〉도 이 〈광주똑순이아구찜〉을 빼닮았다. 여기도 손님이 많은 편이어서 일이 많다. 그런데도 직원들이 능숙하고 친절하게 응대한다. 정용선 대표가 솔선수범해 손님에게 친절하게 대하고 직원들을 아낀다. 이 집도 직원들 근속 연수가 긴 편이다. 대개 직원은 주인을 닮아간다.

2018년 연말에 회사 직원들과 서울 서초구 서초동 〈우작설렁탕〉에서 식사를 했다. 그 집 여주인은 손님들에게 매우 친절하다. 손님상을 부지런히 돌아다니며 "익은 김치 더 드릴까요?" 등 친절한 멘트를 계속 날린다. 주인이 나서서 적극적으로 응대하니 직원들이 소극적으로 응대하기 어려울 정도다. 시범이라도 보이는 듯 솔선수범해 서빙의 진수를 보여준다. 비록 식당이 지하에 위치해 불리한 입지였지만 30년간 끊임없이 손님들이 줄을 선다. 담백한 설렁탕 맛과 함께 여주인의 친절함이 사람들의 발길을 끌었던 것 같다.

직원들에게 친절하라고 잔소리를 백 마디 하는 것보다 훨씬 효과 빠른 현장 교육이다. 다만 카운터를 지키고 있는 주인의 아들인 듯한 청년은 뚱해 보였다. 여주인의 친절과 대비되었다. 뒷날 여주인이 현역에서 은퇴해도 이 집의 대박 기조가 유지될까 살짝 의구심이 들었다. 요즘은 인건비가 비싸고 사람 구하기가 점점 어렵다. 식당 주인의 솔선수범은 충성도 높은 직원을 양성하고, 인력 효율을 높이면서 서비스 질을 높여준다. 솔선수범은 요즘처럼 어려워진 식당을 이끄는 힘이 된다.

♀ 포기가 생존이다 – 매몰 비용의 오류

지금까지 상담을 통해 숱한 외식 업자들을 만났다. 그 가운데 내가 제시한 개선책에 따라 성과를 낸 사람도 있지만 그렇지 못한 사례도 있다. 그들은 작은 이익에 집착해 큰 것을 보지 못했거나, 자신만의 생각에 갇혀 외부의 조언을 일체 받아들이지 않았다. 안 되는 식당은 분명 이유가 있다. 식당 부진의 이유가 자기 자신인 줄도 모르고 그들은 오늘도 빈 좌석을 보며 한숨만 쉰다. 혹시 나는 이런 유형에 속하지 않았는지 냉정하게 돌아보자.

경기도 북부에 부부가 운영하는 갈빗집이 있다. 두 사람 모두 성실해 식당을 잘 운영할 자질을 보유했다. 돼지갈비 전문점인데 매출이 부진했다. 돼지갈비는 가족 단위 외식이나 회식 메뉴여서 대개 가족이나 지인들끼리 차를 타고 오는 경우가 많다. 그런데 그 집은 주차 여건이 열악했다. 또한 돼지갈비는 식사 메뉴가 아닌 회식 혹은 가족 단위 외식 메뉴다 보니 반복 구매가 적다. 이런 점을 들어 업종 전환을 권유했다.

그러나 부부는 갈빗집 시설과 설비에 투자한 비용이 많고 아까워 포기하지 못했다. 결국, 갈빗집을 계속하겠다는 부부의 고집에 돼지갈비의 질을 높여주는 것까지만 도와줬다. 갈비 맛은 나아졌지만 이웃에 저가의 갈빗집이 들어서면서 부부는 더욱 힘들어졌다.

경기도 남부에서 작은 규모의 설렁탕집을 운영하는 아주머니가 찾아왔다. 1억 원 이상의 돈을 투자했는데 적자를 보고 있다고 했다. 주변이 중산층 아파트 밀집지역인 항아리형 상권(섬이나 항아리처럼 외부와 격리된 고립 상권)이었다. 이 집도 주차 여건이 아주 열악했다. 설렁탕집의 핵심 무기인 김치와 깍두기 맛도 기대에 미치지 못할 수준이었다.

설렁탕은 같은 탕반인 순댓국에 밀려 이미 쇠락하기 시작했다. 새로운 수요층이 되어야 할 젊은 층의 선호도가 낮은 메뉴다. 설렁탕은 보통 132~165m²(40~50평)대의 넓은 점포와 여유 있는 주차공간을 확보해야 영업이 순조롭다. 식자재 원가가 높아 일반적인 식사 한 끼 가격인 7,000~8,000원으로 푸짐하게 제공하기 힘든 메뉴라는 점도 한계다.

주변에 중산층 아파트가 밀집해 있어서 설렁탕 대신 만두로 업종 전환할 것을 권했다. 만두는 중산층 여성 고객이 선호하고 웬만큼 선전하면 기본 매출은 올릴 아이템이었기 때문이다. 대체로 여성들은 고기와 채소가 적당한 밸런스를 유지하는 음식을 선호하는 경향이 있다. 샤부샤부, 고기와 쌈, 만두 등이 그런 음식이다. 게다가 수도권 소비자는 만두나 만둣국 선호도가 높다.

더욱이 상담 당시 만두의 성수기인 가을과 겨울이 다가오고 있었다. 하지만 설렁탕집 대표는 간판과 시설 등에 투자한 돈이 아까워 설렁탕집을 포기할 수 없다고 했다. 외부로부터 유입되는 신규 고객이 없는 상권에서 이미 고객들에게 외면받은 설렁탕집이 갑자기 잘되는 일은 여간해선 일어나지 않는다.

경제학자들은 합리적인 선택을 하려면 매몰 비용은 포기하라고 주장한다. 지금까지 투자하느라 들어간 돈이 아깝다고 잘못된 선택을 포기하지 않으면 나중에 더 큰 손실로 이어진다. 하나의 선택은 하나의 포기를 뜻한다. 작은 것을 포기하지 못해 큰 것을 잃는 것은 어리석다. 작은 것을 포기하지 않고 시간만 보내면 결국 보낸 시간만큼 손해다.

3장

**인사이트로
가는 길**

식당 경영에 인문학 소양이 필요하다고?

식당 주인에게 웬 인문학?

강연 때마다 인문학적 소양의 중요성을 역설했더니 "식당 주인에게 웬 인문학이냐?"는 반응이 나오곤 했다. 인문학은 상아탑의 고상한 교수님들이 주고받는 고담준론일까?

우리가 아침 일찍부터 저녁 늦게까지 식당에 나와 뼈 빠지게 고생하는 건 먹고살기 위해서다. 동물들도 굴 밖으로 나와 굴속으로 들어갈 때까지 먹을 것을 찾는다. 단순히 먹고살기 위해서만 일한다면 우리가 동물과 다를 게 없다. 식당을 운영하는 우리는 사람이다. 또한 식당은 사람을 상대로 하는 일이다. 사람을 모르고서는 장사하기가 그만큼 힘들다.

인문(人文)은 곧 인문(人紋)이다. '사람의 무늬'다. 인문학은 사람의 무늬를 연구하는 학문이다. 내가 말하고자 하는 인문학은 학문으로서의 인문학이 아니다. 그러니까 공부해서 문학자나 역사학자, 철학자가 되라는 말이 아니다. 인문학적 소양을 쌓고 인문학적 관점에서 사람의 무늬를 살펴보자는 얘기다. 우리 식당에 찾아오는 손님도 우리 식당에서 일하는 직원도 모두 사람이다. 사람을 먼저 이해해야 밥을 팔기도, 일을 시키기도 쉽다.

노숙자들의 자활을 돕는 프로그램 가운데 가장 큰 효과를 본 것이 인문학 수업이었다고 한다. 노숙자들을 다시 일으켜 세우기 위해서는 지원해야 할 것들이 많다. 당장 먹을 음식, 건강 검진, 목욕 시설, 몸을 누일 잠자리, 금주 교육, 최소한의 여비, 일자리 알선 등이다. 그런데 그들을 결정적으로 일으켜준 것은 밥이나 잠자리가 아니었다. 인문학이었다.

노숙자들은 인문학자와 독서하고 토론하면서 자존감을 회복하고 '나도 한 인간'임을 자각한다. 자기 본래의 무늬를 발견하는 것이다. 다음 순간 '사람답게 살아보고 싶다'는 의욕이 생긴다. 내팽개쳐졌던 자기 존재의 가치를 알게 되면 생각과 행동의 규범이 달라진다. 스스로 술을 끊고 세수를 하고 일자리를 찾아 나선다. 인문학의 힘이자 위대함이다.

인문학은 어려울까? 학문적 난이도가 높은 부분도 있겠지만 각자 자기 수준에서 이해하려고 노력하면 접근 못할 것도 없다. 노숙자들이 모두 대학에서 인문학을 전공했던 사람들은 아니다.

인본주의와 자본주의는 서로 어울릴 것 같지 않다. 그러나 인문학에 바탕을 두면 좀 더 사람답게 돈을 벌 수 있는 길이 더 잘 보인다. 대체로 인문학적 토대가 탄탄한 기업이 그렇지 못한 기업보다 수익 기반도 탄탄하다. 존경받으면서 돈을 벌기 때문 아닐까? 식당도 그런 방향을 지향해야 한다. 장사 기법 중 최고의 경지다.

거리에서 〈스타벅스〉를 볼 때면 업주의 인문학적 소양이 얼마나 중요한지 새삼 느낀다. 〈스타벅스〉의 성공은 〈카페베네〉의 몰락과 대비되어 나에겐 진한 콘트라스트로 각인돼 있다.

국내 카페 브랜드와 〈스타벅스〉의 인문학적 감수성 차이
몇 해 전에 〈카페베네〉에서 업무차 지인과 만난 적이 있다. 카페 안에는 손님이 별로 없었다. 지인과 대화를 끝내고 밖으로 나와 불과 2, 300m 걸어갔다. 그곳에 또 다른 〈카페베네〉 가맹점이 개점 준비를 하고 있었다. 그 모습을 본 순간 이건 아니다 싶었다.

아니나 다를까! 2000년대 후반 세계 곳곳에 1,000여 개 매장을 내며 한국 토종 프랜차이즈 신화로 기염을 토했던 〈카페베네〉가 10년도 못 가서 무너졌다. 어느 날 아침 조회 시간에 〈카페베네〉 실패 원인에 대한 우리 회사 직원들의 생각을 들어봤다.

팀장급 직원은 떨어지는 커피 맛, PPL 광고(영화나 드라마에 소도구로 끼워 넣는 광고기법) 등 내실보다 외형 확장에 주력, 근거리 입점과 소형 상권에 대형 점포 입점 등 정도 무시, 사업 수익이 브랜드 성장을 위해 재투자 되지 못한 점, 수익 대부분이 영업 이윤 아닌, 가맹점 개설에서 창출된 점, 영업사원과 협력 업체에 과도한 지출 등을 들었다.

한 직원은 지나친 영업점 확장, 미국 진출 시 적절치 않은 브랜드 네이밍 사용, 커피 원두의 상품력 부진, 인테리어 수준이 낮고 조밀한 테이블 배치, 인위적 PPL 광고나 연예인 가맹점 등 거품 홍보를 꼽았다. 또 다른 직원은 경쟁 업체 대비 커피맛과 가격에서의 경쟁력 저조, 과도한 신메뉴 도입으로 실패한 브랜딩, 과도한 외국 진출과 다른 분야 유통 사업 진출 등 무리한 사업 확장을 꼽았다.

모두 맞는 말이다. 자체적인 실력과 역량 없이 오로지 홍보에만 의존한 성장은 금방 한계에 도달한다. 그 실력과 역량의 기본 바탕은 바로 인문학적 소양이다. 어떤 성찰도 없이 오직 돈 되는 일만 따른 결과다. 공정성 윤리성을 상실하고 오직 이기적 탐욕만 추구하는 천민자본주의의 민낯을 그대로 보여준 사례다. 직원들이 열거한 여러 실패 원인을 한마디로 꿰면 '인문학적 소양 부족에 따른 참사'다.

〈스타벅스〉는 한국 중년 남성들에겐 그다지 매력적으로 보이지 않는 공간이다. 뭔가 어수선하고 정서적으로 안락한 느낌을 주지 않는다. 하지만 젊은이나 여성들은 아주 편안한 공간으로 선용한다.

〈스타벅스〉의 '스타벅'은 허먼 멜빌의 소설《모비딕》에 나오는 일등 항해사다.《모비딕》은 19세기 중반에 발간됐지만 미국문학의 대서사시로 평가받는 걸작이다. 소설《모비딕》은 제럴드 제리 볼드윈을 비롯한 세 명의 공동 창업자에게 영감을 줬다. 그중에는 작가도 있었다. 커피를 좋아했던 이들은 소설 속에서 늘 커피를 들고 다녔다는 스타벅을 카페 이름으로 점찍었다. 그들은 세 명이었으므로 복수형 's'를 붙여 '스타벅스'가 됐다. 세 스타벅들은 모두 인문학적 자질이 뛰어났다.

그들은 로고의 디자인도 소설에서 영감을 얻었다. 초록색으로 그린 〈스타벅스〉 로고 속 여인은 그리스 신화에 나오는 바다의 요정 '세이렌(Siren)'이다. 모비딕에서 아름다운 노랫소리로 뱃사람들을 홀린다. 로고의 주인공으로 불려나온 세이렌은 〈스타벅스〉 커피의 맛과 향으로 전 세계인을 유혹하고 있다.

이후 1987년 〈스타벅스〉를 인수한 하워드 슐츠는 프리미엄 커피와 편안한 공간을 추구했다. 카페에 '여유' 콘셉트와 문화를 장착한 것이다. 환경 문제 등 여러 사회적 이슈에도 능동적으로 참여한다. 최근에는 점포에서 플라스틱 빨대를 퇴출했다. 2019년 현재 하워드 슐츠는 차기 미국 대선에 출마한다는 설도 나돌고 있다.

　미국의 전자상거래 회사 아마존은 6,000명의 직원 가운데 5,000명을 인문학 전공자로 뽑았다고 한다. 식당 주인도 이젠 글을 쓰거나 광고 문구를 직접 작성할 줄 알아야 하는 시대다. 글쓰기 역량을 배양하기 위해서라도 인문학적 소양이 필요하다. 책이 두껍거나 어려울 필요없다. 자기 수준에 맞는 소설, 재미있는 역사 한 줄이라도 옆에 놓고 읽어보자. 어느 날 문득 그 안에서 보물을 발견할 것이다. (사실 보물을 위해 책을 읽는 것만큼 반인문학적 행위도 없다. 하지만 그렇게 해서라도 우리는 인문학적 소양을 쌓아야 한다.)

♀ 나 자신을 아는 것이 힘!

　너 자신을 알라!

　고대 그리스 델포이의 아폴론 신전 앞마당에 새겨졌다는 유명한 잠언이다. 우리는 흔히 소크라테스가 했던 말로 알고 있지만 원조는 아닌 셈이다. 그렇다고 이 말을 외치며 무지의 자각을 일깨운 소크라테스의 혜안까지 빛이 바래는 건 아니다. '아는 게 힘'이라는 말도 있다. 영국 경험론의 대가 프랜시스 베이컨이 했던 말이다. 경험을 통해 직접 관찰하고 실천하며 지식을 쌓아야 한다면서 덧붙인 말이다.

　학생시절 이 두 잠언을 합성해 '너 자신을 아는 것이 힘'이라는 우스갯소리로 재창조했던 기억이 난다. '소크라베이컨'이라는 가공인물을 내세워 대개 주제파악 못 하는 친구에게 비아냥조로 들려줬다.

이 농담조의 말 속에는 사실 심오한 생각이 들어 있다. 세상의 모든 지식 가운데 가장 중요한 지식, 모든 지식의 출발점이 되는 지식 중의 지식은 바로 자기 자신을 안다는 것이다. 자기가 누군지 모르는 사람의 엄청난 지식은 오히려 불안하고 위험하다.

또 아는 게 힘이라는 사실은 우리가 경험적으로 충분히 인식하고 있다. 지적 수준이 그 사람의 사회적 계급 수준까지 결정하기도 한다. 정보를 지적 영역에 포함한다면 더욱 그렇다. 대학 입시를 두고 피 터지게 경쟁하는 이유도 이와 무관치 않을 것이다.

모든 지식은 힘이 된다. 그 힘은 경쟁력일 수도 있고 권력이 되기도 한다. 힘이 되는 그 모든 지식 가운데 가장 핵심은 바로 자기 자신에 관한 지식이라는 얘기다. 내가 누구인지를 정확히 아는 토대 위에서 지식의 축적이 이뤄져야 한다. 나는 어떤 장단점이 있는지, 내가 좋아하는 것과 싫어하는 게 뭔지, 내 능력의 한계는 어디까지 인지 등등 나에 대한 모든 것을 알아야 한다.

컨설팅을 하다 보면 아무리 노력해도 성과가 나지 않는 경우를 만난다. 점포의 입지가 애초부터 좋지 않은 경우, 엉뚱한 업종을 고른 경우, 아이템이나 일하는 방식이 업주의 성향과 맞지 않는 경우 등이다. 그러나 식당 주인이 갖고 있는 의외의 숨은 병기가 힘을 발휘할 때도 있다. 대개 식당 주인 자신도 내게 그런 병기가 있었다는 걸 모른다.

경기도 고양 〈왕릉골김치찌개〉의 유경룡 대표는 나이가 많았다. 특

유경용 대표의 꼼꼼한 관리로 언제나 일정한 맛을 내는 〈왕릉골 김치찌개〉의 김치찌개.

별한 조리 기술을 갖고 있지도 않았다. 음식점 운영 경험도 전혀 없었다. 그의 표면적 경력만 봐서는 식당을 해서는 안 될 사람이었다. 아마 초기에 나를 찾아왔다면 식당 하지 말라고 설득해서 돌려보냈을 것이다. 그런데 그에게는 남다른 장점이 숨어 있었다. 세밀하고 꼼꼼한 관리 능력이었다. 식당을 개업하기 전, 귀금속 유통 전문점을 운영했던 터라 미세한 단위의 중량 변화도 알아차릴 만큼 섬세한 감각의 소유자였다.

유 대표는 자신의 꼼꼼함, 세밀함, 치밀함을 김치 숙성 작업 과정에 적용했다. 미세한 무게 차이도 알아차렸던 그의 예민함이 숙성 김치의

미각으로 옮겨갔다. 온도, 습도, 염도, 시간 등 제반 요소의 조합으로 이뤄지는 최적의 숙성 상태를 수치로 변환, 귀납적으로 도출해냈다. 여러 차례 숙성 실험을 반복할수록 데이터는 점점 정밀해졌다. 마침내 오차가 거의 없는 김치 숙성법 데이터를 얻었고, 365일 맛이 일정한 김치찌개가 가능했다.

〈왕릉골김치찌개〉는 '숙성 김치'라는 키워드로 세상에 알려졌다. 지금은 김치찌개의 명가로 누구나 인정한다. 만일 유 대표의 김치 숙성 노하우가 없었다면 처음부터 불가능했을 성과다.

경기도 이천 〈남촌이락〉의 서영희 대표는 손맛이 뛰어나다. 또한 긍정적인 사고방식의 소유자다. 합천 〈금관식당〉 민연옥 대표도 성격이 긍정적이다. 여기에 탐구정신도 갖췄다. 시골 식당 주인으로서는 드물게 외식업 전문 잡지를 구독하고 새로운 음식 조리 방법에도 관심이 많다. 여기에 해인사 입구라는 입지적 요소가 뒷받침되어 성공을 거둘 수 있었다. 〈남촌이락〉과 〈금관식당〉이 지금처럼 도약하게 된 출발점도 자신의 장점 인식하기다. 보석을 깎고 갈고 광내듯이 자신의 장점을 찾아내 제대로 살린 결과다.

내겐 어떤 장점이 있는지 객관적으로 냉철하게 파악해보자. 그리고 그 장점을 어떻게 활용할 수 있을지도 생각해보자. 반대로 내 단점이 무엇이고 그게 외식업과 배치되는 결정적 결점이라면 식당 창업은 하지 말아야 한다. 음식에 대한 객관적 자신감이 없다면 포기하는 것도 방법이다. 이 모든 것을 결정하는 것도 나 자신이다. 나는 누구일까?

📍 책 속에서 길을 잃지 않으려면

'책 속에 길이 있다'는 말은 맞는 말이다. 대개 책은 지식이나 지혜가 농축돼 있다. 인간이 가봤거나 갈 수 있는 길들이 그곳에 있다. 내가 가보지 못했거나 갈 수 없는 길을 책에서 만날 수 있다. 그렇지만 모든 길이 책에 있는 것은 아니다. 내가 가고자 하는 하나의 길, 그 길은 책 속에 없을 수도 있다. 책은 대개의 사람이 찾음직한 보편적인 길만 제시하기 때문이다.

외식업은 일종의 마이웨이, 나만의 길이다. 세상에서 유일한 내가 유일한 장소에서 유일한 방식으로 유일한 음식을 팔 것이다. 비슷한 식당은 있어도 같은 식당은 단 하나도 없다. 특정 개인 한 사람에게 맞춤형으로 나온 책은 존재하지 않는다.

우리 회사에서는 메뉴 강좌를 수시로 연다. 강사가 요리책에 적혀 있는 한 가지 레시피대로 강의하지만 수강생들이 조리한 음식은 매번 모두 차이가 난다. 언뜻 비슷해 보이지만 조금만 자세히 봐도 형태는 물론 맛이 다르다. 레시피(책)가 같아도 이것을 이해하는 사람(독자)의 해석에 차이가 생기고, 해석 차이가 없더라도 조리(실행)하는 과정에서 또 차이가 난다. 그러니 결과물이 달라질 수밖에 없다.

요즘 책을 열심히 읽는 식당 대표들이 적지 않다. 대개는 길을 찾기 위해서일 것이다. 그러나 책이 독자가 처한 구체적인 문제에 답을 주지 못할 수도 있다. 책을 읽기 전에 어떤 책이 내 문제를 더 잘 해결해줄 수 있는지, 어떤 저자가 지은 책인지를 충분히 살펴보고 골라야 할 것이다. 또 책을 읽는 과정에서 비판적 관점으로 읽어야 한다. 저자의 주장이 맞는지, 내 생각과 저자의 생각이 어떻게 다른지, 그 이유는 무엇인지, 저자 주장을 내게 어떻게 적용할 수 있는지 등을 생각하면서 읽어야 한다. 특히 외식업 경영 관련 도서류는 더욱더 그렇다. 책을 읽은 후에도 전체 내용을 요약해보고, 중요한 부분은 발췌해 글로 정리해보는 것도 좋다.

식당도 한 권의 책이라고 간주할 수 있다. 나는 어떤 식당에 가든 카운터에서 주인에게 질문을 던지는 취미가 있다. 과거 5년간 인터넷 매체에 서민들이 이용할 만한 식당들을 매주 연재했다. 그때 당시 대부분의 글은 카운터에서 주인에게 물어본 몇 마디 얘기를 유추해서 썼다. 책을 읽고 나서 마지막으로 전체의 줄거리를 파악하듯 계산을 하고 나오면서 주인에게 그 식당의 키포인트를 물었다. 식당이라는 텍스트를 읽어낸 뒤의 마지막 작업이었던 셈이다.

책만 읽으면 백면서생이 되기 쉽다. 예전에 김대중 전 대통령이 언급했듯이 서생적 문제의식만 지니면 탁상공론이 되기 쉽고, 상인으로서 현실감각만 지니면 저급한 장사치로 전락하기 쉽다. 외식업 경영자가 가야 할 길은 서생과 상인, 두 갈래 길에서 중용적 길일 것이다. 그것은 책을 통한 독서와 현장 벤치마킹의 적절한 균형유지를 통해 달성할 수 있다.

책을 열심히 읽는 주변 사람들을 보면 대개 처세술이나 마케팅 관련 책들이 많다. 물론 그런 책들도 안 읽는 것보다는 낫지만 역사나 철학, 문학 등 인문학 관련 책들도 권하고 싶다. 역사나 철학책은 구체적인 현실 문제의 해결책을 제공하지는 못한다. 그러나 삶의 기본 방향을 제시하고 영감을 일깨워준다. 가끔 재미있는 소설을 보면서 머리를 비우는 것도 더 나은 아이디어를 창출하기 위해 좋은 방법이다. 시를 감상하며 머리에 여백을 남겨두는 것도 삶의 활력소가 된다.

책은 독자 기대치의 100%를 응답해주지 않는다. 부족한 2%는 자신이 채워야 한다. 분명한 건, 책을 전혀 안 읽는 사람보다 책을 열심히 읽는 사람이 성공할 확률이 훨씬 높다. 최소한 98%는 챙길 수 있으니까. 확실히 내 주변 사람들만 봐도 그렇다. 바쁜 식당일에 쫓기면서도 시간을 내어 책을 보는 당신! 책은 당신을 배신하지 않을 것이다.

안 되는 것은 안 되는 것이다

고급 스테이크 사 먹을 손님은 그다지 많지 않다

일전에 한 스테이크 전문점 업주와 상담했다. 그에게 "C급 상권의 점심 객단가(고객 1인당의 평균 매입액) 2만 원은 요즘 같은 불경기에 살아남기 어려운 가격"이라고 조언했다. 아울러 세 가지를 제안했다.

첫째, 돼지떡갈비를 도입할 것. 둘째, 직접 빵을 만들어 포장해 특히 주부 손님에게 서비스로 제공할 것. 셋째, 자가로 드라이에이징을 할 것 등이었다. 그러나 업주는 모두 난색을 표했다. 그는 오직 홍보만을 원했다. 당연히 나는 거절했다. 가성비가 떨어지고 음식 상품성도 '그저 그런' 수준의 스테이크를 홍보만 한다고 해서 어려움이 해결되는 것은 절대 아니다.

동신면가 지역 내 서민층 잠재 고객을 끌어 모은 〈동신면가〉 돼지떡갈비.

비싼 소고기 스테이크를 많이 팔면 좋겠지만 아주 특별한 상권이 아닌 한 어려운 일이다. 주변 지인 가운데 경제적 여유가 있는 사람들에게 물어보라. 최근 한 달 동안 스테이크를 몇 번 먹어봤느냐고. 스테이크는 구매층이 얇고 구매 빈도수도 낮은 메뉴다. 식당 업주나 창업자와 상담할 때 가끔 면전에서 '안 된다'거나 '반대한다'는 이야기를 하면 그들 표정이 밝지 않다. 그렇더라도 업주는 자기만의 주관적인 관점에 빠지기 쉽기 때문에 강하게 안 된다고 조언을 해주곤 한다. 안 되는 것은 안 되는 것이다.

맛이 부족하거나 입지가 맞지 않아 고전하는 스테이크 전문점의 대안 메뉴로 돼지떡갈비를 추천한다. 경기도 의정부 〈고산떡갈비〉는 돼지떡갈비 300g에 1만 5,000원인데 어설픈 소고기 스테이크보다 더 맛있다. 볼륨감이 스테이크 이상이다. 수익성도 매우 양호하다. 서울 암사동 〈동신면가〉는 돼지떡갈비(250g 1만 1,000원)를 메뉴로 구성하자 인근의 서민층 고객들이 빈번하게 방문하고 있다. 전에 소떡갈비가 주력 메뉴였을 때는 지역 내 고객이 차지하는 비중은 미미했다. 상권 내 잠재 고객에게 소떡갈비 가격이 그동안 부담스러웠던 것이다.

한국에서 돼지고기 샤부샤부 가능할까?

페이스북에 누군가 돼지고기 샤부샤부를 하겠다고 해서 나는 어려울 것이라고 댓글을 달았다. 많은 사람이 '한번 해보라'는 식의 격려, 혹은 형식적인 응원 댓글을 달았다.

어느 순두부 체인점 본사에서 돼지고기 샤부샤부를 시도했다가 실패했던 적이 있다. 그 업체 대표가 재일 교포였다. 대표가 일본에서는 돼지고기 샤부샤부가 꽤 인기 있는 메뉴였기 때문에 돼지고기 샤부샤부의 성공 가능성을 쉽게 점쳤던 것 같다.

그러나 우리나라 소비자에게 돼지고기 샤부샤부는 적응이 쉽지 않은 음식이다. 한국인은 아직도 돼지고기는 완전히 익혀 먹어야 한다는 선입견이 강하다. 샤부샤부는 살짝 데쳐서 먹는 음식이다. 또 실제 여부와 상관없이 돼지고기 국물이 느끼할 것이라는 선입견도 갖게 된다. 이런 원인으로 돼지고기 샤부샤부는 실패를 맛보았다. 또 다른 유명 샤부샤부 체인점에서도 돼지고기 샤부샤부를 시도하려다 결국은 포기한 것으로 알고 있다.

외식 사업에 통찰력이 있는 사람은 국내에서 돼지고기 샤부샤부가 왜 안 되는지 직관적으로 이해한다. 돼지고기 샤부샤부는 일견 돼지고기 비선호 부위를 활용할 수 있어 기막히게 좋은 아이템이다. 하지만 한국에서는 성공 가능성이 희박하다. 아직 우리나라 고객은 돼지고기 샤부샤부를 즐길 준비가 덜 되어 있다. 물론 엄청난 집중력과 홍보로 성공할 수도 있겠지만 그 성공 가능성이 낮은 것은 분명하다.

아직 100% 온(溫)메밀은 안 된다

외식업에 종사하는 대학교 후배가 100% 메밀로 온칼국수 혹은 온메밀국수의 메뉴 접목을 시도하려고 했다. 나는 냉정하게 만류했다. 일본과 달리 한국에서 뜨거운 육수의 메밀국수는 성공하기 어렵다고 단언했다.

얼마 전 부산의 유명 메밀국수와 막국수 전문점인 〈면옥향천〉을 다녀왔다. 모리소바(나무틀 위에 가지런히 면발을 올린 메밀국수) 외에 온 메밀국수도 경험했다. 그런데 상품성이 양호한 온메밀국수를 먹으면서도 '이 식당이 겨울에는 고전하겠다'는 생각이 들었다. 일본 도쿄에서 먹었던 한 메밀국수 체인점의 온메밀국수에 비해 뭔가 미진한 요소가 있었다. 이 집은 전국적으로도 손꼽히는 수준의 뛰어난 메밀국숫집이고 업주는 장인 정신을 지닌 사람임에도 그랬다. 이 유명 메밀국숫집도 겨울철 온메밀 판매는 미미한 것으로 알고 있다.

그래서 후배에게 온육수 메밀면에 대해서 회의적인 의견을 내비친 것이다. 오히려 메밀 100% 함유량을 강조해서 동절기에도 비빔막국수를 판매하는 것이 더 나은 전략이다.

몇 년 전 겨울에 유명 막국수 전문점들이 있는 강원도로 막국수 벤치마킹을 다녀왔다. 막국숫집이 동절기임에도 손님이 꽤 있었다. 업주에게 물어보니 최근에는 겨울에도 막국수를 소비하는 손님층이 어느 정도 형성됐다고 한다. 막국수의 주요 식자재인 동치미가 겨울에 더 맛있는 것도 주목할 필요가 있다.

여러 해 전 이 막국숫집에서 동일한 질문을 던졌을 때와 달라진 답변이다. 그때만 해도 하절기 대비 동절기 막국수 판매량은 아주 미미했다. 거의 하늘과 땅 차이였다. 이젠 겨울에도 손님이 막국수를 일정량 소비를 한다. 메밀에 대한 소비자의 니즈가 비약적으로 성장했다. 내가 후배에게 온메밀 대신 막국수를 권했던 배경이다.

♀ 나비의 날갯짓

브랜드는 우연한 기회에 만들어진다

몇 해 년 취재기자 업무 일지를 통해 대구 〈맛찬들왕소금구이〉의 삼겹살을 발굴하자 여러 차례 잡지에 소개했다. 〈월간외식경영〉이라는 자사 매체뿐 아니라 인터넷 매체를 통해서도 널리 알렸다. 그 후 〈맛찬들왕소금구이〉는 공중파 방송국 모 프로그램 600회 특집에 방영되었고 이것을 계기로 엄청난 탄력을 받았다. 〈월간외식경영〉에서 진행하

〈맛찬들왕소금구이〉의 두툼한 삼겹살.

는 벤치마킹 투어 때도 많은 식당 업주가 〈맛찬들왕소금구이〉 콘셉트에 관심을 가졌다. 서울에서 세미나도 몇 번 진행했다. 더군다나 〈맛찬들왕소금구이〉 확산의 주요 근거지였던 부산 지역도 우리 회사에서 적극적으로 홍보했다.

수도권인 경기도 광명시의 부진했던 고깃집에 〈맛찬들왕소금구이〉 콘셉트와 브랜드를 그대로 도입하자 대박식당으로 거듭났다. 이후 광명 〈맛찬들왕소금구이〉는 매출이 큰 폭으로 신장했다. 워낙 성실하고 열정적인 업주의 노력으로 발산역에 대형 점포도 추가 개업했고 경기도 고양시 일산 라페스타에도 한 곳을 또 열었다.

인천 〈화미소금구이〉도 만년 적자 식당에서 이 콘셉트를 도입해 성공했고 현재는 〈화미소금구이〉, 〈화포식당〉으로 직영점과 가맹점을 여러 곳 운영하며 성업 중이다. 서울 동대문구 신설동 초대박 식당 〈육전식당〉도 서울 목동 〈일미락〉도 이 콘셉트를 응용해 큰 성공을 거둔 사례다. 이 두 식당 모두 단기간에 '대박'이라는 표현이 어울리는 점포로 성장했다. 〈맛찬들왕소금구이〉는 수십 곳의 직영점과 프랜차이즈 가맹점을 전개했고 삼겹살 분야에서 아주 강력한 브랜드로 성장했다. 다만 서울에서는 브랜드 파워가 미미한 편이다.

업무 일지를 작성했던 기자는 우리 회사에 불과 몇 달만 근무했지만 정말 빠른 속도로 능력이 향상한 직원이다. 게다가 사람과 상품을 보는 안목도 뛰어났다. 만약 수년 전에 그 직원의 업무 일지를 내가 안 읽었으면 지금의 〈맛찬들왕소금구이〉, 〈육전식당〉, 〈일미락〉, 〈화포식당〉 등은 탄생하지 못했을 것이다.

지금도 나는 직원들에게 업무 일지, 즉 보고에 대한 중요성을 계속 강조한다. 짧게 쓰고 정확하게 보고하라는 요지다. 그런데도 중요한 정보들이 공식적인 업무 일지가 아닌 사석에서 들을 때가 많다. 더 많은 중요한 정보가 그대로 사장되는 것이다.

직관으로 잡아내고 실행력으로 완성한 브랜드

지금 한국을 대표하는 드라이에이징(고기를 보습하지 않은 채 공기 중에서 숙성시키는 방법) 대표주자는 누가 뭐라 해도 〈서동한우〉다. 〈서동한우〉와 관련한 일화가 있다.

여러 해 전 육류 가공처리에 관해 소개한 소책자를 읽던 중 드라이에이징 방식에 눈이 갔다. 재빨리 기자들에게 그 콘텐츠를 자세하게 취재해 우리 회사 매체인 〈월간외식경영〉에 기사화하도록 했다. 또 우리 회사 주관으로 전국한우협회에서 개최하는 세미나 주제 가운데 하나로 이 드라이에이징을 채택했다. 적당한 강연자를 물색하던 중 마침 드라이에이징 개념에 밝은 식당 대표를 만나 그에게 강연을 부탁했다. 그는 이미 드라이에이징 기술이 발달한 미국의 정육점에서 일한 경험이 있어서 그 분야의 지식과 경험이 풍부했다.

당시 강연에는 150명 정도의 식당 업주와 관련자들이 참석했다. 그때 유독 강연에 몰입하는 사람이 있었다. 충남 부여에서 올라온 〈서동한우〉 유인신 대표였다. 사실 그날 강연은 드라이에이징 개념 정도만 소개하는 수준이었다. 강연을 들은 뒤 유 대표는 자기 나름대로 드라이

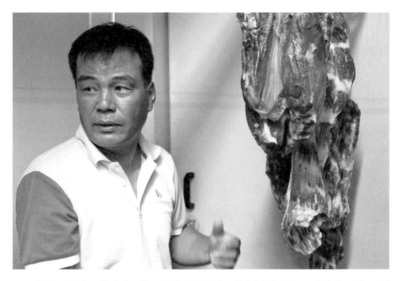

소고기를 공기 중에 40일간 건조하는 건식숙성 방법인 드라이에이징 기법으로 매출과 브랜드 가치를 성장시킨 〈서동한우〉의 유인신 대표.

에이징을 연구하기 시작했다. 유 대표는 그날 강의를 듣는 순간 '저건 뭔가 있다'고 직관적으로 느꼈다고 한다.

처음엔 드라이에이징이라는 단어 자체를 몰랐지만 그는 차츰 실험을 통해 숙성육을 경험했다. 그리고 서울에 있는 수입 외국산 드라이에이징 스테이크 전문점을 벤치마킹했다. 나도 몇 군데 동행했다. 그 후 유 대표가 전화로 문의를 해왔다. "과연 이 드라이에이징을 식당에 도입해도 괜찮겠느냐"고.

드라이에이징을 실시하면 고기의 수분 증발로 인한 중량 손실도 있지만, 공기와 접촉한 바깥 부분의 고기도 잘라내야 한다. 이처럼 상당한 원육 손실을 감수해야 하기 때문에 쉽게 결정할 문제는 아니었다.

그때 나는 유 대표에게 이렇게 말해줬다. "드라이에이징이 당신 식당 매출의 몇 %만 차지하더라도 〈서동한우〉를 유명하게 해주는 강력한 키워드가 될 것이니 과감하게 진행해보라"고.

　나의 예언은 반은 맞고 반은 틀렸다. 그 후 〈서동한우〉는 드라이에이징 덕분에 전국적인 브랜드로 성장했다. 이 부분은 맞았다. 그러나 드라이에이징은 〈서동한우〉에서 차지하는 비중이 몇 %가 아닌 절대 비율을 차지한다. 나도 비싼 드라이에이징 고기가 시골에서 그렇게 많이 팔릴 줄 몰랐다.

　〈월간외식경영〉은 2012년부터 2016년까지 〈서동한우〉의 드라이에이징 기술의 진보에 주목했다. 꾸준히 그 과정을 지속적으로 기사화했다. 주로 드라이에이징 방법과 장단점 위주로 소개했다. 차츰 소고기 전문점을 중심으로 드라이에이징은 이슈화됐다. 그 후 유명 블로거들과 공중파 방송 제작진이 부여 〈서동한우〉를 찾았다. 공중파 방송에는 10여 회 이상 방영되었다. 자연스럽게 매출과 브랜드 가치 제고로 연결됐다.

　〈서동한우〉는 서울 요지에 진출해 현재 2개의 식당을 운영 중인데 영업도 비교적 순항 중이다. 그리고 부여에 드라이에이징 전문 생산 공장을 완공했다. 몇 해 전, 어떤 외식 기업에서 드라이에이징 전문점을 오픈했는데 〈서동한우〉 브랜드를 능가할지는 잘 모르겠다. 한번 브랜드를 선점하면 생각 이상으로 강고하기 때문이다. 더욱이 유인신 대표는 업계에서 '드라이에이징 전문가'로 각인되어 있다.

　〈서동한우〉의 브랜드화 과정 역시 작은 기회를 포착한 것에서 시작했다. 나비의 날갯짓에 불과했던 유 대표의 직관의 바람이 고기 시장의 큼직한 트렌드 변화를 몰고 왔다.

📍 가족 생계가 걸린 식당인데

상담을 하다 보면 식구들 생계가 식당 하나에 달린 피상담자를 만나기도 한다. 갈수록 떨어지는 매출은 누가 봐도 물러설 곳이 없다. 업주가 그야말로 전력투구해야 할 처지다. 그런데 의외로 절박한 상황에 처한 피상담자의 상담 태도가 진지하지 못한 경우가 종종 있다. 나는 그 원인을 학습된 무기력으로 본다.

'학습된 무기력'이란 마틴 셀리그먼이라는 학자의 학습이론이다. 개에게 꼼짝 못 하게 한 상태에서 전기 충격을 가하면 처음에는 도망치려고 한다. 그렇지만 충격 횟수가 늘어날수록 점차 도망갈 수 없음을 경험한다. 나중에는 풀어놓은 채 충격을 가해도 고통을 참으면서 도망갈 생각을 하지 않는다. 전기 충격에서 도피하는 것을 지레 포기하는 반응을 보인다.

사람에게서도 비슷한 행태가 나타난다. 처음에 실패하면 거기서 벗어나려 애쓴다. 그러나 실패가 자꾸 반복되면 실패에서 벗어날 수 있는데도 지레 포기한다. 특히 가족의 생계가 달린 식당을 운영하다가 어려움에 빠진 식당 주인 가운데 그런 사례를 적지 않다. 문제를 해결해야겠다는 생각은 갖고 있지만 해결 의지나 실천은 적극적이지 않다.

남에게 질문하는 것 자체가 하나의 습관으로 굳어진 것이 이런 사람의 두드러진 행동 특성이다. 여기저기 다니면서 여러 사람에게 해결 방안을 질문한다. 나도 여러 사람 가운데 하나가 된 것이다. 하지만 그뿐이다. 문제를 해결하려는 질문이라기보다 문제 해결을 위해 자신이 뭔가 했다고 스스로 위안거리를 만들려고 질문하는 것 같다. 일종의 합리화다. 그렇게 함으로써 딸린 식구들에 대한 죄책감에서 벗어나려는 행동 같다.

워낙 여러 사람을 만나고 다니다 보면 누가 정답을 줄지 모르는 측면이 있다. 어느 구름에 비가 들었는지 누구도 알 수 없으니. 하지만 별뜻도 없이 여기저기 다니면서 습관적으로 묻기만 하고 귀담아듣지 않는 버릇으로는 문제를 해결하기 어렵다.

이런 유형의 사람이 찾아가는 곳은 대개 상담료를 받지 않는 곳들이다. 가끔 실력 있는 컨설턴트가 무료 상담을 하기도 하지만 특별한 경우가 아니라면 거의 없다. 그러니 찾아가는 곳마다 부실한 상담일 확률이 높다. 부실한 상담 내용은 신뢰가 떨어지니 더욱 귀담아듣지 않았을 것이다. 상담 내용도 문제 해결에 도움을 주지 못했을 것이다. 해결은 되지 않고 문제가 자꾸 쌓여만 간다. 이러니 또 무료 상담자를 찾아 나서는 악순환이 반복된다.

우리 식당을 살릴 진짜 전문가라고 인정하면 그에게 비용을 낼 의지가 있어야 한다. 상담자에게 자신의 처지를 설명하고 양해하에 비용 납부 방법을 조정해서라도 제대로 된 상담을 받고 개선 활동에 착수해야 한다. 수술해야 할 상처를 놔두고 선무당들이나 찾아다니면 해결되지 않는다. 오히려 병만 깊어진다. 당장은 힘들고 어렵겠지만 정당한 대가를 지불하고 실력 있는 의사에게 찾아가야 한다. 그게 결국은 시간과 돈을 절약하는 길이다.

한국외식업중앙회에서 발행하는 월간지 〈음식과 사람〉에 상담 사례를 매월 연재하고 있다. 그 기사를 보고 하루는 횟집을 운영하는 부부가 내게 조언을 구했다. "돈은 없지만, 장사가 안돼 업종을 바꾸고 싶다"고 했다. 목소리에 고단함이 묻어 있었다. 나는 "밥집을 하라"고 조언했다. 부부는 고깃집을 하고 싶어 했다.

부부는 영업시간이 긴 아이템을 선호하지 않는 것 같았다. 그래서 밥집과 고깃집을 절충한 스타일이면서 비용이 크게 들지 않는 '고기+식당' 아이템을 다시 제안했다. 추가적인 시설 투자비가 크게 들어가지 않으면서 점심 밥장사와 저녁에 삼겹살로 좌석을 채우는 식당을 만들어볼 것을 권했다. 그러나 부부는 건성으로 내 설명을 흘려들었다. 더는 흥미를 보이지 않았다. 피상담자의 80%는 이런 식으로 고민만 하고 결단을 내리지 못한다. 아마도 부부는 또 다른 곳에 가서 어떻게 하면 좋을지 물을 것이다. 그저 묻기만 할 것이다. 부부에겐 자녀들이 여럿 있는 모양이었다. 그 자녀들이 살짝 걱정되었다.

◉ 기본 상담만으로 대박 낸 식당들

어떤 사람은 손에 쥐여줘도 모른다. 반대로 어떤 사람은 운만 띄어도

척 알아듣는다. 마치 부처가 꽃을 들어 보였을 때 이심전심으로 그 뜻을 이해하고 미소 지었다는 염화미소(拈華微笑)의 주인공 같은 사람들이다.

상담을 하다 보면 그런 사람들이 가끔 있다. 보통 상담을 한 후, 진단과 개선 계획을 수립하고 본격적인 개선 작업에 들어간다. 개선이 끝나고 나면 성과를 평가하고 피드백하는 게 일반적인 컨설팅 과정이다. 그런데 상담 과정에서 내가 제안한 개선 방향이나 비슷한 사례 소개 등만 듣고 자신의 식당에 적용해 성공시킨 사람들도 있다. 그야말로 촉이 발달한 의뢰인들이다.

잘나갔던 30년 고깃집, 변화에 둔감하자 위기 닥쳐

대전 〈까치돌구이〉 성은규 대표는 내 조언을 씨줄로, 자신이 축적한 지식과 정보를 날줄로 점포 콘셉트 설정과 리뉴얼 작업을 성공적으로 완성했다.

1986년, 성 대표 모친은 대전 은행동에 〈까치돌구이〉라는 고깃집을 열었다. 개업 13년 만에 시청 옆 595m²(180평)의 더 넓은 장소로 이전, 전성기를 구가했다. 대전 최고의 고깃집이 되겠다던 애초의 다짐처럼 한동안 잘나갔다. 직장생활을 했던 성 대표는 2002년부터 어머니가 차린 이 고깃집 운영에 합류했다.

그런데 몇 년 전부터 서서히 손님이 줄어들었다. 일반 손님은 물론, 한 번에 수백 명씩 찾아왔던 회식 손님도 차츰 뜸해졌다. 30년 가까이 고깃집을 했지만 손님이 줄어서 걱정을 해본 적은 없었다. 시간이 지나면 나아지려니 했지만 오히려 시간이 갈수록 현실은 성 대표의 기대를 배반했다. 점포가 넓은 편이어서 월세도 비쌌다. 매출이 줄어들자 예전과 달리 월세도 큰 부담이 됐다.

위기감을 느낀 성 대표는 원인 분석에 나섰다. 우선 외식업에 대한 지식이 의외로 부족했던 자기 자신을 발견했다. 무지에 대한 자각이야말로 가장 큰 지식이자 깨달음의 출발이었다. 이때부터 성 대표는 각종 외식업 관련 잡지와 책자를 섭렵했다. 외식 업계 종사자가 운영하는 블로그도 빼놓지 않고 훑었다.

한 번은 잡지에서 직화구이의 강점을 소개한 나의 기사를 접했다. 성 대표는 그 글에서 30년 가까이 운영해온 〈까치돌구이〉의 문제점과 개선안의 실마리를 잡을 수 있었다고 한다. 〈까치돌구이〉의 부진 원인은 총체적으로 보면 세월의 변화를 따라잡지 못했다는 점이었다. 외식업을 둘러싼 외부 환경의 변화에 그동안 너무 둔감했다. 그러는 사이 주변에는 숱한 경쟁자가 소리 없이 포진했다.

우선 젊은 세대를 중심으로 소비자의 입맛이 바뀌었다. 불을 오래 켜두면 쉽게 타버리고 불을 끄면 딱딱하게 굳어버리는 얇은 삼겹살 대신 손님들은 육즙이 유지되는 두꺼운 삼겹살을 더 선호했다. 그런데도 30년 동안 줄기차게 돌판에 구워주는 방식만 고수했던 것이다. 돌판 자체도 문제였다. 돌판이 뜨겁게 달궈지려면 시간이 오래 걸렸다. 열효율이 그만큼 떨어졌고 고기가 익기를 기다리는 시간이 길었다. 또 최근 들어 신발을 벗고 들어가는 식당을 꺼리는 여성들이 늘고 있다. 그런데 방석을 깔고 앉는 100% 좌식 좌석이었다. 여직원들이 다수 포함된 조직에서 단체 회식을 회피하는 이유 중 하나였다.

낡고 오래된 칙칙한 스타일의 내부 인테리어도 요즘 잘나가는 고깃집들에 비하면 무척 촌스러웠다. 오랫동안 기름이 밴 바닥은 너무 미끄러워 일부 단골손님도 들어오길 겁냈다. 마침 2015년에 점포 계약이 만료되는 시점이라 재계약을 포기하고 새 점포를 얻기로 했다. 그곳에서 새로운 콘셉트의 고깃집으로 재도약의 발판을 마련하고자 했다.

직화구이 방식으로 바꾸자 '대전 최고의 삼겹살집'

성 대표는 나의 개인 블로그를 꼼꼼하게 분석했다. 블로그에 소개한 고깃집마다 일일이 찾아가 원육 상태, 구이, 설비, 인테리어, 서빙 등 모든 걸 유심히 파악했다. 드디어 2015년 9월, 몇 달간의 공사를 끝내고 지금의 자리에 재개점을 했다. 새로 문을 연 〈까치돌구이〉는 예전의 그 집과는 180도 달라진 모습이었다.

원육 숙성, 고기구이, 찬류 구성, 취식 환경(공간) 등을 개선했다. 입고에서 고객 입에 들어가기까지 고기를 둘러싼 가공과 처리 방식을 완전히 바꾼 것이다. 숙성과 직화구이라는 옷을 입히고 깔끔한 반찬들을 액세서리 삼아 쾌적한 공간에 내놓은 것이다. 점포 이전을 계기로 기존 삼겹살을 전혀 다른 방식으로 연출해냈다. 시설이나 설비 개선을 동반한 작업이 많아 장소 이전은 육질 향상의 좋은 기회였다.

이 가운데 구이 방식을 바꾼 것이 가장 큰 개선 포인트였다. 옥호에도 명기했을 만큼 돌판구이는 30년 동안 고수해온 구이 방식이었고 이 집의 핵심 정체성이었다. 그런데 점포 이전과 동시에 구이 설비를 돌판구이 방식에서 직화 숯불구이로 교체했다. 열원은 가스 불에서 숯불로,

불판은 돌판에서 석쇠로 바꾼 것이다. 이를 통해 삼겹살의 맛과 식감이 향상됐고, 원육 커팅이나 서빙 방식도 자연스레 바뀌었다.

숯불 직화구이 방식으로 바꾸면서 반찬류 구성도 개선했다. 과거의 구식 반찬들 대신 샐러드와 장아찌 위주의 반찬류들로 재구성했다. 모두 여성이 선호하는 반찬류들이다. 외식 장소 선정 시, 의사결정에 영향력을 미치는 여성 고객을 의식한 조치였다.

마지막으로, 삼겹살을 먹는 공간 분위기를 확 바꿨다. 좌석을 과거의 100% 좌식에서 새 장소로 입점하기 전에 공사해, 입식으로 바꿨다. 테이블 사이의 개인 공간도 좀 더 여유를 뒀다. 인테리어는 젊은 감각을 최대한 살렸다. 배경음악은 차분한 클래식 위주로 틀었다. 과거와 비교해 훨씬 쾌적하고 세련된 공간으로 연출해냈다.

만성적 매출 부진으로 고심하던 차에 점포 이전과 함께 단행한 원육 삼겹살 혁신 노력은 고객에게 깊은 인상을 심어줬다. 고객 반응이 호의적으로 바뀌었고 특히 젊은 고객이 늘어났다. 물론 '삼겹살 혁신' 때문만은 아니겠지만 매출이 이전보다 2~3배 이상 비약적으로 향상했다. 지금은 주변에서 '대전 최고의 삼겹살집'으로 불린다.

'안심 특화' 벤치마킹으로 뜬 청담동 〈뜨락〉

서울 청담동 〈뜨락〉은 한우 전문점이다. 반찬은 깔끔했지만 특별히 내세울 만한 무기가 없었다. 토박이 이웃들도 고깃집이 거기 있었는지 모를 정도로 입지도 나빴다. 모친으로부터 운영을 이어받은 김재균 대표는 타개책을 모색했다.

뜨락 〈뜨락〉은 서울 중산층 주거지역에서 한우 안심을 특화해 성과를 냈다.

상담 과정에서 김 대표에게 안심을 활용해 성공한 〈배꼽집〉의 사례를 들려줬다. 당시만 해도 한우 전문점에서 안심은 거의 취급하지 않았다. 등심보다 손질 과정의 손실률이 낮지만 높은 등급의 원육을 써야 제맛이 난다. 〈배꼽집〉은 모둠메뉴에 안심을 섞어 팔아 성공을 거둔 사례였다.

〈뜨락〉은 강남 중산층 지역에 위치했다. 상권 내에 고급 육식을 추구하는 소비층이 포진했을 것으로 예상했다. 고급육이라는 안심의 이미지가 상권 내 잠재 소비자에게 어필할 것으로 판단했다. 예상은 적중했다. 안심 메뉴를 특화하자 방송국에서 먼저 관심을 보였다. 방송 제작자 입장에서 안심은 좋은 소재였던 것. 방송을 타자 고급 안심 전문점으로의 위상이 더욱 굳어졌다.

중산층 밀집 거주지역인 청담동이라는 입지를 중산층 선호 부위인 안심과 연결했고, 방송과 블로그 등의 적극적 홍보로 잠재적 한우 고객을 식당 테이블로 끌어낸 것이다. 이제 〈뜨락〉은 '한우 안심'의 명소가 됐다. 한우 마니아들 사이에서는 '안심'하면 바로 떠오르는 유명 고깃집으로 자리 잡았다. 김 대표는 이를 발판 삼아 서울 마포구 망원동에 냉동 삼겹살 전문점 〈행진〉도 창업했는데 이 역시 큰 성공을 거두고 있다.

돼지고기 전문점 사례도 있다. 5~6년 전쯤 고깃집을 하고 싶다며 찾아온 의뢰인이 있었다. 당시에는 두툼한 직화구이 삼겹살이 대세였다. 서울 양재동 〈잰부닥〉과 경기도 구리 〈정진식당〉의 성공 사례를 들려주며 직화구이를 추천했다. 상담을 끝낸 뒤 돌아간 의뢰인은 서울 중구 중림동에 직화구이 삼겹살집을 냈다. 개점 후 바로 호조를 보였는데 지금까지 장사를 잘하고 있다.

상담만으로 식당을 정상화하면 시간과 비용을 그만큼 절약할 수 있다. 물론 충분한 준비 없이 의욕만으로 시작했다간 오히려 더 큰 낭패를 볼 수도 있다.

♀ 식당 경영자는 '멀티 플레이어'라야

식당도 작은 기업이다. 대기업이나 작은 식당이나 상품을 생산하고 판매하며 이를 관리하는 제반 프로세스는 다르지 않다. 휴대폰이건 짜장면이건 잘 만들어서 많이 팔아 기업 활동을 오래 유지하도록 노력하는 것은 삼성전자나 동네 중국집이나 똑같다. 이재용 부회장이나 중국집 사장님이나 근본 고민은 한 가지다. 다른 점이 있다면 규모의 차이다.

대기업은 기업 활동에 필요한 기본 조직을 두루 갖췄다. 개발, 생산, 판매, 관리 부문별 임원이나 책임자를 두고 그 아래 담당자들이 일은 나눠서 한다. 이런 일상적 기업 활동은 물론, 특별한 상황이 도래해도 적절하게 대처할 전문 인력도 갖췄다. 재무, 법무, 공무, 디자인, 홍보, 교육 등 기업 규모가 클수록 전문 인력이 확대되고 조직은 세분되어 간다.

식당도 기업 활동을 하려면 이런 직무와 인력이 모두 필요하다. 식당을 하다 보면 각종 상황에 노출된다. 갑자기 전기가 나가거나 배관이 터지고, 건물주나 옆 가게와 다툼이 생기고, 새로 개발한 메뉴를 손님에게 알려야 한다.

문제는 이럴 때마다 대기업처럼 전문 인력이 없다는 점이다. 해결할 사람은 오직 식당 주인이다. 식당 주인은 대표이사 겸 생산·판매·관리 담당 중역이고, 재무·법무·홍보 팀장이며 공무·디자인 실장이다. 그런가 하면 연수원장이기도 하다.

그래서 식당 경영자는 멀티 플레이어라야 한다. 선택의 문제가 아니다. 생존을 위해 필수적으로 이것저것 다 할 줄 알아야 한다. 음식에 대한 이해, 홍보 마케팅, 디자인, 인력관리와 리더십 등 끝이 없다. 100%는 아니어도 부분적으로라도 멀티 플레이어가 되어야 한다. 그래야 시간과 비용을 최소화하면서 당면 문제를 해결할 수 있다.

〈벽제갈비〉 김영환 회장은 명문대 경영학과 출신이다. 어떤 자리에서 파사드 얘기가 나왔다. 그는 간판과 무관한 삶을 살았는데 간판에 대해 엄청 많이 알고 있어서 깜짝 놀란 적이 있다. 대학에서 배운 마케팅 재무관리 인사관리 등 경영학 지식뿐만 아니라 식당 운영에 필요한 것은 모두 배우고 익혔던 것 같다. 그가 경영하는 〈벽제갈비〉와 〈봉피양〉 점포마다 안팎으로 홍보물이 적잖이 붙어 있다. 아마 김 회장의 진두지휘의 결과일 것이다.

의외로 대기업 출신 식당 경영자들이 멀티 플레이에 미숙하다. 스페셜리스트로 성장했을지 모르지만, 제너럴리스트는 못 되는 경향이 있다. 너무 오래 자기 전문 분야에서만 역량을 키우다 보니 숲보다 나무만 봤기 때문인 듯하다. 대기업 통신회사에서 근무했던 후배가 작성한 사업계획서를 본 적이 있다. 내용을 보니 말도 안 되는 엉터리 계획서였다.

창업 전, 어떤 아이템에 관심이 있다면 맛과 조리법만 알아봐서는 안 된다. 어떤 공간에서 어떻게 서빙하고 그 맛을 어떻게 소비자에게 알릴 것인지 단계별로 실행해야 할 사항들을 염두에 두고 충분히 구상해야 한다. 각 단계에 필요한 지식과 기술이 무엇인지 미리 파악하고 준비해야 한다.

실무 지식은 역시 벤치마킹을 통해 배양하는 게 시간도 절약하고 확실하게 배우는 좋은 방법이다. 춘천닭갈비는 양념에 소량의 카레를 넣는다. 닭 비린내를 잡고 미각을 돋우기 위해서다. 만일 닭갈빗집을 창업할 사람이라면 이 정도는 사전에 알고 시작해야 한다. 벤치마킹 외에도 외식 관련 책자를 정독하거나 평소 거리에 나서면 식당들을 스캔하는 습관을 들이는 것도 좋은 방법이다.

📍 우리 식당을 대박 낼 조력자를 찾아라

누구에게나 조력자는 필요해

외식 프랜차이즈 전문 대기업으로부터 얼마 전에 설렁탕 전문점 진출 타당성을 의뢰받았다. 아이템 특성상 직원들에게 맡기기보다 내가 직접 나서야 할 것 같다. 젊은 직원들은 설렁탕을 먹어본 경험이 드물다. 50대 중반의 수도권 출신 직원에게 설렁탕에 대해 질문했더니 많이 먹어보지 못했다고 했다. 다만 가끔 가는 설렁탕 전문점을 한 곳 추천해줬다. 40대 호남 출신 직원에게 물었더니 역시 먹어본 경험이 별로 없다고 했다.

서울이 고향인 나는 유년시절부터 지금까지 설렁탕을 즐겨 먹어왔다. 어렸을 적에 다리를 다친 적이 있다. 수술 후 빠른 회복을 위해 뼈 국물을 많이 먹었다. 최근 장인어른이 돌아가셨을 때 집에 잠시 들러 옷을 갈아입고 다시 장례식장으로 돌아갔다. 그 와중에도 식사를 설렁탕집에서 했다. 내 입맛에는 설렁탕의 본고장인 서울보다 부산이나 미국 LA에서 맛본 설렁탕이 개인적으로 더 맛있다. 나의 아들 역시 설렁탕을 좋아한다.

예전에는 설렁탕이 소비자 물가지수를 조사할 때 주요 지표 품목으로 선정되기도 했다. 서민들 실생활에 널리 쓰이는 품목이었다는 것은 설렁탕이 그만큼 흔했다는 얘기다. 차츰 줄어들더니 2003년 광우병 파동 이후 급격히 내리막길을 걸었다.

사실 지금 상황에서 설렁탕이 좋은 아이템이라고 단언하긴 어렵다. 7,000~8,000원에 푸짐하게 제공하기 힘든 메뉴다. 업주가 소고기를 저렴하게 구입할 수 있는 막강한 구매능력을 갖춰야 하는 것도 설렁탕 사업 진출의 장애요소다.

그러나 한편으로 설렁탕은 기본 잠재력이 있는 음식이다. 서울 중구와 종로구 등 구도심지에는 아직도 막강한 설렁탕집들이 건재하다. 이미 굳건히 자리 잡은 프랜차이즈 업체도 있다. 누구나 성공할 수 있는 아이템은 아니지만 조건만 갖춘다면 오히려 그래서 더 성공할 수 있는 아이템이기도 하다. 조언을 해주는 게 직업인 나도 때로는 조언을 듣는다. 나의 경험에 주변 전문가 그룹의 조언을 보태 다각도로 분석을 시도하고 있다.

진정한 조력자는 숨겨진 의미까지 읽어낼 줄 알아야

외식 업자를 대상으로 특강할 때마다 나는 "중식(中食) 아이템은 계속 끌고 가라"고 말한다. 중식이 꺾였다고 하지만 아직도 중산층 고객의 수요가 있다. '쪼개 팔기' 가격 전략으로 대응하면 성공 가능성은 충분하다. 특화한 메뉴와 마케팅에 집중하면 의외로 다른 아이템보다 기회가 많다. 서울 〈일일향〉이나 〈송쉐프〉는 성장 속도가 아주 빠른 사례다.

여러 해 전, 모 외식 기업에서 강남 거주 주부들을 대상으로 외식 선호노 조사를 실시했다. 그때 한식, 중식, 일식 가운데 최하위를 차지한 것은 중식이었다. 중식은 강남 주부들에게 가장 인기가 없었다. 칼로리가 높고 지저분하다는 것이 중식에 대한 주부들의 일반적 인식이었을 것이다.

2009년 서울대 비교문화연구소에서 한·중·일 음식문화 포럼을 열었다. 이 자리에서 한국학중앙연구원 양영균 교수는 '한국사회의 웰빙 담론과 중국 음식'이라는 논문을 발표했다. 논문에 따르면 '1982년과 비교해 2003년 한국에서 한식당이 243% 일식당이 511% 증가했지만, 중식당은 43% 증가한 데 그쳤다'라고 했다. 역시 외식 업계에서 중식의 비중이 점차 줄어든다는 주장이었다. 그도 그럴 것이 한동안 '일식이 뜨고 중식은 진다'는 말이 외식업자들 사이에 적잖이 회자했다.

그러나 외식업 전문가의 시선으로 보면 이것은 표피적인 현상일 뿐이다. 숫자나 도표로 나타나지 않은 중식의 잠재적 니즈는 아직도 상당히 강하다. 예전에는 중산층 가정마다 대개 단골로 정해둔 중식당들이 있었다. 집안 대소사 때 단골 중식당에서 행사를 치르곤 했다. 이처럼 중식은 한식과 함께 수십 년간 굳건한 지위를 잃지 않았다. 일식당 숫자가 늘어났다고 해도 일식 단가가 중식에 비해 너무 높다. 가족 단위 식사는 여전히 일식보다 중식이 더 선택받고 있는 것이 현실이다.

합리적 가격의 괜찮은 중식당이 생긴다면 소비자들은 언제든 찾아갈 준비가 되어 있다. 〈송쉐프〉가 짧은 시간에 성공한 것은 바로 이런 소비자 심리와 욕구를 정확하게 꿰뚫은 결과다. 양질의 중식당이 사리

송쉐프 양질의 중식당이 사라진 무주공산의 틈새를 파고 든 〈송쉐프〉의 시그니처 메뉴인 난자완스와 게살볶음.

진 공백, 그 틈새를 메울 괜찮은 중식당의 부재. 이런 현실을 파고 든 것이 바로 서울 신사동 〈송쉐프〉인 것이다.

공식적인 리서치가 담지 못하는 부분이 분명 존재한다. 100% 반영하지 못한 숨어 있는 10cm가 있다. 그 10cm의 의미가 결코 작지 않다. 오너가 실력만 있으면 오히려 도전해볼 분야가 중식이다. 그런 조언을 해줄 조언자가 필요하다. 공식적인 발표와 자료를 넘어서 표면뿐 아니라 이면의 모든 현상의 행간을 읽어낼 줄 아는 조언자가.

조력자 프로필 면밀히 살핀 후 적임자 여부 판단해야

목포에서 유명한 게살비빔밥 전문점이 있다. 목포에서의 성공 여세를 몰아 서울에 진출했다. 그러나 매월 적지 않은 적자를 보며 고전하고 있다. 애초에 게살비빔밥은 목포에서 가능한 메뉴이지 서울에서 통할 메뉴는 아니었다. 주재료인 게살의 원가가 너무 높다. 푸짐하게 제공하려면 가격이 너무 비싸진다. 더구나 여의도는 직장인 상권이다.

여의도에 진출한 비빔밥집은 옥호를 개명하고 일반 비빔밥이나 돌솥비빔밥 등으로 메뉴를 바꿔야 한다. 여기에 소고기 베이스로 라이트한 국물의 국밥을 접목하는 게 최상일 듯하다.

게살비빔밥이 목포에서는 관광객들이 찾아 먹는 음식이지만 서울에서는 일상적인 음식이라야 한다. 업주가 그 점을 간과하고 서울에 진출한 것이 패착이었다. 이런 점은 내가 거리를 두고 객관적 시각으로 관찰할 수 있어서 당사자보다 눈에 잘 띈다.

조언자를 자처하는 사람은 많지만, 인사이트가 있는 컨설턴트는 흔치 않다. 잘못하면 선무당이 사람 잡는 경우도 있다. 경기 북부의 어느 김치찌개 전문점도 그랬다. 조언을 요청받고 가보니 인사이트가 부족한 컨설턴트가 제대로 된 진단 없이 메뉴 구성을 엉뚱하게 처방해 오히려 사정이 더 꼬인 상태였다. 그 컨설턴트가 조리 분야에는 밝을지 몰라도 김치 숙성의 이해를 바탕으로 한 숙성 김치 이슈화를 이끌어낼 역량은 없었다.

좋은 컨설턴트는 냉철한 소비자 관점을 유지하면서 다면적이고 입체적인 통찰력을 발휘할 줄 알아야 한다. 모두 기울어가는 아이템이라고 외면한 설렁탕과 중식에서도 가능성을 끄집어내고 그 틈새를 조언할 수 있어야 한다. 혼자 힘으로 식당 개선이 안 된다면 이런 사람에게 조언을 구하는 것도 현명한 일이다. 주변에 이런 조언자는 많다. 조언자의 과거 경력이나 프로필 등을 확인하여 어떤 분야에 정통한지를 파악해 자신이 안고 있는 문제를 해결해 줄 적임자인지 판단해야 한다.

♀ 콘텐츠의 힘과 활용

외식업 마케팅에서 콘텐츠의 중요성이 점점 커지고 있다. 양질의 콘텐츠를 제작해 소비자들과 공유함으로써 공감을 확대해나가는 게 최선의 마케팅으로 부각되고 있다.

몇 해 전 샤부샤부 전문점에서 상담 의뢰가 들어왔다. 도쿄 등 관동

식과는 다른 오사카를 비롯한 '관서식 스키야키'를 키워드로 콘텐츠를 작성했는데 매출이 2배 이상 늘어났다. 당시 콘텐츠의 주요 얼개는 영화 〈동경 이야기〉와 나의 유년기 체험, 스키야키(일본식 고기전골)의 유래와 음식으로서의 특성 등이었다. 그중 일부를 소개한다.

〈동경 이야기〉로 풀어놓은 스키야키 이야기

현장에 가보니 서울 강남의 오피스와 아파트 혼재 상권이었다. 주변에 스키야키 전문점이 없었다. 나는 스키야키를 메뉴에 추가하기로 했다. 상권 내 강남 주민들은 일본 여행 경험이 많을 것으로 추정했다. 또한 일본에서 스키야키를 먹어본 사람들도 적지 않을 것으로 판단했다. 스키야키 메뉴가 완성되자 나의 개인적 체험을 살려 스키야키에 대한 콘텐츠를 작성해 각종 매체에 올렸다.

일본의 유명한 영화감독 오즈 야스지로의 작품 〈동경 이야기(東京物語)〉를 소재로 콘텐츠를 풀어냈다. 오즈 야스지로는 소시민의 일상과 가족에 관한 이야기를 영화로 만들어 명성을 날렸던 감독이다. 1953년에 제작한 '동경 이야기'도 그런 범주의 영화다.

영화에 〈스키야키〉에 대해 언급하는 장면이 나온다. 오랜만에 도쿄 아들 집을 방문한 부모님에게 아들과 며느리가 어떤 음식을 대접할 것인지 이야기할 때 제일 먼저 거명한 음식이 스키야키였다. 2000년대에 다시 리메이크 작품이 나왔는데 거기에서도 주인공이 스키야키를 언급하는 대목이 똑같이 나왔다.

이처럼 스키야키는 일본 사람들이 손님이 왔을 때 접대용 음식으로 집에서 조리하는 음식이다. 영화와 함께 이 같은 내용의 콘텐츠를 만들어 여러 매체에 올렸는데 반응이 상당히 좋았다. 더불어 스키야키 매출도 올라갔다.

'스키야키'는 몇 년 뒤 다시 힘이 돼줬다. 2016년 가을에 개점한 돈가스 메밀국수 전문점 〈호천당〉 1호점인 수지점이 본격적인 동절기로 접어들자 매출이 꺾였다. 그때 구원 투수로 등판한 선수가 바로 스키야키였다. 경기도 수지지구는 중산층 아파트 밀집 지역이다. 스키야키는 겨우내 구원 투수 구실을 톡톡히 해냈다. 중산층 주거 상권에 스키야키의 수요가 존재한다는 것을 충분히 재확인했다.

개인적 추억 속 스키야키 이야기

사실 '스키야키'는 나에게 추억의 음식이다. 어렸을 때 집에서는 가끔 별식으로 스키야키를 해먹었다. 어른이 시키는 대로 날계란을 휘휘 저어서 고기와 채소를 찍어 맛있게 먹은 기억이 아련히 남아 있다. 소고기만 집중적으로 골라 건져 먹어 어머니에게 채소와 두부 등을 골고루 섭취하라고 잔소리 아닌 잔소리를 들었다. 아마 어머니가 중산층 서울 출신이라 스키야키를 먹을 수 있었던 것 같다. 어머니는 경제적 여유가 있는 서울의 가정에서 나고 자라 당시 최신 고급 음식이었을 스키야키 조리법과 맛을 경험할 수 있었을 것이다. 불고기와 숯불갈비 수준의 압도적인 맛은 아니지만 스키야키도 엄연히 나에게는 추억의 음식이었다.

몇 해 전 어머니가 집에서 스키야키를 해준 적이 있는데 나의 아들과 딸은 스키야키의 정종과 미림 맛이 입에 안 맞았던 것 같다. 오직 나만이 그 맛이 입에 맞았다. 소싯적부터 먹어본 경험 덕이다. 옛날에는 스키야키를 온 가족이 먹었지만 21세기에는 어머니와 나만 외롭게 스키야키를 먹어야만 했다. 그나마도 이제 어머니는 고인이 되셨다.

나이가 들면서 오히려 스키야키를 접하기 어려워졌다. 내 또래 혹은 젊은 세대 중 많은 사람이 일본식 불고기 전골인 스키야키를 잘 모른다. 오히려 직화 육류 구이인 일본 야키니쿠(燒肉, 구운 고기)를 더 많이 알고 있다. 지역, 환경에 따라 음식에 대한 지식과 경험은 비례하는 것 같다. 내 경험에 따르면 일본과 가까운 부산 출신 사람은 비교적 스키야키를 잘 인지하고 있다. 현재 일본에서 스키야키는 가정 음식, 야키니쿠는 식당 음식으로 자리를 잡았다.

서울식 불고기의 원조는 스키야키?

일본은 1872년까지 육류 섭취를 금지했던 국가였다. 7세기 덴무(天武) 일왕은 불교 율법에 따라 일본인에게 육식을 금지했다. 이 조치로 1200년 동안 일본인은 고기를 먹을 수 없었다. 메이지 유신 이후 개방을 하고 보니 일본 사람과 서양 사람의 체격 차이가 현저했다. 유신을 이끌었던 일본의 위정자들은 그것이 육류 섭취와 관련이 있다고 판단했던 것 같다. 메이지 일왕이 1872년 육식 해금령을 내자 일본인은 비로소 육류를 먹기 시작했다.

서양 식자재인 소고기에 일본 고유의 식자재인 간장이 접목해서 '규나베(牛鍋)'라는 음식이 탄생했다. 이 규나베가 좀 더 발전해서 스키야

서울식 불고기(위)와 스키야키.

키로 진화한 것이다. 지금도 성황리에 영업을 하고 있는 유서 깊은 스키야키 명문가 〈닌교초 이마한〉은 1895년 처음으로 가게를 열었다. 〈닌교초 이마한〉은 스키야키를 다 먹고 나면 간장소스에 달걀과 파를 넣어 만든 달걀덮밥 형태의 '후와타마돈'을 손님에게 제공한다.

스키야키는 일제 강점기 때 한국으로 건너와 일부 한국인에게도 전파되었다. 이문열의 자전적 소설《변경》에서도 1960년대 중반 딸이 시골에서 상경한 어머니에게 음식점에서 불고기를 대접하는데 어머니는 식당 직원에게 생달걀을 따로 주문하고 불고기를 날달걀에 찍어서 먹는 장면이 나온다. 전형적인 스키야키를 먹는 방식이다.

우리가 자주 먹는, 국물이 약간 있는 불고기 전골(서울식 불고기)이 스키야키의 영향을 받은 음식이라는 설도 있다. 서울식 불고기의 왜간장 맛과 단맛은 스키야키와 굉장히 유사하며, 양파 등 채소를 넣는 것도 비슷하다. 그리고 둘 다 전골(나베) 스타일이다.

규동과 스키야키는 어떤 관계?

참고로 일본식 불고기 덮밥인 규동은 스키야키를 덮밥 형태로 만든 음식이다. 어떤 규동 프랜차이즈에서는 규동을 '샤브덮밥'이라고 메뉴판에 표시했는데 그것은 정말 무식의 소치다. 일본의 유명 규동 체인점 중 '스키야'라는 유명 브랜드가 있는 것을 보면 규동과 샤부샤부는 하등의 관련이 없다.

소스의 맛도 규동과 스키야키는 거의 비슷하다. 일본을 대표하는 패스트푸드인 규동은 스키야키를 일품 식사로 변주한 돈부리(일본식 덮밥)인 것이다. 1990년대 중반에 일본의 유명한 규동 전문점 '요시노야'(吉野家)를 어느 대기업에서 그대로 들여와 요지에 여러 개의 점포를 론칭한 적이 있는데 얼마 안 가서 모두 문 닫았다.

일본의 저가형 서민 음식인 규동을 중상가로 가격 책정한 것도 문제였지만 규동 특유의 일본풍 달짝지근한 맛이 그 시절 한국 사람 입맛에는 안 맞았던 것도 원인이었다. 우리나라 소비자의 니즈 분석도 제대로 안 하고 요시노야 브랜드만 맹신한 채 무작정 도입한 결과였다. 요즘은 줄을 서서 먹을 정도로 호황인 규동집도 생겼다. 가격이 적당하고 일본 특유의 간장 맛이 한국 소비자의 입맛에도 맞는 모양이다.

막힌 경영 활로 뚫어주는 콘텐츠의 힘

스키야키는 생고기에 간장소스를 계속 뿌려가며 조리하기 때문에 원육의 풍미를 맛볼 수 있다. 여기에 채소도 많이 넣어 먹을 수 있어서 웰빙적 요소도 다분하다. 혹자는 채소와 나물은 날것보다는 데친 것이 몸에 이롭다고 한다.

그러나 역시 맛의 핵심은 간장 맛이다. 개인적으로 나는 간장이 전 세계의 소스 중 으뜸이라고 생각한다. 최근 데리야키가 서양 사람에게 인기를 얻고 있는 것을 보면 역시 간장은 매력이 있다. 나도 그 간장의 매력 때문에 일 년에 몇 번은 스키야키를 별식으로 먹는다. 다만 주의할 것은 달걀이다. 국산 날달걀은 비린내가 나는 것이 많다. 유기농 유정란 등 비린내가 나지 않는 것을 가려서 써야 할 것이다.

국내 최대 갈비 전문점 대표를 비롯해 여러 외식 업계 선배들이 한국에서는 스키야키로 성공하기 어렵다고 단정했다. 하지만 나는 두 번이나 스키야키로 성공한 경험이 있다. 한 번은 스키야키 전문점에 스토리텔링을 활용한 홍보로, 또 한 번은 일식당의 겨울철 대안 메뉴로 구성했다. 경영학적 마인드로는 힘든 비즈니스도 양질의 콘텐츠로는 얼마든지 돌파가 가능하다. 콘텐츠의 힘이다.

이제 각자 자신의 식당에는 어떤 콘텐츠 요소가 있는지 살펴보자. 그리고 콘텐츠 요소를 어떻게 이야기로 꾸며서 어떤 방식으로 고객들에게 전달할 것인지 생각해보자. 지금은 스토리텔링 시대다. 식당이 가진 콘텐츠 요소는 소중한 보물이다. 발굴해서 잘 가공하면 식당의 위상을 드높일 유력한 조력자가 되어줄 것이다.

| 4장 |

인사이트
테크닉
적용하기

고기 '쪼개 팔기' 조삼모사지만 괜찮아!

'지금 들어오는 저 열차, 여기서 뛰어도 못 탑니다. 제가 해봤어요'

지하철역 계단 벽에 써 붙인 글이다. 누구 작품인지 몰라도 그 카피를 보는 순간 무릎을 쳤다. '계단에서 뛰지 마시오'보다 얼마나 세련되고 여유 있고 재미있나? 뛰려고 했다가도 저 글을 보면 누구나 웃으면서 그만둘 것 같다. 권위적이고 위압적인 명령형 문장보다 시민들을 계단에서 뛰지 못하게 하는 효과가 훨씬 클 것이다.

이게 바로 넛지(nudge)다. 강제와 지시에 의한 억압보다 '팔꿈치로 툭 치는 것과 같은 부드러운 개입'이다. 외식업 경영에서도 넛지 효과를 적절하게 활용할 수 있다. 노골적이고 직접적인 방식이 아니라 넌지시 제안하는 방식이다. 넛지 효과를 다양하게 활용할 수 있겠지만 가장 간단하면서도 효과가 확실한 것은 '쪼개 팔기'다.

어느 강연장에서 서울 영등포의 한우전문점 〈값진식육〉의 성공 사례를 예로 든 적이 있었다. 〈값진식육〉은 작은 규모에서도 합리적인 가격으로 큰 매출을 올린 고깃집이다. 그 자리에서 경기도 안양에서 한우전문점을 하는 분이 질문했다. "우리는 〈값진식육〉보다 더 싸게 파는데 왜 우린 안 됩니까?"

안되는 분명한 이유가 있었다. 질문한 분이 운영하는 고깃집에서는 한우를 500g 단위로 조합해서 팔았다. 반면 〈값진식육〉은 150g 단위로 쪼개 팔았다. 장사가 안되고 잘되고의 차이가 여기서 갈렸던 것이다.

값진식육 초창기부터 쪼개 팔기를 시도한 〈값진식육〉. 당시 식당 입구에 한우모둠구이 1인분 가격을 써 붙였다.

물론 입지의 차이나 다른 요인들도 있었지만.

〈값진식육〉 등심은 150g에 2만 3,000원이다. 500g 단위로 팔았다면 7만 6,600원이다. 같은 값이지만 소비자는 '등심 500g 7만 6,600원'이라고 쓴 메뉴판보다 '등심 150g 2만 3,000원'이라고 쓴 메뉴판에 더 쉽게 지갑을 연다. 손님이 먹다 보면 결과적으로 500g을 초과할 가능성이 훨씬 높다. 같은 값이지만 손님은 심리적으로 좀 더 싸게 먹었다고 느낀다.

이런 메뉴판을 보고 1인분만 주문하는 손님은 없다. 혹시 그런 손님이 우려된다면 메뉴판 아래에 괄호를 치고 '2인분 이상'이나 '3인분 이상'이라고 써놓으면 된다. 장사가 잘되는 서울 양재동의 한 정육식당은 그렇게 표시해 놨다.

나의 설명을 들은 안양 고깃집 주인은 강연을 마치고 돌아가서 500g을 150g으로 쪼갰다. 이후 나의 조언에 따라 개선 작업과 홍보 활동을 실시하자 매출이 대폭 신장했다. 광명역에서도 가까운 〈화진식당〉의 과거 얘기다. 지금은 안양시 만안구 석수동의 대표적인 한우전문점으로 성장했다.

양과 가격이 부담스러운 중식 요리도 쪼개야 산다

이런 현상은 고깃집만 그런 게 아니다. 우리나라 중식당은 식사 메뉴는 많이 팔지만 상대적으로 요리 메뉴 매출이 저조하다. 그 이유 역시 요리 가격이 너무 비싸기 때문이다. 요리 메뉴 가격이 보통 4~5만 원정도다. 식당에 보통 두 사람이 식사를 하러 간다. 그런데 둘이 요리 메뉴 한 가지만 주문하려고 해도 무척 부담스럽다.

반면 일본의 중식당은 대체로 쪼개서 판다. 요리의 가격과 양이 부담스럽지 않다. 혼자 와서 이것저것 시켜놓고 술 한 잔 곁들여 먹는 손님을 아주 흔하게 볼 수 있다. 일본 외식 업계는 중식뿐 아니라 구운 교자도 쪼개서 판다. 그래서 일본 음식점에는 맥주에 구운 교자 몇 개 주문해 간단히 먹고 가는 손님이 많다. 만일 우리나라처럼 판매 단위를 큼지막하게 책정했다면 전혀 들어오지 못했을 손님들이다.

양을 줄여서 1~2만 원대 중식 요리를 내놓으면 팔린다. 우리나라 중식당 요리가 이렇게 부담스러워진 것은 조리장이 조리 편의성을 앞세우기 때문이다. 오래된 중식당일수록 이런 현상이 더 심하다. 옛날 같으면 이게 더 효율적일 수도 있다. 날 잡아서 여럿이 오는 손님이 많았

황도바지락칼국수 경우에 따라서 다소 부담스러운 메뉴인 보쌈도 쪼개 팔면 쉽게 고객에게 다가갈 수 있다.

던 시절이다. 하지만 지금은 시대가 바뀌었다. 한 번 일할 거 뭐 하러 두 번 세 번 일하느냐고 푸념할 게 아니다.

전에 서울 수도권 여러 곳에 직영점을 가진 대박식당 〈황도바지락칼국수〉에서 국내산 돼지고기로 삶은 보쌈을 팔고 있었다. 칼국수를 먹으러 온 손님이 칼국수보다 비싼 보쌈을 추가로 주문하기엔 무리다. 또 칼국수만 먹어도 배가 차는데 굳이 보쌈을 주문할 맘이 안 생긴다. 설령 먹고 싶다고 해도 '덩어리'가 너무 커서 엄두가 나지 않는다. 정견진 대표에게 이런 얘기를 하면서 쪼개 팔 것을 권했다.

그 후 정 대표는 미국산 돼지고기를 활용해 미니보쌈이라는 이름으로 쪼개 팔기를 시도했다. 얼마 뒤 다시 가봤더니 한 접시에 섭섭지 않은 양의 보쌈을 담아 저렴하게 판매하고 있었다. 역시 한눈에 봐도 손님들의 주문량이 늘었다. 칼국수를 주문하고 기다리면서 한 접시 시켜 여럿이 먹기 좋은 메뉴다. 요즘은 1만 2,000원에 팔고 있다. 손님도 만족스럽고 주인도 매출이 늘어 만족스러운 판매 형태다.

수육을 팔고 있는 강원도의 막국수 전문점들도 마찬가지다. 손님 입장에서 막국수와 함께 수육까지 먹자면 수육 가격이 2만 원 이상이면 주문하기 부담스럽다. 보쌈과 관련해 한마디 덧붙인다면, 메뉴 이름을 '보쌈'이라고 하면 더 부담스러워 한다. '수육'이라고 하면 손님 부담감이 줄어든다.

엄밀하게 말하면 보쌈은 물에 삶은 고기인 수육을 양념 김치에 싸먹는 음식이다. 그렇지만 일선 업장에서는 이를 구분하지 않고 혼용하는 경우가 많다. 구분해서 쓰면 몰라도 그렇지 않을 것이라면 '수육'이 덜 부담스럽다.

넌지시 '1+1메뉴' 패턴화해 매출 늘려

칼국수를 먹으면서 소량의 보쌈을 주문해 먹는 스타일을 좀 더 구조화 패턴화한 사례들이 있다.

경기도 분당의 메밀국수 전문점 〈그집〉은 메밀국수를 주문한 손님의 90%가 만두도 주문한다. 부담 없이 너도나도 자연스럽게 4,500원짜리 찐만두를 주문해 먹는다. 이 집 벽의 메뉴판을 보면 '찐만두 4,500원'을 '메밀국수 7,500원' 바로 위에 놓았다. 손님이 들어가자마자 메뉴판

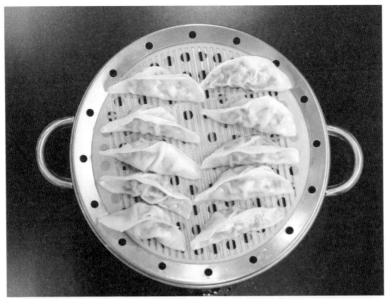

그집 〈그집〉에 오는 손님들은 으레 만두와 메밀국수를 1+1 형태로 주문한다.

을 보면 찐만두가 제일 먼저 보이도록 배치한 것이다. 손님들은 담백한 메밀국수의 맛을 보완하기 위해 만두를 먹는 것이다.

경기도 수원의 〈보영만두〉는 만두를 주문하는 고객들이 쫄면도 주문한다. 대부분의 고객이 이런 패턴으로 주문한다. 만두는 기름진 맛이 강하고 쫄면은 맵다. 기름진 맛의 입을 매운맛으로 정리하려는 욕구가 생기면서 쫄면을 먹는 것이다.

〈그집〉과 〈보영만두〉 모두 저렴한 듯하지만, 고객이 강력한 사이드 메뉴(주메뉴를 보완하는 보조 메뉴)를 동시에 주문하기 때문에 객단가가 결코 낮지 않다.

두 곳 모두 주메뉴와 부메뉴를 동시에 주문하는 것을 패턴화했다. 이처럼 넌지시 패턴화하는 게 중요하다. 패턴화를 유도하려면 '만두 먹은 뒤 메밀국수(쫄면)를 먹으면 더 맛있게 즐길 수 있습니다'와 같이 써 붙여 놓는 것도 좋은 방법이다.

가랑비에 옷이 젖는다. 쪼개 팔면 매출이 적을 것 같지만 어차피 손님은 양이 차지 않거나 골고루 먹기 위해 추가 주문을 하게 된다. 결과적으로 통째로 판매하는 것과 비슷하거나 그 이상의 매출액이 된다. 객단가가 훌쩍 1만 원이 넘어간다. 넌지시 패턴화하는 방법도 짭짤한 수익을 올릴 수 있다.

이런 현상들은 사실 소비자가 합리적인 판단을 하지 못하는 데에서 기인한다. 일종의 착시 현상을 파고 든 것이다. 조삼모사라고도 할 수 있다. 그렇지만 내 집 문턱을 스스로 높여 놓는 미련함을 미덕이라고 할 수는 없지 않을까?

♀ '연 100억 매출 식당' 만들기

1990년대부터 2010년대 초반까지는 아이템을 잘 선택해서 큰 성공을 거둔 식당이 많았다. 그야말로 운과 타이밍이 중요했던 시기였다. 외식 프랜차이즈 업체들 역시 잘 나갔던 시절이었다. 시장 분석이나 소비자 니즈 분석 따위는 별로 중요하지 않았다. 숙성 삼겹살 붐을 타고 서울과 수도권에 연 100억 원 이상의 매출을 올리는 식당들이 속속 출현했다. 불과 몇 년 전인데 격세지감이 느껴진다.

지금은 시장 환경이 완전히 바뀌었다. 그 어느 때보다 마케팅 경쟁이 치열하다. 그렇다면 급변하는 시장 환경과 치열한 마케팅 경쟁에서 어떤 자질이 필요할까? 연 100억 원 이상의 매출을 올리기 위해 무엇을 해야 할까?

일단 시장을 앞장서 끌고 갈 분석력과 안목이 필요하다. 분석력과 안목을 키우려면 평소 글쓰기 훈련이 선행되어야 한다. 주변 외식 종사자들을 보면 대개 글쓰기를 어려워한다. 나는 글쓰기와 무관한 분야를 전공한 사람이지만 젊은 시절부터 글쓰기 훈련을 했다. 스포츠 기자가 되고 싶어서 시작했다. 비록 스포츠 기자가 되지는 못했지만 글쓰기 훈련에 매진한 것을 비즈니스에 아주 요긴하게 활용하고 있다.

나도 처음부터 잘 쓴 것은 아니다. 본격적인 글쓰기 수업은 조금 나이가 들어서 시작했다. 어느 언론사에서 주관하는 글쓰기 과정 프로그램에 등록해 공부했다. 한 번으로는 안 될 것 같아 같은 과정을 두 번 반복해 이수했다. 역시 처음에는 실력이 수강생들 가운데 꼴찌를 면치 못했다. 그도 그럴 것이 신문기자 등 글쓰기의 달인들이 수강생의 대부분이어서 아무리 잘해도 성적이 하위권에 머물렀다. 그러나 두 번째 수강했을 때는 달랐다. 자신감이 생기면서 실력도 눈에 띄게 늘었다.

글쓰기라는 도구를 가졌으면 활용해야 한다. 글쓰기 실력이 어느 정도 생겼으면 다음 단계에서는 기록하고 분석하는 게 중요하다. 나는 30대까지는 분석 작업만 했다. 50대가 넘어서야 글쓰기 작업을 병행했다.

글쓰기란 시나 소설 같은 문예 작품을 말하는 게 아니다. 물론 글쓰기 영역을 확장하면 좋겠지만 당장 필요한 글쓰기는 그런 글쓰기가 아니다. 벤치마킹 다녀온 뒤의 후기를 SNS나 블로그에 올리는 것부터 실천하는 게 좋다. 식당에서 필요한 각종 카피도 작성해본다. 좀 더 자신이 생기면 기획안이나 제안서까지 도전한다.

짧은 문장 하나라도 완성하려면 논리가 필요하다. 문장이 둘 이상 늘어나면 앞뒤 차례와 순서를 정해야 한다. 글 쓰는 과정은 생각을 머릿속에 정리하는 과정이다. 글을 쓰다 보면 자연스럽게 쓰고자 하는 사안에 대해 정리가 된다. 뒤죽박죽 정리되지 않은 정보나 지식은 활용이 불가능하다. 언제든 꺼내서 써먹으려면 지식을 가지런히 정리해둬야 한다. 주방의 주방용품도 제자리에 정리해두어야 조리할 때 편리한 것과 마찬가지다. 갈고닦은 보석이라야 돈이 되는 것이다. 그런 토대가 마련되면 유명 식당의 핵심 요소를 한 단어 혹은 한 문장으로 도출해낼 수 있게 된다.

얼마 전 1년에 수백억 원대 매출을 올리고 있는 외식 업체에 신규 사업 아이템을 조언해줬다. 이런 조언은 제안서를 많이 써본 나의 경험에서 나왔다. 거리를 지나면서 식당을 살펴보며 손님은 있는지, 어떤 아이템에 고객들이 관심을 두는지 체크해보는 인사이트의 일상화가 글쓰기와 결합한 결과다. 이런 글쓰기, 논리, 인사이트가 수년 내 수백억 매출을 올리는 외식 기업을 만들 수 있다는 자신감의 원천이 되어 준다.

1년에 100억 원을 벌려면 글쓰기를 통한 분석력과 함께 감각과 애정도 있어야 한다. 감각을 키우려면 수많은 현장 경험이 필요하다. 그래서 나는 외식업에 입문해 '100억 매출' 꿈이 있는 젊은이라면 외식업 컨설턴트를 해보라고 권하고 싶다. 인생을 길게 보고 전반기에는 컨설턴트로 후반기에는 외식 업자로 인생 설계를 하는 것이다.

외식업 현장 경험을 두루 쌓을 수 있는 직업으로 컨설턴트만 한 게 없다. 고도의 능력을 지닌 고소득 외식 업자로 가기 위한 일종의 우회로인 셈이다. 그런 경험을 해보고 실전에 임하면 리스크를 훨씬 줄일 수 있을 뿐 아니라 100억 원 매출 달성에 훨씬 유리하다. 이미 나와 우리 회사에서 컨설팅 업무를 수행한 뒤 성공적으로 창업한 젊은 직원들이 몇 명 있다.

또 하나의 우회로가 있다. 이 우회로는 외식 업장을 소유한 기업이나 단체에 소속된 근무자만 가능하다. 예컨대 여러 협동조합에서 직영하는 매장이나 식당이 있다. 조합에 재직 중인 직원이라면 이런 식당에 자원해서 근무해보는 것이다. 내 돈 안 들이고 창업과 경영 시뮬레이션을 해볼 특별한 기회가 될 것이다. 장차 외식업에 뜻을 둔 직원이라면 최고의 보직이 틀림없다.

그러나 가끔 이런 기관에서 운영하는 식당에 가보면 영혼 없이 일하는 근무자들이 보인다. 근무 태도에서 열정이나 적극성이 현저하게 떨어진다. 주인이 따로 없어서일 것이다. '사장 연습' 하기 최고의 기회인데 본인들이 그 좋은 기회를 무위로 돌리는 모습을 보면 안타깝다. 외식업에 대한 애정과 자기 일에 대한 애정, 그리고 주인의식 없이 적당히 일하는 사람은 의미 있는 경험을 얻지 못한다. '내 점포 내 식당 내 사업'이라고 생각해야 한다. 나를 주인의 자리에 놓고 업무에 임하는 사람이 참 드물다. 매출 100억 원대 식당 주인이 아주 드물게 탄생하는 까닭이다.

📍 필승으로 이끄는 독점적 환경

내 식당을 간절히 원하는 위치는 어디일까?

갈수록 경쟁은 치열하고 블루오션은 줄어든다. 외식 업계에서도 남과 비슷한 수준으로는 이제 명함도 못 내민다. 짧은 시간에 내 실력을 남보다 높은 수준으로 향상시킬 수 없다면 어떻게 해야 할까? 독점적 환경을 조성해 경쟁을 피하고 독점적 지위를 누리는 것도 한 방편이 된다.

경기도 성남시 분당 〈행하령수제비〉는 63m²(19평) 규모의 매장에서 양질의 수제비를 제공한다. 하루에 200인분만 파는 수제비집이다. 2,000만 원으로 시작한 〈연남수제비〉에서 지금의 〈행하령수제비〉로 옥호를 바꿔 스토리텔링 요소도 입혔다. 걸쭉하고 얼큰한 수제비에 잘 담근 겉절이 김치가 예술이라는 평이다. 분당에서 수제비 하면 떠오르는 식당이 딱히 없었다. 이젠 달라졌다. 누구나 〈행하령수제비〉를 떠올리게 됐다.

서울 강남구 대치동 〈산월수제비〉도 비슷한 사례다. 대치동 은마아파트 지하상가에서 제일 잘나가는 식당이다. 강남 중류층 주부들에게 수제비 명소로 인식됐다. 〈행하령수제비〉나 〈산월수제비〉가 지금의 위치가 아닌, 다른 곳에 있었다면 현재와 같은 독점적 지위를 누리지 못했을 것이다.

서울 여의도에는 북엇국과 황탯국집이 몰려 있다. 북엇국과 황탯국은 콩나물 다음 가는 해장국이라는 인식이 있다. 생각보다 여성 직장인들에게도 인기가 높다. 아침부터 영업하는 집이 많은데 대낮에도 대기해야 할 정도다.

강릉 경포대 〈폴앤메리〉는 수제 햄버거 전문점이다. 대도시의 중심가에는 차고 넘치는 게 햄버거집이다. 그런데 절묘하게도 위치가 바닷가 해안이다. 바닷가에는 으레 횟집과 생선 관련 식당이 즐비하기 마련이다. 그러나 관광객이라고 해서 매일 생선회와 매운탕으로만 삼시 세끼를 먹을 순 없다. 또한 동네 주민들도 햄버거가 먹고 싶을 때가 있을 것이다. 만일 이 집이 도심지에 있었다면 여러 햄버거집 가운데 하나였을 수도 있다.

몇 해 전 내가 개점을 조언해준 전남 완도 해안가의 삼겹살 전문점도 기대 이상의 선전을 하고 있다고 들었다. 수많은 횟집 사이에 거의 유일한 삼겹살집이다. 관광객 손님도 많지만, 이 동네 횟집 주인과 직원들도 적잖이 이용한다는 후문이다.

어떤 식당이 한 지역에서 오랫동안 잘되고 있다면 그 동네 입지 환경과 비슷한 다른 지역에서도 잘될 확률이 높다. 아직 창업 아이템을 정하지 못했다면 빅 데이터에 의존하지 말고 발품 팔고 다니면서 어떤 상권에 어떤 메뉴가 잘 나가는지 먼저 파악한다. 그다음에 비슷한 상권을 찾아본다. 그곳에선 의외로 특정 메뉴가 아직 자리 잡지 못한 경우가 있다. 환경이 비슷한 유사 상권에 그 메뉴를 적용하면 독점적 지위를 누릴 확률이 높다.

어떤 메뉴가 진부하지 않고 돈 되면서 오래 갈까?

독점적 지위는 경쟁자가 없는 곳을 찾아가는 공간적 방법과 함께 남들에겐 없는 독점적 메뉴로도 누릴 수 있다.

서울 을지로 〈부민옥〉은 본래 육개장 등을 파는 국밥집인데 양무침으로 더 유명하다. 양무침은 소주 안주로 최고다. 육류로는 갈비보다 삼겹살이, 삼겹살보다 양무침이 소주와 더 잘 어울린다. 양무침은 삶아도 양이 줄지 않아 재료 손실률이 낮다. 최근 내장 가격이 인상되긴 했지만 아직 식당이 감내할 범위 내에 있다. 포털 검색창에 '양무침'이라고 써넣으면 거의 〈부민옥〉 관련 콘텐츠들이 뜬다. '양무침' 키워드를 독점하고 있는 것이다.

서울 〈우래옥〉은 '불고기 냉면' 키워드를 독점했다. 불고기와 냉면은 고전적 메뉴다. 일본의 오래된 야키니쿠 전문점도 야키니쿠에 냉면을 조합했다(특히 오사카 재일 교포 식당). 〈우래옥〉은 각 테이블에 불고기 불판을 미리 설치해 놓았다. 그 불판이 '냉면 드시기 전에 불고기 주문하세요!'라고 속삭이는 것 같다. 냉면 먹으러 간 손님에게 은근히 불고기 주문을 유도한다. 냉면 먹으러 갔던 손님들 대부분이 불고기도 주문한다. 일종의 넛지 효과를 노렸다.

경기도 구리 이북식 만둣집 〈묘향손만두〉는 방송을 탔지만 만두 맛은 무난하다. 손님이 많아 여름에도 대기해야 들어갈 수 있다. 손님이 몰리는 이유는 '뚝배기 만두'라는 메뉴 때문. 밥과 나오는데 만두를 터뜨려서 매콤하고 독특한 맛을 내는 만둣국이다. 만두는 겨우 두 개밖에 없지만 은근한 매력이 있고 해장하는 느낌이 든다. 사실 별것 아니지만 다른 곳에는 없는 메뉴라는 점이 포인트다. 특히 '뚝배기'라는 메뉴 이름이 한국인의 정서에 와 닿는다.

강릉 〈오월에초당〉은 멸치로 국물을 낸 육수의 칼국수로 강릉에서 독점적 지위를 누리고 있다. 멸칫국물은 어느 상권에서나 통하는 기본 니즈가 있는 아이템이다. 본래 서울 〈고대앞멸치국수〉로 인기를 끈 바 있는 주인장이 멸치국수 식당이 거의 없는 강릉에 차린 식당이다.

족발도 경쟁이 치열한 아이템이다. 족발집 자체가 너무 많고 배달 중심 아이템이어서 점포 간 경쟁이 피부로 느껴진다. 족발은 호불호가 분

오월에초당 강릉에서 독점적 지위를 확보한 〈오월에초당〉 멸치국수.

명하다는 게 특징이자 아이템의 한계다. 이런 한계를 극복하려면 전이
나 빈대떡과 붙여서 '족발+빈대떡'으로 가야 한다. 이런 스타일의 식당
들이 서울 장충동 일대에서 독점적 지위를 누리고 있다. 경기도 성남시
분당 〈김씨부엌〉은 족발을 팔면서 칼국수를 팔아 강력한 무기로 삼는
경우다.

하나로 안 되면 두세 가지 미리 준비해야

충남 홍성 〈일미옥불고기〉는 시래기밥과 불고기라는 대중이 좋아할
메뉴로 지역에서 독점적 지위를 누리고 있다. 임형우 대표는 2013년

봄 충남 홍성에서 '홍성마당'이란 한우 전문점을 창업했다. 30여 년 경력 베테랑 한식 조리사였기에 자신감이 넘쳤지만 실패했다. 홍성은 전국에서도 손꼽히는 한우 산지다. 한우 전문점 밀집도가 전국 최고 수준이다. 이들 한우 전문점들은 육질은 물론 시설과 서비스도 괜찮았다. 이런 동네에서 뒤늦게 한우 전문점을 차렸다.

임 대표로부터 조언을 요청받은 나는 옥호를 〈일미옥불고기〉로 바꾸고, 메뉴를 불고기와 시래기로 바꿨다. 한우로 1등 할 수 없다면 남들이 신경 쓰지 않는 메뉴인 불고기로 독점적 지위를 누리게 할 생각이었다. 불고기와 시래기는 둘 다 한국인이 일반적으로 선호하는 메뉴다. 음식 가격이 등심이나 안심보다 저렴해 점포 문턱이 낮아졌다. 식당 입장에서도 식자재 원가가 낮아 수익성이 비교적 양호한 메뉴였다.

시래기와 불고기로 홍보를 강화하자 〈일미옥불고기〉는 유명한 시래기밥 전문점이자 불고기 맛집으로 자리매김하였다. 손님들은 가격 대비 만족도가 높은 점을 최고의 매력으로 꼽는다.

게다가 맛과 건강 요소까지 갖춰 선호도가 높다. 2018년에는 인근의 토지를 매입하고 현대식 건물을 지어 식당을 확장, 이전했다.

메뉴로 독점적 지위를 누리려면 몇 가지 검토가 필요하다. 꾸준히 어필할 수 있는 메뉴인지, 원가는 좋은 메뉴인지, 핵심 포인트가 있는 메뉴인지, 오래 가면서 고객이 재구매할 수 있는 메뉴인지 등 메뉴 특성 분석이 선행돼야 한다.

우리나라 외식 업계는 누가 잘나간다 싶으면 너도나도 따라 해 결국은 모두 공멸하는 경우가 많다. 메뉴와 입지 선정에 성공해 독점적 지위를 누리고 있는데 누군가 근처에 비슷한 콘셉트로 차릴 수도 있다. 이런 경우를 대비해 또 다른 나만의 무기를 선제적으로 개발해두는 것이 좋다.

반도체 기업 인텔은 새로운 제품을 출시하면서 동시에 그 제품의 상위 버전 제품 개발에 들어간다. 물론 상위 버전 제품을 출시할 때쯤이면 차상위 버전 제품 개발을 준비한다. 이런 전략은 끊임없이 진입장벽을 높여감으로써 경쟁사들보다 우위에 서게 하고, 독점적 지위를 지속해서 누릴 수 있도록 해준다. 누구나 쉽게 따라 할 수 없는 요소들을 차츰 메뉴에 하나씩 추가하다 보면 오래오래 독야청청할 것이다.

⚲ 대규모 식당이라면 직원들 업무 일지 작성해야

부하 직원들에게 별로 잔소리를 하지 않는 편이다. 그렇지만 유일하게 직원들에게 강조하는 게 하나 있다. 업무 일지를 성실하게 쓰라는 것이다. 작은 조직이라면 구두 보고로도 업주나 대표가 조직에서 발생하고 있는 모든 사안을 파악할 수 있다. 그러나 조직 규모가 커지면 인지하기 쉽지 않다. 이는 외식 업체도 마찬가지다. 식당이나 조직의 규모가 50명이 넘어가면 직원들에게 업무 일지를 작성하게 해야 한다. 직원 입장에서는 하루의 업무를 정리해 보고하는 서류이고 조직의 수장은 이를 통해 정보를 얻거나 의사결정의 자료로 활용할 수 있다.

사람들은 쓰는 일을 대개 싫어한다. 그만큼 쓴다는 것은 부담스러운 일이다. 업무 일지도 그렇다. 그러나 뭔가 쓰다 보면 반추하게 되고 분석하게 되고 정리가 된다. 여기서 한 발 더 나가면 분석하고 정리한 데이터를 근거로 미래를 예견하게 된다.

쓰고 분석하고 정리하며 예견까지 하는 데 일가견을 가진 대가가 있다. 1970년대 초반 오일쇼크가 일어날 것을 예견했던 일본 이토추상사(伊藤忠商社)의 세지마 류조라는 사람이다. 세지마 류조는 아무리 길고 복잡한 사안도 단 몇 줄로 요약 정리하는 능력을 갖췄다. 그는 일본 육사를 나와 중일전쟁과 태평양전쟁에 참전했던 군인 출신이다. 한때 소련군 포로가 되어 시베리아에서 11년간 포로생활을 하기도 했다.

귀국해 이토추상사에 들어갔다. 이토추상사의 임원이었던 세지마 류조는 언론 보도를 통해 이스라엘과 아랍 국가 간의 분쟁 상황을 꼼꼼히 살펴봤다. 보도된 내용을 토대로 산유국들의 기습 공격 가능성을 예측하는 보고서를 회사에 올렸고, 회사는 은밀하게 엄청난 양의 석유를 미리 비축해 두었다. 당시 오일쇼크는 세계경제가 흔들릴 만큼 충격적이었다. 이토추상사는 세지마 류조 덕분에 오일쇼크를 맞아 위기는커녕 오히려 사세를 키워나갈 수 있었다. 능력을 발휘한 그는 고속 승진을 거듭해, 1978년 회장으로까지 승진했다.

메뉴 기획하느라 몇 달씩 고생하는 식당 주인들이 있다. 고민 끝에 도움을 요청해 온다. 몇 시간이면 충분히 해낼 수 있는 작업이 대부분이다. 이는 메뉴에 대한 통찰력의 차이도 있지만 쓰기 능력의 차이에서도 기인한다. 개별 사실이나 정보를 하나씩 적어 나가다 보면 전체 그림이 완성된다.

이런 기획안 작성 능력은 사장 한 사람뿐 아니라 전 직원이 갖춰야 한다. 복잡하고 긴 장문의 기획안도 평소 업무 일지 쓰는 작은 일부터 습관을 들이면 더 잘 쓸 수 있다. 기본적으로 직원들이 모두 쓰게 하고, 다음 단계에서 좀 더 잘 쓰게 유도해야 한다. 내용이 알차거나 성실하게 쓴 사람에겐 포상해서 전 직원에게 동기부여를 하는 방법도 좋다.

연 매출 5,000억 원 규모인 중견기업 직원들의 형식적으로 작성한 사업 계획서를 접한 적이 있다. 알맹이 없는 글쓰기의 대표적 사례다. 이번에 연 매출 1,000억 원이 넘는 외식 업체 대표와 신규 사업 아이템을 상담할 때도 직원 업무 일지를 강조한 바 있다.

창업이나 개선 활동을 위해 외식업 분야에서 나에게 딱 맞는 좋은 기획자를 만나기란 하늘의 별 따기다. 어떤 경우에는 기획자를 찾아다니느니 나 스스로 기획자가 되는 게 더 빠르다. 그러려면 쓰는 것에 익숙해져야 한다. 그것은 우량 외식 기업 대표가 되는 첫 출발점이기도 하다. 출발점에서의 첫발은 나와 직원들이 작성하는 업무 일지로 떼어보자.

♀ 빅데이터 분석은 참고 사항일 뿐이다

빅데이터 분석해 배송일 정확히 예측한다
'빼빼로 깔라만시' 트렌드 빅데이터로 만들었죠

티켓베이, 2018년 2차 티켓팅 빅데이터 분석…시장 트렌드 공개

포털 검색창에 '빅데이터'라고 입력해 나온 최근 뉴스 제목이다.

정보 통신의 발달과 함께 여러 분야에서 빅데이터가 만능 해결사로 떠오르고 있다. 빅데이터가 시장분석을 하는 데 유용한 도구인 것은 틀림없다. 워낙 장기간에 걸쳐 엄청난 양의 데이터를 축적한 베이스여서 추세, 흐름, 확률을 예측하는 데 합리적인 조언을 해준다. 시장의 수요와 예측이 절실한 외식업 분야도 예외가 될 수 없다. 이미 규모가 큰 대기업에서 많은 양의 고객 데이터를 분석해 신제품 음료를 개발하거나 마케팅에 활용하기도 했다.

아직 일반 식당이 빅데이터를 일상적으로 사용하지는 않는다. 하지만 머지않아 동네 식당들까지 파급되지 말라는 법도 없다. 일단 당분간 개별 소규모 식당에 맞는 빅데이터를 생산하기는 어려울 것이다. 그것이 가능하다고 해도 개별 식당의 빅데이터를 생산하는 비용이 엄청날 것이기 때문이다. 따라서 소규모 식당이 사용하는 빅데이터는 지자체나 공공기관의 외식업 관련 통계 등에 의존하는 수준일 것이다.

이 책에서 말하는 빅데이터의 의미를 이런 것으로 한정한다면 빅데이터의 분석 결과는 전적으로 의존할 진리라기보다는 참고 사항일 뿐이다. 현상의 윤곽을 파악하는 데 도움을 주지만 현상의 심층을 설명해주는 데는 미흡하다. 어떤 개별 식당의 특장점이나 주인의 철학, 고객의 평판 등은 자세하게 분석하지도 알려주지도 못한다.

빅데이터를 활용한 예를 들어보자. 북엇국은 해장으로서 콩나물국밥

에 이어 '넘버 투'의 지위를 갖는 음식이다. 주요 해장국 소비자인 중년층의 강력한 지지를 받는 메뉴다. 그런데 특이하게도 서울 일부 지역에서만 편중돼 팔린다. 만일 어떤 창업자가 경기도 수원에 북엇국 전문점 창업을 염두에 두었다고 하자. 수원은 인구가 120만 명이나 되는 대도시다. 특이하게도 그런 대도시에 북엇국 전문점이 거의 눈에 띄지 않는다. 이것은 수원에서 북엇국으로 차별화가 가능하다는 방증이다.

이때 이 창업자는 특정 지역(수원)의 인구, 음식점 수, 음식점 종류, 매출액, 현재 북엇국집 분포 등등을 알 수 있을 것이다. 빅데이터로 얻을 수 있는 정보는 여기까지다. 수원에서 북엇국 전문점을 창업했을 때 어떤 이점이 있고 어떤 위험 요소가 있는지는 알려주지 않는다. 또한 북엇국은 조리 과정이 간편하고 아침 영업이 가능한 메뉴이며 인건비가 적게 들어간다. 이런 북엇국의 메뉴로서의 특징까지 알려주지도 않는다.

북엇국과 유사 메뉴로는 코다리찜과 코다리냉면이 있다. 창업자라면 이 메뉴들을 포함할지도 고민했을 것이다. 북엇국 전문점에서 이들 코다리찜이나 코다리냉면을 함께 팔았을 때 어떤 결과가 나타날지 빅데이터로는 아직 예측하기 어렵다.

빅데이터는 창업 전 시장을 파악할 때 거시적인 현황 파악을 할 때 사용하고 미시적인 현황은 직접 발품을 팔고 다니면서 눈으로 확인해야 정확하다. 현명한 창업자라면 빅데이터를 통해 확보한 1차 자료를 가지고 현장을 답사하면서 디테일한 현장 정보를 수집해 의사결정에 반영할 것이다.

예컨대 빅데이터를 통해 북엇국집 밀집 지역이 서울 강남과 종로 일대임을 알아내고, 다음 단계로 일일이 그 지역을 발로 훑어 상권 특성을 파악한다. 파악한 상권 특성과 가장 유사한 상권을 빅데이터를 활용해 수원에서 찾아낸다. 찾아낸 후보지 가운데 다시 발로 뛰어 가장 유력한 후보지를 북엇국 점포로 최종적으로 결정하는 식이다.

📍 공통분모를 찾아라

  메뉴를 기획할 때 식당의 콘셉트나 다른 메뉴들과 전혀 결이 다른 이질적인 메뉴를 새로 선택하는 경우가 종종 있다. 당장의 업소 사정이나 필요 때문에 그 메뉴를 선택한 이유가 있었을 것이다. 하지만 기존 메뉴들과의 부조화나 식당 콘셉트와의 불일치하는 메뉴는 길게 보면 오히려 이미지 개선이나 매출 증대에 걸림돌이 된다.

  유명 설렁탕 전문점에서 아침에 북엇국을 팔겠다고 했다. 나는 단칼에 반대했다. 설렁탕은 소고기 국물이나 뼈를 고아 만든 육수를 기본 베이스로 한다. 북어로 국물을 내는 북엇국과는 뿌리가 전혀 다르다. 주 식자재는 육지에서 자란 소와 바다에서 잡은 명태다. 두 재료 간에는 아무런 공통점이 없다.

  소비자 일반에게 설렁탕이라는 메뉴는 전문점에서 먹는 음식이라는 인식이 강하다. 따라서 설렁탕집은 전문점 이미지를 강하게 풍겨야 산다. 설렁탕집에서 북엇국을 팔게 되면 전문점 이미지가 희석될 게 뻔하다. 이처럼 메뉴 간 공통분모가 없는 유기성이 결여된 메뉴 조합은 실패할 확률이 아주 높다. 단기적으로 매출을 끌어올릴 수도 있겠지만 결국 브랜드 가치를 떨어트리고 고객에게 잊히는 식당이 된다.

유명 설렁탕 전문점 바로 옆에 설렁탕집 주인의 형제가 하는 북엇국집이 있다. 자세히 살펴보면 북엇국집보다 설렁탕집에 늘 손님이 더 많다. 우리나라 사람은 아니, 전 세계 인류는 아직 고깃국물 니즈가 남아 있음을 짐작하게 한다.

코다리는 황태, 북어 등과 함께 명태를 가공한 식자재다. 따라서 모두 명태라는 공통분모를 공유했다. 이 점을 잘 활용하면 시너지 효과를 낼 수 있다. 그러나 오용이나 남용하면 역효과를 낼 수 있다.

최근 명태를 반건조시킨 코다리로 조리한 음식을 파는 전문점이 부쩍 늘었다. 대개 찜 형태로 파는 코다리찜 전문점들이다. 그러나 코다리찜은 두 가지 취약점이 있다. 일단 판매 단위가 너무 크다는 점이다. 보통 몇만 원 단위 메뉴로 내놨다. 손님 입장에서는 부담스러운 가격이다. 두 번째는 맛이 지나치게 맵다는 점이다. 매운맛을 좋아하는 손님도 있겠지만 그렇지 않은 손님도 많다. 좀 더 작은 단위로 내놓고 좀 더 매운맛을 줄이면 얼마든지 더 많이 팔 수 있는 게 코다리찜이다.

여름철 메뉴인 냉면이나 막국수를 코다리와 조합하면 여름 매출을 견인하는 데 도움이 된다. 냉면이나 막국수는 메밀 음식이어서 강원도 이미지가 강하다. 코다리 역시 동해안을 낀 강원도 이미지를 보유했다. 서로 강원도라는 공통분모를 공유해 이미지의 배치나 충돌이 없다. 강원도+강원도여서 손님에게 강렬한 이미지로 어필할 수 있다.

동절기에는 북엇국이나 황탯국을 내놓으면 연속성을 유지할 수 있을 것이다. 냉면이나 막국숫집은 아무래도 동절기 매출이 감소한다. 이북식 콘셉트로 설정해 만둣국이나 찜닭 같은 이북식 음식을 메뉴로 구성하는 것도 동절기 매출 감소를 극복하는 한 가지 방법이다. 고객 입장에서는 '이북식'이라는 공통분모를 무리 없이 받아들이기 때문이다.

서울 약수동에서 북한 지명을 옥호로 차용한 〈진남포면옥〉은 겨울철에 막국수뿐 아니라 만두에 녹두전까지 잘 팔린다. 이 집에서는 강원도 이미지의 메뉴도 무리 없이 소화할 수 있다. '이북식'은 강원도보다 더 확장된 공통분모이기 때문이다.

일명 '서울식 불고기'로 불리는 전골식 불고기는 1960~1970년대 전성기를 구가했다. 1980년대에 외국산 수입 소고기가 들어오면서 꺾인 메뉴가 됐다. 전골식 불고기는 일본 스키야키와 유사점이 많다. 어떤 의미에서든 두 메뉴는 서로 영향을 주고받는 관계에 있는 것 같다. 그런데도 전골식 불고기는 현실적으로 우리나라 전통 음식이라는 이미지를 획득했다.

불고기는 같은 '전통 음식' 범주에 넣을 수 있는 메뉴들과 조합해서 제공하면 시너지 효과를 낸다. 냉면, 막국수, 육개장, 비빔밥 등이다. 충남 홍성의 〈한밭식당〉은 전골식 불고기의 가능성과 폭발력에 제대로 불을 지른 경우다. 양념을 최소화하고 적절한 불판을 쓰면서 단맛과 염도를 낮추었다. 1960년대~1970년대 전통 불고기에 가깝게 연출했다.

미국 유명 조리학교 출신의 젊은 셰프가 이 불고기를 먹어보고 감탄했다. 유명 공중파 방송에서도 소개할 만큼 불고기 맛이 히트를 했다.

죽은 줄 알았던 전골식 불고기가 아직 건재함을 입증했다. 한편, 울산 〈우시산함양집〉은 전통이라는 공통분모를 가진 비빔밥과 소고기국밥을 조합해 대박집으로 장수하고 있다.

비빔밥은 좋은 메뉴이지만 우리나라 소비자의 다수는 탕반 메뉴를 절대 선호한다. 내가 근무하는 회사 인근에 콩나물국밥 전문점은 콩나물국밥+비빔밥의 복합 콘셉트로 C 급 미만의 입지에서 나름대로 선전하고 있다. 콩나물국밥과 비빔밥 매출액이 균점하고 있다.

📍 신속한 대응전략

신속한 계절 메뉴 대응전략

식당을 하다 보면 신속하게 메뉴 구성을 바꾸거나 새 메뉴를 도입해야 하는 경우가 생긴다. 계절이 바뀔 때, 주변 상권이 급격히 변했을 때, 경쟁 점포의 출현, 고객 니즈의 변화, 식자재 파동 발생 시 등이다.

서울 교외에 장기간 대박집 지위를 누렸던 불고깃집 매출이 최근 크게 줄었다. 인구 밀집 지역이 아닌 곳에서 일부러 찾아오는 손님들을 상대로 하는 식당이다. 예전에는 일부러 찾아갈 정도로 고객 입장에서 매력적인 아이템이었다. 그러나 시간이 흘러 먹을 만큼 먹었고 이젠 고객이 식상해 한다고 봐야 한다.

매출이 줄어들고 줄어든 매출이 추세화 하기 전에 빨리 대응 전략을 세워야 한다. 시장 조사를 해서 최근 소비자의 니즈나 트렌드를 파악해야 한다. 또 기존 메뉴에 손님들이 식상해 하는 요소가 무엇인지도 파악해야 한다. 트렌드를 분석해 대안 메뉴를 새로 내놓고 식상해하는 요소를 찾아내 개선해야 한다.

경기도 북부에 가장 제대로 메밀국수 맛을 구현해내는 메밀국수 전문점 〈메밀공작소〉가 있다. C급 미만인 상권에서 부부가 운영했던 두부 전문점을 업종 전환한 식당이다. 부부가 매우 건실하지만 음식을 잘하는 편은 아니었다. 두부는 좋은 음식이지만 매출 올리기가 어렵고 생각보다 음식으로 풀어내기 어려운 아이템이다.

봄이 오자 두부를 찾는 손님이 급감해 더는 식당 운영이 어려워졌다. 봄이 시작되는 환절기여서 신속한 대응이 필요했다. 경기 북부에 먹을 만한 메밀국수 전문점이 없음을 인식하고 이 지역에서 제일가는 메밀국숫집으로 자리매김하기로 했다. 세 곳의 메밀국수 전문점을 벤치마킹하면서 메밀국수를 배우기 시작했다. 하절기를 앞두고 빠르게 대응하면 승산이 보였다.

세 군데 메밀국숫집을 면밀히 관찰하고 돌아온 부부는 메밀국수에 희망이 있음을 확신하고 조리법을 익혔다. 음식의 퀄리티에 자신감이 붙자 바로 메밀국수 전문점으로 업종 전환을 시도했다. 짧은 시간에 업종 선택과 벤치마킹부터 음식 구현에 이르기까지 일사천리로 진행했다. 결과는 성공이었다. 메밀국수로 업종 전환한 첫 해부터 의미 있는 매출액을 올리면서 경기 북부 지역 최고 수준의 메밀국수 맛을 구현하는 곳으로 자리매김했다.

메밀공작소 유력한 메밀국수 전문점이 없었던 경기 북부 지역에서 〈메밀공작소〉는 메밀국수로 확실하게 자리 잡았다.

입지와 메뉴의 부조화, 빨리 대응해야

부산에서 두 곳의 식당을 운영하는 30대 대표가 상담을 요청했다. 한 곳은 베트남 쌀국수집이고 한 곳은 일본 라멘집이다. 두 곳 모두 매출이 저조했다. 베트남 쌀국수집은 매출이 너무 낮아 내놓았고 라멘집은 이전 대비 약 70% 정도로 매출이 하락한 상태였다.

먼저 일본 라멘집 음식의 상품력을 점검해봤다. 일본식 돼지고기 조림인 차슈와 라멘이 주력 메뉴였다. 차슈는 본래 맛보다 한국 불고기 맛에 가까운 맛이 났다. 이 식당 위치는 대학교 앞이다. 요즘 젊은 대학생은 일본에 다녀온 사람들이 많다. 그들은 일본 음식과 일본식 차슈 맛에 익숙하다고 봐야 한다. 이 맛도 저 맛도 아닌 차슈를 누가 사 먹겠는가?

라멘의 면과 육수 재료는 직접 만든 게 아니고 시중 제품을 사 쓰고 있었다. 완성된 음식의 질도 다소 낮은 편이었다. 일본에서 라멘은 전통적인 강자인 우동과 메밀국수를 제치고 부동의 면식 메뉴 1위의 자리를 차지한 강력한 메뉴다. 그러나 한국에서는 폭발력이 없다. 한국에는 일본과 달리 강력한 탕반 메뉴들이 버티고 있기 때문이다. 이 점을 간과한 사람들이 일본 라멘을 들여와 실패한 사례들이 있다. 알고 보니 라멘집 주인은 친구가 운영하는 라멘집을 카피한 것이었다.

업주가 외식 사업자로서의 의식과 자세는 뛰어난데 세부적인 음식 지식과 조리법의 이해도가 낮은 편이었다. 첫 번째 대안은 돈가스와 자가제면한 우동으로 업종 전환을 하는 것이다. 인근에 돈가스집이 많지만 조리법을 연마해 품질에서 앞서면 충분히 승산이 보였다.

두 번째 대안은 교자를 라멘과 함께 간판 메뉴로 키우는 것이다. 일본 라멘집에서는 교자가 필수 메뉴다. 일본에서는 교자를 2~3개 소량으로도 판매한다. 일본 사람들은 교자 몇 개 시켜서 맥주로 간단하게 즐기는 경우가 다반사다. 옥호를 바꾸고 교자도 수제로 직접 만들어 파는 걸 추천했다. 부산 라멘집 가운데 수제 교자를 간판으로 끌고 가는 식당은 없다. 차별화 포지셔닝을 추구한 것이다.

교자는 원가가 낮아 수익성이 좋고 유휴 인력을 활용하기 좋다. 이 집에 교자를 넣으면 매출이 늘면 늘었지 최소한 줄지는 않는다. 나는 이 식당이 교자로 특화할 것을 제안했다. 업주가 빠른 결단과 피드백을 줘서 2019년 1월 현재 개선 작업을 진행하고 있다.

서울 강남구 청담동에 국내 최고 수준급 캘리포니아 롤 전문점이 있다. 업주의 실력과 음식의 질은 아주 뛰어나지만, 매출이 부진하다. 재미 교포였던 주인이 학생 시절 미국에서 일식집 아르바이트를 하면서 캘리포니아 롤 조리법을 처음 배웠다. 조리 실력에 자신감이 붙자 귀국해 처음에는 경기도 분당에서 작은 규모로 캘리포니아 롤 전문점으로 시작했다.

롤은 초밥을 먹지 못하는 서양인을 위해 탄생한 일종의 퓨전 초밥이다. 국내에 들어와 인기를 누렸으나 양질의 재료나 음식 자체보다 차츰 소스 맛에 안주하려는 경향이 일반화됐다. 그러면서 한국 롤은 품질이 하향 평준화되었고 맛도 인기도 사그라졌다. 망가진 한국 롤 가운데 그 집 롤 맛은 꾸준히 군계일학의 수준을 유지했다.

개업 초기 우연히 분당에서 그 롤 전문점을 발견하고 난 뒤 가끔

피어에비뉴 〈피어에비뉴〉의 대표적인 캘리포니아롤 메뉴 '볼케이노'.

방문했다. 나의 딸을 비롯한 식구들이 맛있게 먹었다. 어느 날 가보니 식당이 없어졌다. 유일하게 제맛을 낸 롤 전문점이 사라져 아쉬웠다. 나중에 인터넷 검색으로 찾아보니 서울 청담동으로 이전했다. 며칠 후 매장으로 찾아가서 연유를 알아봤다. 강남 건물주의 제안으로 330m²(100평) 규모의 대형 점포로 옮기게 됐다는 것이었다.

작은 규모로 식당을 하다가 어느 정도 탄력을 받으면 서울 강남의 넓은 곳으로 무대를 옮겨 본격적으로 사람들의 인정을 받고 싶은 게 인지상정이다. 아마 그 집 주인도 그랬을 것이다. 하지만 강남이라고 모두 좋은 입지인 것은 아니다. 설령 좋은 입지라 하더라도 아이템과 궁합이 잘 맞아야 한다. 롤과 맞지 않는 입지와 캘리포니아 롤 인기 하락 추세가 겹쳐 청담동의 넓은 점포로 옮긴 이후 7~8년 이상 매출 부진에 허덕이고 있다. 짧지 않은 시간이 의미 없이 흘렀다. 주인의 실력이 고객들에게 제대로 평가받지 못하는 모습이 안타깝다.

신속한 대응이 '팔랑귀'를 의미하지 않아

매출이 부진한 갈빗집 대표가 부진 타개책을 물어왔다. 만두를 활용한 만둣국과 만두전골을 메뉴로 구성해 10월부터 동절기 점심 메뉴로 활용할 것을 조언했다. 품질이 양호한 만두피와 만두소의 구입처까지 소개해주려고 했다. 그러나 그는 마이동풍이었다. 전혀 반응이 없더니 가을을 지나 겨울이 한참 깊어진 뒤에야 비용을 문의하는 등 뒷북을 쳤다.

가을이 오기 전에 발 빠르게 대응했더라면 동절기 점심에 2회전 정도는 무난했을 것이다. 오피스 상권에서 밀가루 음식은 한계가 있는 메뉴다. 그런데도 우리 회사 근처의 만두전문점은 겨울철 점심시간이면 줄을 서야 겨우 먹을 수 있다. 우리 직원들도 가끔 찾아가 줄 서서 먹곤한다. 만둣국과 만두전골은 날씨가 추워지면 C 급 상권에서도 날개를다는 메뉴다. 갈빗집 대표가 신속한 대응을 했더라면 더 좋은 결과를얻었을 텐데 실기를 하고 말았다.

빠른 대응은 절대 쉽지 않다. 다급한 나머지 가끔 말도 안 되는 대안을 제시하는 업주들을 가끔 본다. 아무리 급해도 바늘허리에 실을 매어못쓴다. 본인 능력이 모자라면 자주 여러 곳을 다니면서 보고 분석해야 한다. 고깃집을 창업하고 싶다면 한정식집까지, 냉면집을 창업하고 싶다면 칼국숫집까지 두루 봐야 한다. 하절기에 콩국수를 팔고 싶다면 2월부터는 미리 콩국수 영업 일정을 고객에게 알려야 한다.

나와 두 번이나 상담했던 비빔밥 식당이 있다. 이 식당은 비빔밥에 달걀 프라이가 아닌 삶은 달걀을 넣어준다. 식당 입장에서는 훨씬 빠르고 편하고 일하기도 간단할 것이다. 아마 업주가 조리 과정을 신속하게 개선했다고 스스로 흐뭇해할지 모른다. 그러나 손님은 삶은 달걀이 아니라 달걀프라이를 원한다. 아무리 상담을 여러 차례 하고 조언을 해줘도 이런 식당은 잘 될 리가 없다. 불경기에는 일이 많아지거나 노동 강도가 높아지더라도 주인이 좀 더 움직일 각오를 해야 한다.

신속한 대응은 팔랑귀를 의미하는 게 아니다. 남의 말만 듣고 업종을 자주 바꾸거나 얄팍한 술수를 쓰는 건 신속한 대응이 아니다. 흔들리지 않으려면 자기만의 기준을 잡는 능력이 필요하다. 그런 능력이 부족하다면 검증된 외식업 관련 블로그들만 정독해도 나름의 분석 능력이 생길 것이다.

📍 주차장은 필수

싼 게 비지떡인 주차장 없는 점포

어렸을 적 읽은 이솝 우화는 재미와 함께 적잖은 교훈도 줬다. 가장 기억에 남는 우화는 여우와 두루미다. 초등학교 때 한 동무의 가방에 그림으로 그려져 있어서 더욱 선명하게 인상에 남는 우화다. 두루미가 여우의 초대를 받아 여우네 집에 갔더니 수프를 납작한 접시에 담아 먹을 수가 없었다. 두루미는 화가 나서 집으로 돌아갔다. 이번에는 두루미가 여우를 자신의 집에 초대했다. 그리고는 맛있는 고기를 목이 긴 호리병에 넣어줬다. 이번엔 여우가 먹지 못하고 그냥 돌아가야 했다.

우리 식구나 직원들을 차에 태우고 식당에 갔다가 주차할 곳이 없어 못 들어가는 경우가 종종 있다. 이럴 때면 우화 속 여우나 두루미가 된 심정이다. 식당은 어떤 방법으로 내방했든 손님이 큰 불편 없이 접근할 수 있어야 한다. 특히 갈빗집이나 횟집, 고깃집은 가족 단위로 외식하는 손님들이 주로 찾는 외식 업소다. 고객들이 승용차를 이용해 찾아오므로 주차장을 갖춰야 영업이 수월하다.

그런데도 창업 경험이 없는 초심자들이 가끔 일을 저질러 놓고 후회하는 걸 여러 번 목격했다. 다른 건 다 좋은 데 딱 하나, 주차장이 없는 게 맘에 걸렸지만 뭐 어쩌랴 싶어 덜컥 임대차계약서에 서명하는 경우가 흔하다. 경험이 부족한 업주는 점포를 보러 가서 화려하고 번듯한 인테리어에 홀리기 쉽다. "먼저 쓰던 분이 잘 꾸며서 인테리어 비용이 따로 필요 없고 임차료도 저렴하다"는 중개업자의 감언이설에 넘어가는 경우가 많다. 주차장이 없으니 임차료가 싼 건 당연하다.

부산의 어느 고깃집 주인도 대로변에 비교적 저렴하게 나온 점포를 덜컥 계약했다. 임차료 부담이 적고 인테리어도 크게 손델 필요 없었으며 규모가 큰 편이어서 아주 맘에 들어 했다. 하지만 나는 반대했다. 상권이 애매했고 주차장이 턱없이 부족했기 때문이었다. 아니나 다를까? 음식 수준도 훌륭했고 가성비가 많이 들었으며 홍보에도 최선을 다했지만 결국 문을 닫았다. 식당 주인이 상당히 의식수준이 높고 지성적인 사람이었는데도 저렴한 임차료에 큰 규모의 식당을 임차할 수 있다는 점에 눈이 멀었던 것이다. 아무리 맛있는 음식과 좋은 뜻을 가진 주인이 식당을 운영해도 주차 때문에 한 번 고생한 손님은 다시 방문하지 않는다.

맛, 가격보다 더 중요한 갈빗집 주차장

도심지 식당에서는 지상 주차장 공간이 크게 부족하다. 규모가 작은 빌딩은 리프트식 주차장이 있지만, 사용이 불편하고 그나마 운용하지 않는 곳도 많다. 주차장이 없거나 좁다면 점포 앞 도로에 잠깐 주차가 가능하거나 인근 골목에 주차 가능한 공간이 있어도 괜찮다. 서울 도심이나 강남의 혼잡한 지역은 주차장이 너무 지하 깊숙이 들어가는 곳이 있다. 이런 곳도 손님으로서는 불편하다. 또한, 지하 주차장이 미로처럼 복잡한 경우도 손님의 재방문 의사를 약화시킨다.

서울 목동의 〈임꺽정부대찌개〉는 자가 건물에 음식 수준이 높고 가성비도 아주 훌륭한 식당이다. 주인 부부도 아주 성실하고 실력도 있다. 이 식당은 매출이 늘어날 잠재력이 충분하다. 그런데도 추가적인 매출 신장에 어려움을 겪는 가장 큰 원인이 주차장의 부재다.

이 집 상권은 아파트 밀집 주거지역이다. 퇴근 시간대에 포장 판매 매출이 적지 않은 동네다. 그러나 점포 앞 도로가 주정차 단속구역이다. 단 1분도 차를 세워서는 안 된다. 손님 관점에서 포장으로 구매해 집에 가지고 가고 싶지만, 차를 세울 수 없다. 만일 주정차가 가능하거나 주차장을 확보했다면 지금보다 최소한 30% 이상의 매출 증가는 거뜬했을 것이다.

서울 마포구 대흥동의 소규모 우동 짜장 전문점은 그 반대의 경우다. 비록 적법한 건 아니지만 점포 앞 도로에 잠깐 차를 세울 수 있다. 운전기사들이 차를 세우고 들어와 짧은 시간에 우동과 짜장면을 먹고 간다. 덕분에 짭짤한 수익을 올린다. 경기도 용인의 모 순댓국집이나 경기도 성남시 분당의 유명 사누키 우동전문점 〈야마다야〉도 주차장은 없거나 협소하지만 점포 주변에 차를 세울 곳이 있어서 영업이 순조롭다.

갈비 맛이 보통 수준이면서 가격이 비싼 편인 외식 기업 C 사는 세련된 인테리어와 양호한 주차시설로 손님을 모으고 있다. 갈빗집은 갈비 맛과 가격도 중요하지만, 접근성이 더 중요하다. 갈빗집 고객은 복수의 인원이 움직이므로 충분한 주차장 확보는 큰 경쟁 요소다. 갈빗집 외에도 일식집, 고가의 칼국숫집, 냉면집 등은 반드시 주차장 확보를 염두에 두고 점포를 구해야 한다.

📍 인테리어와 공간 꾸밈의 중요성

우리나라는 지난 수십 년 동안 급속한 경제 발전을 이뤘다. 짧은 시간에 고도로 성장하다 보니 경제 외적 분야는 경제가 발전한 속도만큼 미처 따라가질 못했다. 지금은 기성세대가 된 40~60대 중년들은 예전

어른들보다 부유해졌다. 하지만 문화적 의식 수준은 그들이 누리는 부에 비하면 한없이 낮다. 일례로 외국에 나가보면 이들의 촌스러운 옷차림이 눈에 선명하게 들어온다. 옷맵시가 다른 나라 사람들보다 한참 뒤졌다. 상하의, 신발, 양말이 따로 논다. 패션 감각이나 색감이 아직 제대로 정립되지 못했다. 일종의 문화 지체 현상이다.

대체로 미적 감각이 낮았던 한국 중년층들은 아날로그적 취향이 강했다. 예전 식당들은 이들에게 음식을 푸짐하게만 제공하면 어느 정도 성공했다. 식당 환경이 미흡해도 음식만 만족스러우면 찾아왔다. 후덕함이나 정(情)이 손님과 주인 사이를 밀착시켜 줬다. 이랬던 중년 고객들이 차츰 변하고 있다. 아날로그적 취향이 서서히 사라지고 있는 반면, 소박한 중년 고객들조차 청결함과 깔끔한 이미지를 점점 선호한다. 더구나 중년 여성 고객은 누추한 곳이나 시설이 별로인 식당은 안 가려고 한다.

식당은 이런 변화에 발 빠르게 대응해야 한다. 일본의 식당에 들어가 보면 아기자기한 소품으로 식당을 예쁘게 꾸민 것을 어렵지 않게 볼 수 있다. 우리가 배워야 할 부분이다. 요즘은 식당에 가면 누구나 휴대폰 카메라를 꺼내 든다. 그들에게 찍힐 거리를 제공해야 한다. 손님이 스마트폰으로 찍어 자신의 SNS에 올릴 요소를 마련해야 한다.

요즘에는 젊은 창업자가 문을 연 고깃집 인테리어가 확실히 세련됐다. 젊은 사람들의 인테리어 안목이 오히려 중년층보다 낫다. 중년 창업자라면 창업 과정에서 인테리어 작업 시 젊은 사람들에게 자문하는 것도 좋은 방법이다. 아무리 상품 가치가 뛰어난 음식이어도 인테리어

한소헌 2층이라는 위치의 불리함을 인테리어와 익스테리어로 극복한 〈한소헌〉 외관.

가 받쳐주지 않으면 팔기 어려운 시대가 되고 있다.

　서울 교대역 근처의 〈지심도밥상〉은 입지로만 보면 식당이 들어갈 자리가 아니다. 지나치게 지하에 깊숙이 자리했다. 그러나 입지의 불리함에도 손님이 늘 북적거린다. 메뉴 구성도 좋고 합리적 가격도 매력적이다. 게다가 한식당치고는 상당히 쾌적한 식사 환경을 갖췄다. 지하 공간 특유의 퀴퀴한 냄새도 없고 조명도 밝다. 밥을 먹다 보면 지하임에도 지하라는 느낌이 전혀 안 든다. 주변의 지상 식당에 견줘 모든 면에서 밀리지 않는다.

　분당 〈삼김화로구이〉와 〈한소헌〉도 2층에 위치하고 있다. 비싼 임차료를 절약한 대신 그 비용으로 인테리어와 양질의 식자재 구매에 투자했다. 그 결과 내부가 쾌적하고 깔끔하면서 시대감각에 부합하는 모던

한 공간이 됐다. 중저가 고깃집이 아님에도 주변의 젊은 직장인 고객이 적잖이 찾아온다.

〈지심도밥상〉이나 〈한소헌〉처럼 1층이 아닌 지하나 지상 2층에 식당을 차릴 때에는 옥호나 메뉴 등 식당의 기본사항이 반드시 밖으로 노출돼야 한다. 1층에서 지나다니는 사람 눈에 띄어야 지하든 지상이든 찾아갈 수 있다.

♀ 파사드가 매출을 올린다

첫인상의 중요성은 굳이 강조할 필요가 없을 만큼 누구나 잘 알고 있다. 사람은 처음 본 상대방을 5초 안에 스캔하고 그 인상을 규정짓는다고 한다. 짧은 순간 간파한 표정, 외모, 체격, 복장, 어투 등이 그 사람에 대한 기본값(?)으로 굳어지는 것이다.

사람 개인뿐 아니라 식당도 첫인상은 중요하다. 음식을 접하기 전에 음식보다 먼저 고객에게 입력되는 정보는 식당 외관이기 때문이다. 아무리 맛있는 음식을 파는 곳이라고 해도 겉모양이 지저분하거나 밥맛 떨어지는 식당이라면 들어가고 싶은 맘이 사라질 것이다. 무얼 파는지 존재감이 없는 식당도 마찬가지다.

파사드는 식당의 정면 외벽 부분과 그 꾸밈새를 뜻한다. 중세 시대 성당 건축에서 매우 중시했는데 지금은 식당을 비롯한 접객 업소에서 아주 중요한 요소다. 식당 외관은 고객 입장에서는 식당과 첫 대면을 하는 공간이다. 식당의 첫인상은 파사드의 외모와 표정에 의해 결정된다. 주인은 지나가는 손님에게 어떤 표정과 어떤 외모로 말을 걸어야 할지 파사드를 통해 결정해야 한다.

일반 식당에서도 파사드가 중요하지만 국도변 식당은 더욱 중요하다. 국도에서 차를 몰고 가는 사람들은 아주 짧은 시간에 어느 식당으로 갈 것인지 의사결정을 한다. 시속 60~80km/h로 달리면서 짧은 순간에 간판을 읽어내야 한다. 운전자에게 식당 이름은 중요하지 않다. 무얼 먹을지가 더 중요하므로 메뉴 이름이 잘 보이도록 해야 한다.

따라서 가로변 식당의 파사드는 가독성과 메뉴명 기재가 중요하다. 이를 위해 지주식 간판을 설치하는 것도 좋다. 메뉴는 부담스러운 음식보다 국밥처럼 가볍게 먹고 갈 수 있는 음식이 좋다. 해인사 입구 〈금관식당〉은 자가 건물임에도 매출이 부진했다. 획기적인 매출 증가의 결정적 요인은 메뉴 보강과 함께 가독성 높은 대형 현수막 게시였다.

현수막, 지주식 간판, POP 광고 문구 등 식당 외부에 설치하는 사인물은 파사드를 구성하는 중요한 요소다. 〈호천당〉 대치점은 2018년 하절기에 하루 최고 17회전의 높은 회전율을 기록하기도 했다. 유동인구가 많지 않은 곳이지만 계절별 시기별로 사인물을 자주 바꿔줬다. 8월까지는 냉메밀국수, 9월에는 메밀국수, 10월부터는 냄비우동…… 이런 식이었다. 깔끔하게 정리한 사인물이 지나가는 사람을 불러들이는 데 크게 기여했다.

지난겨울에 길을 가다가 우연히 '봉평'을 앞세운 막국숫집 간판을 발견했다. 봉평을 비롯해 평양, 함흥, 평안, 함경, 이북, 등의 북부지방 지명은 차가운 냉면과 막국수를 연상케 한다. 아울러 추운 이미지를 환기시킨다. 한파주의보가 내린 한겨울에 냉기 도는 간판을 보고 그 식당에 들어가고 싶어지는 사람이 과연 몇이나 될까?

이런 지명을 앞세운 식당이라면 동절기만이라도 간판에서 지명 부분만 가려놓는 게 더 낫다. 지명과 연이어 붙어 있는 '냉면'이나 '막국수' '메밀면' 등만 보이게 하는 것이다. 근본적으로는 조금 더 돈을 들여 간판을 겨울용으로 바꿀 수도 있다. '지명+냉국수 메뉴' 형태의 간판 문자를 우측 하단에 작은 글씨로 옮기고, 간판 전체에 동절기 메뉴(예컨대 황탯국이나 만둣국 등의 메뉴) 이름을 크게 써넣는 것이다.

일본 생선집에서는 메인이 되는 생선회가 매일매일 바뀌고 아침저녁으로 달라진다. 그날 잡히는 생선 종류에 따라 바뀌는 것이다. 이처럼 실시간으로 바뀌는 메뉴 정보를 담기 위해 주식 현황판 같은 입간판을 설치한 곳이 있다. 입간판은 메뉴 정보뿐 아니라 그날의 날씨나 상황에 맞는 카피를 써넣어 고객의 발길을 더욱 적극적으로 이끈다. 추운 날 우리나라 식당이라면 '직송 통영굴 듬뿍 넣은 굴짬뽕'이라고 써넣거나 비가 오면 '오늘은 파전과 동동주'라고 써 붙이는 식이다.

📍 유명 브랜드 식당을 만들려면

사람들 쏠리는 곳에 브랜드가 있다

외식업에 종사하는 사람이라면 한 번쯤은 유명 브랜드로의 비상을 꿈꾼다. 지금은 비록 작은 식당에 불과하지만 언젠가는 남부럽지 않은 외식 브랜드로 키우고 싶다는 생각이다. 앞서서 그런 길을 걸었던 성공한 외식업 경영인들의 사례가 가끔 자극제가 되기도 한다.

식당 경영의 단기 목표가 수익 증대라면 장기 목표는 당연히 브랜드 만들기가 되어야 한다. 어느 정도 안정적으로 수익 구조를 구축했다면 당연히 다음 단계는 유명 브랜드로의 도약이다. 신뢰받는 브랜드는 수익구조를 좀 더 구조적이고 지속적으로 확대 발전시킬 수 있고, 고객과의 접촉면을 넓혀 우리 식당의 음식과 서비스를 대량으로 판매하는 장치가 되어 준다. 고급 브랜드로 인식시켰다는 것은 성공적으로 경영했다는 뜻이기도 하다.

2018년 우리나라 극장가를 강타했던 영화 〈보헤미안 랩소디〉는 아무리 점수를 후하게 쳐줘도 관객 300~400만 명 정도의 영화다. 그렇지만 예상치의 두 배 세 배를 훌쩍 넘어섰다. 이는 평소 영화에 관심 없던 사람들까지 가세한 때문이다. '잘된 영화'라며 몰려가는 영화 팬들의 뒤꽁무니를 너도나도 따라가는 쏠림현상이 발생한다.

식당도 마찬가지. 사회 전반에서 나타나는 양극화는 식당도 예외가 아니다. 손님들이 번호표를 뽑고 대기하면서 발 디딜 틈 없는 대박식당이 있는가 하면 바로 옆집은 파리를 날리는 경우가 흔하다. 10년 전 경기도 안산의 유명 닭발 전문점에 조언해주러 갔다. 그 집은 유흥가의 외진 곳 2층에 자리 잡았다. 하필 그 집 1층에도 닭발집이 있었다. 내가 그 곳에 10여 차례 갔는데 갈 때마다 1층 무명 닭발집에는 손님이 단 한 명도 없었다.

영화 〈보헤미안 랩소디〉나 유명 닭발집의 상품성을 사전에 접해 보지도 않고 그 앞에 사람들이 줄을 서는 이유가 뭘까? 바로 브랜드의 힘이다. 브랜드를 만들기까지는 지난한 노력과 시간이 필요하지만, 일단 한번 만들어진 브랜드는 영향력이 엄청나게 세다. 이런 이유로 많은 식당 주인들이 브랜드 식당을 바라는 것이다. 그럼 브랜드 식당으로 만들려면 어떤 노력이 필요할까?

브랜드 식당 만들기 워밍업

브랜드화하려면 해당 메뉴나 식당이 이슈화할 가능성을 미리 파악해야 한다. 불과 10여 년 전만 해도 서울과 수도권에 육개장 전문점이 드물었다. 그런데 최근에 갑자기 프랜차이즈 육개장 전문점을 비롯해 500~600여 곳으로 급증했다. 그동안 잠재했던 수요가 표면화한 현상이다.

브랜드화하고 싶은 식당이라면 끄집어낼 차별화 요소가 있어야 한다. 인천 〈용화반점〉은 볶음밥에 라드를 사용해 유명해졌다. 해장국이 서울 도심에선 거의 없었는데 강남 대치동 〈중앙해장〉 이후 갑자기 늘고 있다. 과거 〈맛찬들왕소금구이〉는 두툼한 숙성 삼겹살로 브랜드화에 성공했다. 이후 삼겹살 아이템으로 브랜드화하기 어려워졌다.

마케팅에서 불변의 법칙이 있다. 고객은 1등만 기억한다는 점이다. 먼저 차별화 요소를 끄집어내고 먼저 이슈화해서 강력한 브랜드를 구축해야 한다. 아무리 품질과 마케팅에 심혈을 기울여도 후발주자는 1등을 꺾기 어렵다. 선점의 중요성이 그만큼 크다.

방송처럼 미디어를 활용하는 전략은 좋다. 다만 재구매가 활발히 이뤄지는 일반적 아이템이어야 한다. 브랜드화를 위해 처음부터 방송 소재로 알맞은 메뉴를 기획하는 경우도 있다. 일반 소비자가 원하는 음식이라기보다 미디어가 원하는 스타일의 메뉴다. 방송에 잠시 화제가 될 수는 있지만 끝내 브랜드화 되는 경우는 드물다.

예전 한우 물회로 유명한 식당이 있었다. 방송에 10여 회 나왔다. 그렇지만 그 식당은 대박집 반열에 들지 못했다. 한우 물회는 방송에서 다루기에 좋은 소재지만 누구나 수시로 즐겨먹는 음식이 아니다. 그저 별미에 지나지 않는다. 결국 그 식당은 한우 물회를 포기하고 업종을 바꿨다.

브랜드 식당으로 만들려면

첫째는 차별성과 패러다임이다.

경기도 용인의 막국수 〈고기리막국수〉는 아주 외진 곳에 자리 잡았다. 그런데도 손님이 끊이질 않는 막국수의 명소다. 이 집이 브랜드화 된 것은 막국수의 맛이 아주 탁월해서가 아니다. 기존 막국수의 패러다임에서 벗어나 차별화에 성공했기 때문이다. 지금까지 사람들은 막국수라면 메밀국수에 양념을 잔뜩 범벅을 해서 '막 먹는 서민적인 면식'으로 인식했다. 그런데 이 집의 막국수는 전혀 딴판이다.

유백색의 기품 있는 면발에 양념을 살짝 얹어 단아한 느낌을 준다. 기존의 막국수에서 느낄 수 있는 서민적, 야성적인 거친 느낌을 거세했다. 대신 귀족적, 도회적 감성을 입혔다. 맛있고 없고는 처음부터 큰 문

고기리막국수 막국수답지 않게 단아한 멋과 맛이 느껴지는 막국수로 맛집이 되었다.

제가 아니었다. 막국수에서 절제된 우아미가 풍긴다. 막국수에 대한 새로운 해석을 내놓은 셈이다. 새롭게 탄생한 우아한 막국수는 중산층 고객의 취향을 제대로 저격했다.

둘째는 스토리와 콘텐츠다.

우리나라 한식에서 가장 중요한 식자재는 참기름과 들기름이다. 한식은 음식의 뒷맛이 중요하다. 참기름과 들기름의 향이 식사 후 뒷맛에 고소한 여운을 남긴다. 아쉽게도 지금은 사라진 경기도 용인시 수지의 〈광주리 들밥〉은 직접 짠 참기름으로 명성을 얻었다. 이처럼 기름이나 양구의 '펀치볼 시래기' 등 식당에서 사용하는 핵심 식자재의 장점, 제법, 원산지, 생산자 등 소비자의 재미나 호기심을 끌 만한 부분을 스토리나 콘텐츠로 제작한다. 혹은 그런 일을 담당하는 사람을 전문가로 포지셔닝한다.

전제 조건은 포장만 그럴싸해서는 오래가지 못한다. 실력과 팩트를 근거로 콘텐츠나 스토리를 작성해야 생명력이 있다. 〈서경도락〉은 평양을 주제로 콘텐츠와 스토리를 풀어갔다. 우리나라 전통 불고기는 직화 불고기이고 전통 불고기의 맥은 평양을 중심으로 한 이북 쪽이 강세를 보였다. 이를 근거로 전통 불고기와 평양냉면을 조합, 콘텐츠를 작성해 성공적으로 소구했다. 콘텐츠가 중요한 것은 고객이 그 식당을 방문할 당위성을 제시해주기 때문이다. 반짝이는 아이디어와 힘 있는 콘텐츠가 필요하다.

셋째는 이슈화하기다.

페이스북, 인스타그램 등 SNS를 통해 이슈를 끌고 가는 능력이 필요하다. 삼겹살 1등 브랜드 〈하남돼지집〉 장보환 대표는 4,000만 원의 창업비로 최악의 입지에서 출발했다. 사업 초창기 백두산 참숯, 명이나물, 초벌구이, 한돈 인증점 등 당시로서는 삼겹살의 새로운 패러다임을 강력하게 이슈화하여 고객에게 깊은 인상을 심어줬다.

돼지고기 특수부위 전문점인 〈오돌〉은 돼지고기 한 마리당 400g만 얻을 수 있다는 꼬들살, 오돌뼈를 수십 번 손질해 오돌갈비로 메뉴화했다. '꼬들꼬들'하게 씹히는 맛을 높인 후 '꼬들살'이라고 명명해 고객들의 호기심을 한껏 자극했다. 최근에는 방송에도 나왔다.

〈삼진어묵〉을 대박으로 이끈 홍보 기획자는 정치광고 경험자였다.

추세 분석과 전략적 마인드를 갖춘 홍보 전문가였다. 그 역시 어묵 이슈를 지속해서 끌고 갔다. 이들에겐 공통점이 있다. 자기 식당과 음식에 대해 일종의 확증 편향적인 긍정 마인드를 소유했다. 누가 뭐래도 자기 음식이 최고이고 자기 식당이 최고라는 나르시시스트들이다.

넷째는 지속적인 투자다.

한때 큰 성공을 거뒀던 유명 식당이 몇 년째 꺾이고 있다. 주요 의사결정에서 오류를 범하기도 했지만 콘텐츠나 홍보에 투자하지 않아 브랜드화가 안 된 것이 더 큰 원인이다. 예전에는 큰 비용 없이도 소규모 마케팅 집행이 가능했다. 하지만 지금은 최소한 수년 이상 지속해서 실시해야 효과가 나타나는 시대다.

예전에 비해 매체 종류가 증가한 것도 고비용 현상을 부채질한다. 공중파나 전통 인쇄 매체 외에도 블로그, 인스타그램, 유튜브 등 다양한 매체에 문자, 동영상, 사진 등 입체적으로 제작한 콘텐츠를 업로드 해야 한다. 자연스레 비용과 시간이 더 들어간다. 높아진 비용이 부담스러워 중간에 투자를 주저한다면 애초부터 안 하느니만 못하다.

5장

인사이트
아이템
필승 전략

기획보다 더 중요한 건 상품력

탄탄한 급성장의 비결은 탄탄한 상품력

여러 식당을 다니다 보면 상품력을 잘 구현하는 식당이 눈에 들어온다. 직화구이 삼겹살 전문점인 〈정진식당〉도 고기와 식사 메뉴 모두 높은 상품력을 보유했다. 그 상품력을 바탕으로 경기도 구리 1호점에서 리뉴얼 후 불과 1년 만에 매출이 4배 이상 성장했다. 그 뒤 수원에 오픈한 가맹점도 상품력을 바탕으로 1년도 안 돼 수원에서 유명 삼겹살집으로 성장했다. 물론 매출도 대박 식당 수준으로 올라갔다.

반면 이 식당을 벤치마킹하고도 상품력 구현 능력의 부재로 고전하는 식당도 있다. 몇몇 식당은 홍보와 뛰어난 기획력으로 짧은 기간에 매출과 브랜드가 성장하지만 맛을 내는 상품력이 뒷받침되지 않아 매출이 급락하거나 불안정해진 곳도 적지 않다. 상품을 구현하는 능력은 다년간의 조리 경험도 필요하지만 일부분 타고난 능력도 한몫한다. 최근 소비자 기호가 다양해진 것 같지만 역시 손님은 맛과 가성비를 기준으로 소비한다.

내가 자주 이용하는 강남의 한우식당이 있다. 이 식당은 지하에 위치하고 시설도 남루하지만 보기 드물게 저녁에 대기 손님이 생긴다. 한우 가격 폭등 후 많은 한우식당이 파리를 날리고 있어 심각한 고민에 빠진 것과 대비된다.

이 식당의 강점은 무엇보다 상품력이다. 비교적 저렴한 비용으로 최상등급의 한우구이를 먹을 수 있는데 이 식당 업주가 고기 유통 관련 일을 하기 때문에 가능하다. 더욱이 한우고기와 매콤한 소내장전골을 먹은 뒤 마무리로 먹는 평양냉면은 직접 제면한 것이다. 고기 손님의 80%가 평양냉면을 주문한다.

이런 상품 경쟁력 덕분에 순식간에 서울 상암동을 비롯해 여러 곳에 점포를 거느리고 있다. 단골손님으로 왔던 건물주가 직접 의견을 타진해 입점이 성사됐다고 한다. 더욱이 투자비의 많은 부분을 크라우드 펀딩(대중 투자 방식으로 모으는 자본 조달)을 통해 조달했다. 영업이 잘되면 펀딩도 쉽게 이루어진다. 이 한우식당은 상품력과 가성비로 단기간에 브랜드가 알려졌고, 빠른 시일 내 급성장한 사례다. 역시 핵심 성장 요인은 상품력이었다.

반대의 경우도 있다. 해마다 하절기에 들어서면 누구나 시원한 물냉면 생각이 간절하다. 내가 소비자의 한 사람으로 집 근처 경기도 수지의 한 냉면집에서 물냉면을 딱 두 번 먹었다. 위치 좋고 노출도 양호하며 더욱이 주차공간도 넉넉한 대형 냉면 전문점이었지만 15년 동안 딱 두 차례만 갔다. 발걸음이 뜸했던 이유는 낮은 상품력 때문이었다. 이 냉면집은 맛도 가격도 모두 만족도가 떨어졌다. 자리가 아까울 정도였다. 그 좋은 자리에도 그 냉면집은 결국 문을 닫았다.

상품력은 '2층 입지'의 단점도 넘어선다

2층 이상의 점포는 피하라!

수많은 식당 창업 지침서에서 점포 입지에 관해 언급할 때 빼놓지 않고 지적하는 부분이다. 성공 식당의 조건은 "첫째가 입지, 둘째는 입지, 셋째도 역시 입지"라는 말이 있을 정도로 점포의 입지는 성공 창업의 알파요 오메가다. 그런데도 보란 듯이 2층에 식당을 연거푸 내고 성공한 사례가 있다. 〈삼김화로구이〉와 〈한소헌〉의 박재현 대표다. 그는 고교 졸업 후 미국에 유학해 마케팅을 전공했다. 미국의 일식집에서 아르바이트를 시작하면서 외식업에 재미를 느껴 이후 10년간 일식당 직원으로 일했다.

귀국해서는 대기업 계열사인 고급 데판야끼 전문점에서 셰프로 일했고, 외식 컨설팅 회사에서 5년간 메뉴 컨설턴트로 실무 위주의 컨설팅 활동을 펼쳤다. 짧지 않은 직장생활 끝에 처음으로 수원 화서역 근처에 1억 8,000만 원으로 초밥집을 시작했다. 초밥집은 노동력이 많이 필요했고 우수 인력 확보에 어려움이 많았다. 어려움을 타개하고자 일식 초밥집에서 고깃집으로 업종을 전환했다.

고깃집 운영에 자신이 붙자 2008년, 수원시 천천동 주택가의 영업이 부진했던 고깃집 〈삼김〉을 인수하면서 티핑포인트를 맞이했다. 순간순간 접객 서비스에 최선을 다했더니 149m²(45평) 규모의 점포에서 처음에는 월 2,400만 원 정도의 매출을 올렸다. 직화구이가 아니었음에도 2년 뒤에는 매출이 두 배 정도 증가했다.

박 대표가 본격적으로 2층에 점포를 얻어 사업을 시작한 것은 2014년, 분당 정자동 〈삼김화로구이〉부터다. 이때부터 불리한 입지를 극복해가는 그의 내공이 빛난다. 손님이 2층까지 불편을 감수하고 가야 할 이유를 박 대표는 하나하나 마련했다.

식자재와 음식의 질을 높여 상품력을 강화했다. 선진 크린포크 원육,

묵은지, 명란 등 선택과 집중형 식자재를 엄선했다. 양질의 식자재가 아니면 사용하지 않는다는 원칙을 지켜냈다. 이들 식자재로 조리한 음식의 상품력도 고객의 눈높이에 맞췄다. 부인과 장모 등 처가 식구들의 뛰어난 음식 솜씨도 상품력 제고에 한몫했다. 부인이 소스와 각종 요리 레시피를 상당량 축적해두고 있어 필요시 적절하게 활용했다.

박 대표는 최근 순두부를 활용한 메뉴를 내놨다. 추가 안주가 필요한 손님 입장을 고려, 저렴한 가격인 6,000원을 받는데 아주 반응이 좋다. 사실 순두부는 원가가 지극히 좋은 식자재다. 순두부 하나라도 높은 상품력이 뒷받침되면 수익률 높은 효자 메뉴가 되어 준다.

상품력은 최선의 홍보이자 최상의 기획

최근 SNS 마케팅의 확산으로 일부 식당 업주들이 상품력보다는 지나치게 홍보에 의존하려는 경향이 있다. 또 어떤 식당들은 기획이나 퍼포먼스에 의존한다. 지인인 한 젊은 식당 업주는 상품력은 미진한데도 자기 식당이 단기간 내에 매출과 브랜드가 성장하길 바란다.

물론 홍보와 기획은 요즘 시대에 매우 중요하다. 그렇지만 홍보에 앞서 선행되어야 할 부분은 무엇보다 고객에게 장기적으로 어필할 수 있는 상품력이다. 상품력이 미진한 상태에서 홍보와 마케팅에 의존하면 당장 매출이 오르더라고 결국은 사상누각(砂上樓閣)이다. 언젠가는 한계에 도달한다.

상품력은 식당 경영에서 기본이다. 경기도 이천의 〈남촌이락〉처럼 상품력이 뒷받침된 상태에서 기획과 홍보가 따르면 매출과 브랜드가 성장한다. 기본이 부실하면 좋은 식당을 구성하는 것은 불가능한 일이다. 매출도 중요하고 돈벌이도 중요하지만 좋은 식당을 만들려면 기본인 상품력이 꼭 전제되어야 한다. 상품력이야말로 가장 최선의 홍보이고 최상의 기획이다.

📍 메뉴 이름만 바꿔도 매출이 달라진다

메뉴에도 표정이 있다

우리말은 '아' 다르고 '어' 다르다. 이는 메뉴 이름에서도 실감 나게 적용된다. 메뉴 이름은 특정 음식을 조리하고 주문하고 관리할 때 지칭하는 언어로 된 일종의 기호다. 이 기호는 글자 그대로의 뜻 외에 여러 가지 표정이 들어 있다. 때로는 이 표정이 고객의 마음을 들었다 놨다 한다.

요즘 중년층을 중심으로 된장국 니즈가 분명히 존재한다. 같은 된장국인데 '토장국'으로 메뉴 이름을 붙여 매출을 더 늘리는 식당이 있다. 손님 입장에서는 된장국보다 토장국이 왠지 더 구수하고 시골스러운 정감이 느껴진다. 서울 충무로의 한 청국장 전문점에서는 기존 청국장 메뉴에 '시골'이라는 두 글자를 붙이고 1,000원씩 더 받는다. 그런데도 손님들이 뭐라 하지 않는다. '토장국'과 같은 손님 심리를 간파한 메뉴 이름이다.

같은 음식이라도 메뉴의 특징과 장점을 좀 더 부각시키는 이름이 좋다.

대형 한식 기업에서 '서울식 불고기'라고 이름 지은 전골식 불고기에도 '불고기' 앞에 '옛날'을 붙이면 같은 효과를 볼 수 있다. 사실 '전골식 불고기'라고 해야 메뉴의 정체성이 더 선명하게 드러난다. 그렇지만 손님은 '옛날 불고기'에 더 끌린다.

돼지 뒷다리살로도 얼마든지 저렴하게 맛있는 떡갈비를 만들 수 있다. 뒷다리살은 일반 백돼지나 흑돼지나 가격 차이가 크지 않다. 기왕이면 흑돼지로 구매해 '흑돼지 떡갈비'로 이름 붙이면 훨씬 경쟁력이 붙는다.

돼지고기의 뼈삼겹살을 '생갈비'로 이름을 바꾸면 가족 단위 외식 메뉴가 된다. 삼겹이라는 이름은 소주 안주, 직장인 회식 같은 이미지가 있다. 그러나 생갈비로 부르면 '갈비'의 어감 때문에 임팩트가 올라가고 가족 외식 주문이 늘어난다. 주말이나 휴일에 매출이 저조한 돼지고기집이라면 뼈삼겹살을 생갈비로 팔아 가족 단위 외식을 유도하는 게 현명한 방법이다.

갈비탕 전문점에서 가끔 갈비탕 앞에 '왕'자를 붙여 일반적인 갈비탕보다 뭔가 고급스럽고 푸짐하고 좋은 재료를 사용했음을 과시한다. 왕 갈비탕은 갈비탕보다 윗길인 느낌이 든다. 그런데 간혹 '한방'을 붙이는 경우도 있다. 한방갈비탕, 이건 오히려 기대와 달리 더 안 팔린다. 손님들은 맛있는 음식을 먹으러 식당에 가지 약을 먹으러 가는 건 아니다. 가끔 식당 주인들이 약선이나 건강을 지나치게 강조해 역효과를 내는 일이 적지 않다. 메뉴에 '한방'이라고 함부로 붙이면 한 방에 가는 수가 있다.

프랜차이즈 가맹점 회사의 설렁탕은 수입 외국산 소고기를 사용한다. 사골은 한우도 싼 편이다. 그렇지만 가격 등락폭이 크고 수급이 일정치 않다. 늘 일정 재고가 필요한 본사로서는 물량 확보가 쉬운 외국산 소를 선택한다. 한우 사골이 훨씬 맛이 좋음에도 어쩔 수 없는 선택이다. 반대로 공급자인 농협에서는 사골이 남아돌아서 고민이다. 한우가 일 년 내내 안정적인 수급이 보장된다면 설렁탕 메이커도 당연히 한우 사골을 쓸 것이다. '한우'임을 메뉴에 붙여 홍보하면 지금보다 훨씬 더 높은 매출을 올릴 것이다.

경기도 안성의 유명 부대찌개 전문점 〈모박사부대찌개〉도 한우 뼈로 국물 맛을 낸다. 한우는 외국산에 비해 냉동실에 보존하는 시간이 짧아 국물 맛이 좋다. 대구의 한 설렁탕집 대표는 매출 부진으로 고민하고 있다. 차라리 메뉴 이름을 곰탕으로 바꾸는 게 좋을 것 같다. 요즘 곰탕과 설렁탕 구분과 경계가 점점 모호해지고 있다. 지역에 따라서는 전혀 구분이 없는 곳도 많다. 특히 대구에서는 설렁탕보다 곰탕이 더 익숙한 메뉴이기도 하다.

삼선만두, 냉메밀국수, 갱죽(갱시기)

짜장면 앞에 붙은 '삼선'은 사전적 의미로는 신선한 세 가지 재료나 바다 육지 조류의 재료를 뜻한다. 그렇지만 요즘은 사전적 의미보다 고급스럽다는 뜻의 관용적 표현으로 쓰인다.

중식당 짜장면에 '삼선(三鮮)' '유니(肉泥)'를 붙이면 조금 비싸도 고객들이 저항하지 않는다. 부산 동아대 병원 근처 만둣집 〈편의방〉의 삼선만두는 가격이 8,000원으로 비싼 편임에도 예약을 해야 맛볼 수 있다. 즉석에서 바로 만들어 방송에 소개되기도 했다. '삼선'을 붙인 만두는 아직 이 집 외에는 없는 것 같다. 음식 솜씨와 함께 마케팅 감각도 탁월해 보인다.

〈호천당〉의 하절기 매출을 견인한 메뉴는 냉소바였다. 쯔유(찍어 먹는 간장이나 국물)에 찍어 먹는 일본인의 메밀국수 식습관과 달리, 한국인은 국물을 벌컥벌컥 들이마시는 것을 더 선호한다. 더구나 여름철엔 차갑고 시원한 국물을 선호한다. 이런 취향을 제대로 저격한 메뉴가 냉소바였다. '냉'자를 붙여 청량감 넘치는 이미지를 부각시켰다. 역시 기대했던 대로 유난히 더웠던 2018년 여름철, 고객들의 사랑을 뜨겁게 받았다. 냉소바 키워드를 〈호천당〉에서 강력하게 견인했다.

돼지고기를 갈아 넣은 유니짜장 소스. 유니(肉泥)'를 붙이면 조금 비싸도 고객은 저항하지 않는다.

　대구 경북 이외의 지역에서 고깃집 주인이 대구 경북 출신이라면 김치국밥을 '갱시기'로 이름 붙여 제공하면 좋은 반응을 얻을 수 있다. 갱시기는 김칫국에 밥을 넣고 끓인 경상도 음식이다. 영남 출신 고객에게는 고향의 맛과 향수를 느끼게 해주고 다른 지역 손님에게는 차별성을 부각시킬 수 있다. 같은 김칫국밥이라도 이름이 주는 뉘앙스는 천지차이다.

📍 메뉴를 기획할 때 고려해야 할 것들

식당과 고객의 관계에서 메뉴는 식당이 고객과 만나는 구체적인 매개물이다. 예술가는 작품으로 말하듯 판사는 판결로, 식당은 메뉴로 말한다. 개별 식당의 성격 규정, 이윤 창출, 평판 형성이 메뉴를 통해 이뤄진다. 메뉴를 기획할 때는 메뉴의 다면적인 제반 측면을 모두 고려해야 한다. 수익성은 기본이고 조리 과정, 다른 메뉴와의 조화, 식당 아이덴티티, 적정 가격, 최신 트렌드, 입지 등 어느 한 요소도 소홀히 할 수 없다.

얼마 전 상담을 위해 서울 유망 상권 내 한식당에 다녀왔다. 식당은 고급스러워 보였지만 간판 메뉴인 비빔밥의 상품력이 평이했다. 무엇보다도 비빔밥에 딸려 나오는 국물을 제공하지 않는 점이 걸렸다. 한국인은 비빔밥처럼 목메기 쉬운 음식을 먹을 때 국물을 곁들여 먹는 식습관이 자연스럽게 몸에 뱄다. 저렴한 콩나물 국물이라도 제공하는 게 맞다.

사소하다면 사소할 문제인 '국물 안 주는 비빔밥' 문제 외에 나는 그 식당에 메뉴와 관련, 몇 가지 조언을 더 했다.

첫째는 콩으로 만든 소고기였다. 그 집에는 콩으로 만든 소고기를 '콩불고기' 형태로 메뉴화했다. 비거니즘(동물성 식자재가 든 음식을 먹지 않는 채식주의 식습관)를 표방한 식당이라면 몰라도 일반 식당에서 콩으로 만든 소고기를 메뉴화할 이유가 없다. 물론 소고기가 비싸고 한우는 더욱 단가가 높지만 그런 문제를 콩으로 만든 소고기가 해결해줄 리 만무하다. "이건 안 나가니 빼는 게 좋겠다"라고 하자 그 식당 측에서도 예견한 답변이었노라고 고백했다. 역시 손님들 반응이 싸늘했던 모양이다.

두 번째는 식사 메뉴로 순두부를 밀 것을 권유했다. 순두부는 일단 원가가 아주 좋다. 비닐 팩에 든 순두부는 몇백 원 정도밖에 안 한다. 그런데도 순두부는 한국인이 은근히 선호하고 많이 찾는 메뉴다. 분당 어느 고깃집에서는 '손님의 부담을 덜어드리고자' 6,000원짜리 순두부를 메뉴에 넣었다. 업주는 추가 안주 주문에 부담을 느낄 손님을 위해 내놓은 메뉴라며 고객 배려 차원임을 강조했다. 하지만 업주 입장에서는 실속 있는 알짜배기 메뉴다. 업주에게 물어보니 실제 많이 팔린다고 한다. 업주 표정도 싱글벙글이다.

순두부는 구성만 잘하면 기본 이상은 하는 메뉴다. 프랜차이즈 외식 업체 대표로 있는 지인이 찌개 전문점을 하는데 청국장을 밀고 싶어 했다. 하지만 현실은 청국장보다 순두부가 더 많이 나간다. 소비자는 식성에 대한 관성이 있다. 전부터 먹어 왔던 메뉴를 지속적으로 먹으려는 경향이 있다. 한국인이 지금까지 꾸준히 먹어 왔던 순두부 판매량이 갑자기 꺾이지는 않는다. 심지어 순두부는 미국 일본 등 외국인도 선호하는 한식 메뉴. 다만 너무 저급한 재료의 순두부를 사용하는 것은 말리고 싶다.

그 식당에서 콩 불고기를 메뉴화하느라고 들인 시간과 비용을 생각하면 참 아깝다. 콩 불고기 대신 처음부터 떡갈비에 공을 들였으면 더 나은 결과가 나왔을지도 모른다. 떡갈비도 다른 메뉴와 제대로 묶지 않으면 안 팔릴 수 있다. 전주 〈에루화〉는 함흥냉면과 조합해서 크게 히트를 했다. 떡갈비는 고객이 편안하게 받아들여 재구매가 발생하도록 어필하는 게 중요한 메뉴다.

보완 관계의 두 메뉴를 조합하면 객단가가 높아진다. 〈보영만두〉는 만두에 쫄면을 조합해 대박을 내고 있다.

메뉴마다 고유의 속성이 있다. 이 속성을 깊이 이해해야 한다. 예컨대 떡갈비는 면류 등 다른 메뉴와 조합해야 잘 팔린다. 그러나 심심한 맛이 특징인 평양냉면은 양념 맛이 강한 떡갈비와 묶으면 안 된다. 떡갈비는 저렴한 재료인 돼지 뒷다리살을 사용해도 얼마든지 맛있게 만들 수 있다. 순두부는 좀 더 양질의 원료를 사용하는 게 중요하다. 시중에 나와 있는 순두부는 수분 함량이 너무 높다.

만두는 면과 묶었을 때 폭발력이 있다. 경기도 수원시의 〈보영만두〉는 만두에 쫄면을 조합해 대박을 내고 있다. 중화풍 기름진 만두를 먹고 나면 기름기를 정리하고 싶어진다. 이때 손님들은 매콤한 쫄면으로 기름진 입을 정리한다. 만두 손님 대부분이 쫄면까지 주문한다. 이처럼 서로 보완적 관계에 있는 두 메뉴를 조합해 팔면 객단가가 훨씬 높아진다. 경기도 성남시 분당의 〈그집〉과 인천의 〈청실홍실〉은 만두+메밀로 조합해 오래 대박집 지위를 누리고 있다.

비빔밥으로 유명한 도시는 전주, 진주, 울산 등이 있다. 가장 유명한 곳은 전주다. 그러나 전주 사람들을 정작 비빔밥을 잘 먹지 않는다. 대개 외지인들이 와서 팔아준다. 비빔밥은 가능성이 충분한 메뉴지만 판매 활성화가 다소 어려운 메뉴다. 가장 모범적인 사례는 울산 〈우시산함양집〉이다.

〈우시산함양집〉은 비빔밥에 경상도식 소고기국밥을 묶었다. 우리나라 사람은 비빔밥처럼 목을 메게 하는 음식을 먹을 때 반드시 국물을 먹고 싶어 한다. 비빔밥만 팔고 국물을 제공하지 않으면 아무리 비빔밥을 잘 만들어도 장사가 잘되지 않는다. 〈우시산함양집〉은 이런 비빔밥의 속성을 정확히 꿰뚫었다.

📍 내 상품의 근본 취약점을 제대로 파악해야

식당 음식은 돈을 받고 파는 상품이다. 자본주의 사회에서 거래되는 재화의 일종인 것이다. 상품은 상품으로서의 조건을 갖춰야 팔린다. 나를 안다는 것은, 내 상품을 안다는 것은 상행위에서 일단 유리한 고지를 선점한 것이다. 반대로 내 상품의 특성, 특히 내 상품의 취약점을 모르고 있다면 아무리 열심히 노력해도 성과가 나타나지 않는다.

고객에게 돈을 받고 파는 음식인 식당의 메뉴는 다음과 같은 요건을 구비해야 한다. 이런 기준들에 비춰 부합하지 않으면 안 된다. 우리 식당 메뉴는 어떤지 체크해보자.

첫째는 재구매가 반복적으로 일어나는 메뉴인가. 어떤 음식보다 신제품 개발 경쟁이 치열한 것이 치킨이다. 하룻밤만 자고 나면 새로운 치킨이 탄생한다. 신제품의 라이프사이클도 아주 짧다. 그렇지만 결국 튀긴 음식인 프라이드치킨으로 회귀하고 있다. 숱한 치킨이 태어났다 사라졌지만 고객에게 꾸준히 선택받는 치킨은 프라이드치킨이었다. 프라이드치킨처럼 고객이 꾸준하게 다시 사 먹는 메뉴라야 한다.

둘째는 유행타지 않고 오래 가는 메뉴인가. 반짝 아이템에 현혹당하면 안 된다. 몇 해 전에 쌀 핫도그가 날개 돋친 듯 잘 팔렸다. '쌀'이라는 키워드로 고객에게 어필했다. 그러나 고객의 기대만큼 상품력이 대단한 건 아니었다. 나의 예상대로 쌀 핫도그는 오래 가지 못했다.

셋째는 조리하기 편하고 조리 과정이 단순한 메뉴인가. 재료비 원가도 중요하지만 조리 인력의 인건비도 낮춰야 한다. 얼핏 김밥은 아주 조리가 단순해 보이지만 실제로는 인건비가 무척 소요되는 아이템이다. 조리 과정이 복잡하고 조리사의 높은 숙련도가 요구되는 음식은 가급적 피하는 게 좋다.

함박스테이크는 조리하기 쉬워 보이지만 돈가스보다 두 배 정도 시간이 걸리고 맛을 내기도 까다롭다. 가성비가 높고 맛을 제대로 내는 함박스테이크집도 20~30분 정도 기다려야 한다. 서울 도곡동의 장사 잘되는 기사식당 〈윤화돈까스〉는 함박스테이크가 아닌 튀긴 메뉴와 함박가스로 판매한다. 조리 과정을 고려한 영리한 선택이다.

넷째는 매출 확장성이다. 앞에서 말한 것처럼 식당에 손님이 많아도 추가주문이 없고 매출이 안 늘어나는 아이템이 있다. 한때 유행한 숙성 삼겹살도 돼지고기지만 생각보다 매출이 높다. 객단가와 추가 주문 비중이 높기 때문이다. 경기도 성남시 분당의 〈그집〉과 인천 〈청실홍실〉의 메밀면+만둣집도 기본적으로 중저 단가지만 다수의 고객이 만두도 주문하고 메밀면도 같이 먹기 때문에 생각 이상으로 객단가가 높다.

📍 나주곰탕과 부산식 국밥, 당신의 선택은?

최고로 맛있는 나주곰탕, 한우 써야 하고 지역성 한계

10여 년 전 식구들과 함께 호남지방을 여행한 적이 있다. 여행길에서 먹는 음식이야 다 맛있지만 그중에서도 나주곰탕은 우리 식구들에게 각별했다. 처음으로 먹어본 나주곰탕은 맛이 딱 떨어졌다. 가장 맛있게 먹은 사람은 아들이었다. 아들은 당시 초등학생이었다. 집에 돌아온 뒤에도 어린 아들은 "또 먹고 싶다"며 나주곰탕 맛을 잊지 못했다.

가끔 나주 근방으로 출장을 가는 직원이 생기면 부탁해서 포장 구매해 아들에게 먹이기도 했다. 그때만 해도 서울에 나주곰탕을 파는 곳이 거의 없었다. 서울대입구 역에 있는 나주곰탕집이 유일할 정도였다.

이후 서울에도 나주곰탕을 파는 식당과 체인점이 여러 군데 생겼다. 최근에는 가는 곳마다 웬만한 곳에는 다 있다. 그러나 제대로 성공했다는 곳을 거의 보지 못했다.

나주곰탕은 대체로 한우를 사용해야 나주곰탕 본래의 맛이 제대로 난다. 원육이 특히 중요한 국밥이다. 한우 사용이 나주곰탕집 성공의 80% 정도는 차지할 것이다. 다시 말해서 수입 외국산 소고기를 사용하면 실패할 확률이 높다. 소비자가 기대하는 나주곰탕 맛 수준을 충족시키려면 반드시 한우를 써야 한다. 그런데 한우는 수입 소고기에 비해 육질 편차가 큰 편이다. 성공하려면 업주가 한우를 쓰되 좋은 한우를 고르는 안목까지 갖춰야 한다.

나주곰탕은 또 한 가지 제약 요인이 있다. 나주곰탕은 나주를 떠나서는 맥을 못 춘다. 심지어 인접 대도시인 광주에서조차도 대박을 내기 다소 어려운 메뉴다. 나주라는 지명이 메뉴 이름에 붙었듯이 지역 의존성이 강한 음식이다. 나주곰탕이 맛있는 국밥임은 틀림없지만 전국적으로 유통해 성공하기에는 한계가 있는 아이템이다.

전국서 통하는 대중적 맛의 부산식 국밥, 저렴한 원가도 장점

부산식 소고기국밥은 뼈가 들어가지 않는다. 국물이 대체로 맑고 매콤한 맛에 가격이 저렴한 편이다. 남녀노소 누구나 무난히 좋아하는 대중적인 국밥이다. 젊은 여성들에게도 인기가 높다. 부산 부전시장 〈고성죽집〉 소고기국밥은 2018년 현재 5,000원이라는 저렴한 가격을 받고 있다. 비싸지 않은 가격임에도 국밥의 맛과 질이 높다. 먹어본 손님의 90% 이상은 맛있다고 평가한다.

부산식 소고기국밥을 서울 소재 식당 몇 곳에 접목했는데 반응이 좋았다. 가장 큰 장점은 수입 외국산 소고기를 사용해도 맛을 내는 데 지장이 없다는 것. 최근 전남의 삼겹살집에 식사 메뉴로도 성공적으로 정착시켰다. 본토인 부산과 대구를 비롯해 서울 대전 목포 등 전국 어디에서도 한국 사람의 평균 입맛에 잘 맞는다. 기존 육개장 프랜차이즈 업체 체인점의 육개장보다 질이 훨씬 낫다.

나주곰탕 맛이 좋은 건 사실이다. 그러나 부산식 소고기국밥도 조금만 더 노력하면 맛을 지금보다 향상할 여지가 충분하다. 원가가 낮기 때문에 서울 등 대도시에서는 가격을 2,000~3,000원 정도 더 높게 책정해도 무리가 없다. 그만큼 잠재 수익성도 높은 아이템이다.

고깃집 식사 메뉴로도 순댓국이나 돼지국밥보다 부산식 소고기국밥이 더 낫다. 순댓국이나 돼지국밥은 아직 전문점 음식이라는 이미지가 강한 편이다. 그만큼 연령 성별 계층과 무관한 범용성과 확장성이 큰 메뉴다.

♀ 갈비탕이냐? 육개장이냐?

탕반은 한식의 대표적인 음식 형태다. 그 가운데서도 갈비탕과 육개장은 쌍벽을 이룬다. 고깃집 점심 메뉴나 한식당 식사 메뉴로 항상 후보로 떠오르는 음식들이기도 하다. 갈비탕과 육개장, 두 음식의 특징과 장단점을 알아본다.

전통 탕반 강점 고루 보유한 갈비탕

갈비탕은 고기의 감칠맛이 녹아든 국물, 씹고 뜯는 갈비 맛, 그리고 푸짐함까지 한 그릇에 갖췄다. 그 어떤 소고기 탕반보다 강렬한 매력을 발산하는 건 그래서다. 갈비탕은 가장 보편화된 소고기 탕반으로 인지도와 선호도가 높다는 점에서 다시 볼 필요가 있다. 맛은 기본, 푸짐함까지 갖춰 소비자 측면에서도 매력적인 외식 메뉴다.

갈비탕의 강점은 시원하고 감칠맛 있는 국물에 있다. 갈빗대를 주재료로 끓이지만 고기가 맛의 중심 역할을 하는 만큼 고깃국 범주로 봐도 무리 없다. 특히 진한 고기 국물은 갈비탕이 지닌 잠재력의 핵심 역할을 한다. 푸짐함 측면에서도 월등하다. 튼실한 갈빗대와 뼈에 붙은 살코기 등은 다른 소고기 탕반이 쉽게 따라 할 수 없는 부분. 그 때문에 진한 고깃국물과 푸짐한 양에 경쟁 우위를 두면 적합하다. 갈비탕의 매력은 곰탕이나 설렁탕 등의 사골 베이스 탕반과 비교하면 더 높게 나타난다. 실제로 두 메뉴를 동시 판매하는 음식점은 갈비탕의 주문율이 압도적으로 높았다.

보양식으로 포지셔닝 돼 있다는 점도 기회 요인이다. 갈비에 다양한 재료를 넣고 끓여 맛을 낸 복합적인 국물은 보양 음식으로 느껴지기에 부족함이 없다. 실제로 갈비탕 전문점의 여름철 판매량은 꽤 높은 편. 남녀노소 모두 좋아할 만한 맛을 지녔음에도 주 고객이 중·노년층이라는 점 또한 갈비탕의 속성을 미루어 짐작할 수 있다.

갈비탕은 접대나 잔치 음식 개념 또한 내포하고 있다. 한 그릇 탕반이 가족 단위 외식이나 단체 모임 등의 수요를 충족시킬 수 있는 것도 그런 이유에서다. 갈비탕은 특정 비수기 없이 연중 판매 활성화가 가능한 메뉴인 셈이다. 갈비탕은 한식 세계화에도 부합할 가능성이 있다.

고기를 오래 끓여 육수를 얻는 조리 방식과 뼈에 붙은 고기를 즐기는 식문화가 외국에서도 낯설지 않다. 한약재 사용을 배제하고 고기 육수 본연의 맛을 강조하면 충분히 경쟁력이 있다.

갈비탕은 부담스럽지만 파급력 있는 '도약 메뉴'

갈비탕은 소비자에게도 업주에게도 다소 부담스러운 메뉴다. 갈비탕의 판매 가격은 보통 1만 원을 훌쩍 넘긴다. 갈비 양이 푸짐할수록 가격은 더 높아져 소비자 입장에서 제대로 된 갈비탕 먹기가 쉽지 않은 것이 사실이다. 국물 위주의 부실한 양, 저급 갈비 사용으로 냄새가 나는 등 상품력이 떨어지는 일도 흔하다.

수도권을 기준으로 적정 판매 가격은 1만 3,000원 전후. 다소 부담스러울 수 있는 가격임에도 이 정도 가격 책정이 타당한 이유는 높은 원가 때문이다. 하지만 단순 원가 절감을 위해 낮은 등급의 갈비를 사용할 경우 상품 경쟁력이 떨어지기에 고품질 갈비를 사용해 제공하고 1만 원 초반대 가격을 받는 것이 좀 더 시장성을 고려한 전략이다. 중산층 또는 오피스 상권에 적합한 가격대다.

업주 입장에서는 높은 원가가 부담이다. 경쟁력을 높이기 위해 갈비를 넉넉하게 담아낼 경우 한 그릇 원가만 해도 40~50%를 훌쩍 넘기 때문에 수익성과는 거리가 좀 멀다. 그런데도 갈비탕에 주목할 필요가 있는 이유는 폭발력 때문이다. 소위 '잘 만든 갈비탕'으로 판매를 활성화할 경우 하루 수백 그릇에서 많게는 1,000그릇 이상 판매할 수 있어 낮은 수익성을 상쇄할 수 있다.

재료 손질과 끓이는 과정에는 품이 들지만 한 번 끓여두기만 하면 판매하기 간편해 조리 과정도 빠르다. 전략적인 메뉴로 도입·판매할 경우 미끼 상품의 역할까지 충분히 기대해볼 수 있다.

무엇보다 고기 육수 베이스의 음식으로 질리는 맛이 덜해 재방문 주기 또한 짧다. 다른 메뉴와의 조합 구성에도 눈을 돌릴 필요가 있다. 갈비탕을 중심으로 냉면이나 불고기를 함께 조합하면 콘셉트 확장성은 훨씬 커진다. 그 때문에 상품력, 수익성, 그리고 확장성까지 모두 충족시킬 만한 메뉴 세팅력을 우선 고려하고 준비하는 것이 갈비탕의 핵심 포인트다.

진한 국물과 푸짐한 상차림이 갈비탕의 경쟁력

갈비탕 맛의 핵심은 갈비, 좋은 재료를 사용해야 제맛이 난다. 조리 후에도 쉽게 퀄리티 판별이 가능한 음식인 만큼 고객을 속이기도 어렵다.

갈비탕에 사용하는 갈비는 수입 외국산 '백립'(back rib)이다. 주로 미국산과 호주산을 사용하지만 동일 원산지라도 등급에 따라 품질이 천차만별이다. 때문에 갈비 선택이 상품력의 중요한 기준으로 작용한다. 상위 등급 갈비라면 어떤 것도 괜찮지만 문제는 가격이다. 수입산 갈비 가격은 현재 최고치를 기록한 데다 꾸준히 오르는 추세다. 반면 낮은 등급의 갈비는 퀄리티 편차에 애로사항이 있다. 특히 목초 사육한 소의 저급 갈비를 사용할 경우 소위 말하는 풀냄새, 즉 누린내가 갈비탕의 맛을 떨어트린다.

우유를 짰거나 새끼를 많이 낳은 소의 갈비도 마찬가지. 구매 노하우가 없는 식당에서 지나치게 저렴한 수입 외국산 갈비를 취급할 경우 치명적일 수 있는 이유다. 때문에 "효율을 다방면으로 고려하면 미국산 갈비 사용이 가장 적절한 대안"이라는 게 전문가들의 중론이다. 백립은 공산품화된 품목으로 접근이 비교적 용이한 데다, 3대 메이저 브랜드 제품을 사용할 경우 상품력을 어느 정도 보장한다. 곡물을 사료로 사육했기 때문에 냄새가 없고 육질이 부드럽고 연하다. 탕으로 끓였을 때 국물 맛 또한 괜찮다.

어떻게 조리하고 판매하는가도 갈비탕의 경쟁력을 좌지우지한다. 갈비탕의 퀄리티는 원육이 결정하지만, 고객이 실제로 체감하는 상품력과 만족도는 주방에서 완성된다. 우선 신경 써야 할 건 국물 맛이다. 갈비탕은 진하고 시원한 맛의 '고깃국물'에 초점을 맞춰야 경쟁력이 있다. 그러므로 갈비 본연의 맛을 충분히 내는 선에서 인삼이나 한약재 등으로 약간의 향을 가미하는 정도가 알맞다. 원재료의 질이 떨어질수록 부가적인 맛이 강해져야 하기 때문에 좋은 품질의 갈비 사용은 기본 전제 조건이다.

갈비탕에 추가 식자재를 더해 다양한 형태의 변형도 가능하다. 갈비탕에 조금 더 주력해 고객 선택지를 넓히고자 할 때 고려해볼 만한 방법. 갈비탕과 속성이 비슷한 식자재와 조합해주면 된다. 다수 음식점에서 주로 사용하는 건 전복, 문어, 매생이, 우거지 정도다. 이들 갈비탕의 경우 차별화 아이템 역할은 해낼 수 있지만, 지속적인 경쟁력 유지의 기본은 역시 갈비탕 자체에 있다.

반찬 가짓수를 줄일 수 있다는 건 탕반 메뉴가 지닌 최대 강점 중 하나다. 갈비탕 또한 별다른 찬 없이 배추김치와 깍두기 두어 가지만 제공하면 충분하기 때문에 비교적 상차림에 대한 부담이 낮은 편. 고객 입장에서도 상차림에 대한 기대가 높지 않다. 하지만 단일 반찬인 만큼 김치 맛 하나가 식사 만족도를 판가름할 수도 있다. 갈비탕의 차별화 포인트를 김치에서 찾아보는 것도 방법이라는 얘기다.

직접 담그는 것과 공장 제품을 사용하는 것 두 가지 방법이 있다. 직접 담글 경우 그 식당 갈비탕에 맞는 개성적인 고유의 김치 맛을 개발·구현할 수 있고, 독창성을 강조해 고객에게 어필할 수 있는 차별화 콘텐츠로도 활용 가능하다. 하지만 원가와 인건비가 높고 보관·관리가 까다롭다는 단점이 있어 직접 김치를 담기 어려운 환경이라면 오히려 품질이 우수한 공장 제품 김치를 사용하는 것이 대안이다. 실제로 제품 김치를 잘 활용해 제공하면서 상품력과 만족도를 동시에 확보한 갈비탕 전문점들도 많다. 전략적인 선택과 집중이 강점으로 작용할 수도 있다.

반찬을 한 가지 더 제공하고자 한다면 장아찌류 정도가 알맞을 듯싶다. 갈비탕 찬은 다소 기름진 국물 맛을 완화할 수 있는 것들이 적합하기 때문이다. 새콤달콤한 장아찌 한 가지는 갈비와 곁들이기에 무난하다. '건강함'이라는 측면에서도 상차림에 부합한다.

갈비 제공도 중요한 포인트다. 갈비는 갈비탕 원가의 가장 큰 부분을 차지하는 만큼 고객 차원에서 만족도를 판가름하는 요소다. 일반적으로 제공하는 갈비는 3~4조각 정도지만, 푸짐함으로 차별화하고자 하는 경우 5~6조각 정도 제공하면 효과적이다. 갈비탕 제공 시 마구리

(갈비 부위에서 갈빗살을 잘라낸 양쪽 끝 부분) 부위의 제공·관리도 중요하다. 마구리는 살을 발라먹기 어려운 부위인 만큼 많이 넣어줄 경우 오히려 만족도를 떨어트린다. 때문에 갈비와 마구리의 비율을 잘 맞춰 제공해야 맛과 푸짐함을 모두 충족시킬 수 있다.

가정 간편식 등 판매 확장성 여지 넓은 갈비탕

갈비탕은 다양한 판매 채널을 고려해볼 수 있는 아이템이다. 앞서 이야기했던 파급력도 바로 이 같은 측면에 기인한다. 우선 갈비탕은 포장 판매를 적극 활성화할 수 있는 메뉴다. 탕류 음식 특성상 가정에서 직접 끓이기 번거로운 데다, 탕의 넉넉한 이미지는 꽤 임팩트 있는 포장 음식으로 작용할 수 있기 때문이다. 대다수 점포의 갈비탕 포장 판매는 꽤 활성화되고 있다. 매장 여건과 일일 생산·판매량에 따라 차이는 있으나 적게는 50그릇에서부터 많게는 수백 그릇에 이르기까지 다양하다.

특히 내점한 식사 고객들의 추가 구매 비율이 높게 나타났다는 점으로 미루어 봤을 때 적극적인 내부 판매 촉진은 관심 가질 필요가 있다. 장기적인 측면에서 생산·판매 능력이 뒷받침된다면 외부 판매 채널 확장도 충분히 고려해볼 수 있다. 이를테면 테이크아웃 전문점 부스 설치나 유통사 또는 온라인 매체를 활용한 판로 확장 등이 그렇다. 갈비탕은 HMR(Home Meal Replacement, 가정 간편식) 시장에서 판매가 활성화되고 있는 대표 탕반이라는 점 또한 판로 확장의 가능성을 대변한다.

외부 판매 확장의 강점은 추가 매출 이외에도 수익성이 비교적 높다는 데 있다. 마진이 낮은 갈비탕의 약점을 보완할 수 있는 가장 효과적인 방법이기도 하다. 판매 채널 확장에 앞서 신경 써야 할 건 두 가지다. 첫째는 상품력. 당연한 얘기지만 맛과 푸짐함을 모두 갖췄을 때 판매 활성화가 가능하다. 나머지 한 가지는 포장재 관리다. 현재 많은 갈비탕 전문점의 테이크아웃 판매 퀄리티는 일회용 포장 용기에 음식을 담아 뚜껑을 덮어 주는 수준에 그친다. 조금 더 판매율을 높이고자 한다면 전용 포장 용기, 더 나아가 원팩 시스템(완성된 음식을 원팩 형태로 진공 포장하여 냉장 상태로 공급하는 물류 시스템) 등까지도 고려해볼 필요가 있다.

한편, 갈비탕 오프라인 매장은 가급적 중·대형이라야 한다. 또한 가끔 설렁탕 전문점에서 갈비탕을 판매한다. 이는 갈비탕에 밀리는 결과를 가져올 수도 있다.

우리 민족의 원형성을 간직한 탕반 육개장

썩 괜찮은 식문화사 관련 책자가 있다. 작가 김찬별의 《한국 음식, 그 맛있는 탄생》이다. 김찬별 작가는 한국 음식의 기원을 텍스트 중심으로 서술했다. 그는 이 책에서 육개장을 소개하는 코너에 '한국 음식의 산증인'이라는 제목을 달았다. 그리고 육개장을 '살아 있는 전통'이라고 표현했다. 마치 은행나무가 살아 있는 화석인 것처럼 말이다.

근대화 과정에서 탄생한 다른 전통 음식과 달리 오랜 뿌리와 원형을 간직한 음식이라는 것이다. 육개장이 개장국에서 유래했지만 지금 우리가 먹는 음식 중 가장 전통성 있는 음식 중 하나이고 원래의 형태를 거의 그대로 유지하고 있는 소중한 먹을거리라는 이야기다. 책의 한 구절을 인용해보겠다.

'오늘날의 전통 음식 중 상당수는 외식 문화의 발생에 따라 신상품으로서 탄생한 것들이다. 즉 현대의 관점에서 재탄생된 전통이다. 하지만 육개장은 묵묵히 그 자리에서 한국인의 원형성을 간직하고 있다'

위의 인용문에 깊이 공감한다. 육개장은 설렁탕과 더불어 한식을 대표하는 탕반이었다. 요즘 들어 설렁탕도 순댓국의 위세에 밀려 쇠락하고 있고 육개장은 전문 식당 자체가 거의 없었다. 그러다가 최근 프랜차이즈 가맹점이 늘고 있지만 나는 과연 먹을 만할까 하는 우려가 먼저 앞선다. 육개장은 대용량 생산 시스템으로 만들기 어려운 음식이기 때문이다.

현재 시중 음식점에서 맛있는 육개장을 먹기란 하늘의 별 따기다. 나는 몇 해 전 '서울에 육개장 맛있게 하는 음식점 없나요?'라는 의미 있는 기사를 쓴 적이 있다. 제대로 된 육개장을 먹고 싶어 아무리 물색해도 그런 육개장을 먹기가 힘들었다는 관점의 기사를 썼다. 나는 육개장에 관한 집착이 있다. 서울 출신으로 소싯적 맛있는 육개장을 자주 먹으면서 성장했기 때문이다. 어린 나이에도 깔끔한 국물의 다소 칼칼했던 육개장은 정말 맛있는 먹을거리였다. 한 그릇을 다 비워도 속이 편안했다. 그리고 다른 곰탕이나 사골국과 달리 여러 번 먹어도 질리지 않았다.

함흥냉면과 육개장 조합해 성과 내기도

서울과 경기도 출신 중년층에게 가끔 듣는 이야기가 있다. 어머니(혹은 할머니)가 끓여주던 육개장만큼 맛있는 음식이 없다는 것이다. 서울 태생이었던 돌아가신 나의 어머니도 육개장을 나름 맛있게 끓였고 역시 서울 출신 장모님의 육개장 솜씨도 시중 식당 육개장보다는 훨씬 맛있다. 그리고 잘 안 해주긴 하지만 아내가 끓인 육개장도 그런대로 먹을 만하다.

경기도 용인의 〈신부자면옥〉은 수도권 중년층 고객들의 잠재된 육개장 니즈에 불을 붙여 성공한 케이스다. 함흥냉면 전문점이어서 갈비탕을 파는 게 자연스러웠다. 주인장도 냉면을 갈비탕과 묶을 계획이었다. 그런데 나는 이에 반대했다. 갈비탕은 원가가 높고 무거운 메뉴다. 한 그릇에 1만 3,000원 정도 받아야 한다. 소비자 입장에서는 비싼 메뉴이고 업주 입장에서도 이익률이 낮다.

내가 갈비탕 대신 추천한 메뉴가 육개장이다. 육개장은 고연령층의 반응이 즉각적으로 나타나는 메뉴다. 노년층뿐 아니라 한국인이라면 모든 연령층에서 두루 선호하는 음식이다. 그런데도 잘 구현해내는 식당이 거의 없다. 조금만 노력하면 특화하기가 수월한 메뉴다. 갈비탕에 비하면 식자재 원가도 좋다. 〈신부자면옥〉 '한우육개장'은 1만 원이다.

사골이나 뼈를 사용하지 않은 한우 고기 베이스 국물이 맑고 감칠맛이 난다. 푸짐하게 넣은 한우 사태살에 넉넉히 넣은 대파가 먹음직스럽다. 과하게 맵지 않고 다른 탕반에 비해 질리지 않게 먹을 수 있는 것도 강점이다. 〈신부자면옥〉은 육개장의 선전에 힘입어 동절기에도 여름

냉면 성수기 매출의 50~70%대 매출액을 유지하고 있다. 일반 냉면집이 10~20%대임을 고려하면 선방이다.

📍 냉면 이야기 1 : 냉면 육수를 물로 보지 마!

여름철이면 냉면집에 불이 난다. 동네 중국집 급조 냉면조차 잘 팔린다. 이런 현상은 무엇을 뜻할까? 사람들은 차가운 음식을 먹고 싶은 것이다. 짧은 시간 가장 넓은 범위의 신체에 효과적으로 청량감을 느끼게 해주는 음식으로 냉면만 한 것이 없다. 그래서 냉면을 찾는다. 냉면을 먹으면서 잠시나마 시원해지고 싶은 것이다.

그렇다면 진짜 중요한 냉면의 구성 요소는 무엇일까? 면발도 고명도 중요하다. 하지만 가장 효과적으로 청량감을 전달하는 것은 역시 육수, 즉 국물이다. 사람들은 바로 이 국물의 시원함과 맛을 즐기려고 냉면을 찾는다. 차가운 액체가 구강과 식도를 거쳐 위장까지 내려갈 때의 서늘함, 그 차가운 쾌감에 냉면을 먹는다.

물냉면으로 대표되는 평양냉면만 육수가 중요한 게 아니다. 함흥냉면, 막국수, 메밀국수, 밀면 등 국물에 말아 먹는 차가운 면식류는 모두 육수의 맛과 질이 아주 중요하다. 육수의 맛과 질은 고객이 냉면을 선택하는 첫 번째 기준이다.

나는 강연 때마다 이 점을 역설한다. 굳이 내가 강조하지 않아도 누구나 다 아는 상식이다. 그런데도 이 뻔한 상식을 정확히 인지하는 냉면집 주인이 별로 없다. 알고는 있었지만, 냉면에서 육수가 중요하다는 점을 나에게 다시 각인시켜준 것은 모리오카 냉면이었다.

몇 해 전 설 연휴에 다운로드 받아뒀던 '모리오카 냉면 이야기'라는 MBC TV 다큐멘터리를 접했다. 이 방송을 보고 모리오카 냉면에 관심이 커졌다. 일본에서 탄생한 냉면이라서 평양냉면, 함흥냉면, 밀면 등과 맛 차이가 클 것 같았다. 또 한편으로는 이 맛도 저 맛도 아닌 어중간한 냉면이 아닐까 하는 의구심도 생겼다. 일전에 재일 교포 지인으로부터 모리오카 냉면이 아주 맛있다는 말을 들은 기억도 떠올랐다.

커져만 갔던 모리오카 냉면의 궁금증은 취재로 이어졌다. 궁금증을 참지 못해 통역할 직원을 데리고 지난 2015년에 일본 동북지방 모리오카 일대를 다녀왔다.

모리오카 냉면에는 재일 교포의 애환이 서려 있다. 동북지방 이와테현의 모리오카(盛岡)는 일제 강점기 때 한국인들이 강제노역으로 많이 끌려간 지역이다. 일본 패망 후 재일 조선인 일부는 귀국하고 일부는 일본 땅에 남았다. 남은 사람들은 어떻게든 살아야 했다. 적수공권의 이국땅에서 생계수단으로 시작한 것이 음식점이었다. 마치 우리나라에서 화교들이 그랬던 것처럼.

직원과 여러 모리오카 냉면 전문점을 들렀다. 처음에는 모리오카 냉면이 일본에 알려지지 않았다. 모리오카가 일본에서는 벽촌인 데다 그런 곳에 생긴 외국 음식이 주류의 자리를 차지할 수 없었던 것이다. 모리오카 냉면이 일본에 알려지게 된 것은 방송 덕분이었다. 두 음식을 맛의 대결이라는 구도로 소개하는 프로그램이었다. 사누키 우동과 모리오카 냉면의 대결이었는데 여기서 모리오카 냉면이 사누키 우동을 제친 것이었다. 방송이 나가자 이 동네 사람들만 먹던 모리오카 냉면이 일본에 알려지게 됐다.

최초로 모리오카 냉면을 만든 사람은 함경도 함흥 출신 재일 교포 양용철 씨다. 양 씨가 최초로 연 냉면집 옥호는 〈식도원〉. 오사카에도 동일한 옥호의 야키니쿠 식당을 1950년에 오픈했고 현재도 영업하고 있다. 양 씨가 작은 규모의 식당에서 냉면을 처음 판매했을 때 일본인들은 외면했다. 아주 질긴 면발이 그들에겐 낯설었을 것이다. 차가운 육수에 대한 거부감도 있었다. 그렇지만 이 냉면에는 묘한 중독성이 있었다. 처음에는 이상했던 면 요리였지만 몇 번 먹어본 일본인들은 이 이상한 국수가 자꾸만 당겼던 것이다.

낮 동안의 취재를 마치고 저녁에 재일 교포가 운영하는 야키니쿠집에 갔다. 재일 거류 민단에도 관계하는 동포였다. 술이 거나하게 취하자 그가 "한국 냉면은 맛이 없다"고 했다. 그 말이 나의 뒤통수를 내리쳤다. 일본 와규로 육수를 내는 모리오카 냉면은 국물이 진하고 자박하다.

그에 비하면 한국의 함흥냉면이나 칡냉면은 대체로 조미 육수와 포도당 등을 사용하기 때문에 맛에 한계가 있다. 평양냉면 전문점은 한우 육수 등을 사용, 육수에서는 분명히 강점을 가졌다. 면을 차가운 육수에 담가 마시는 행위는 한국 고유의 패턴이다. 일본식 중국 냉면인 히야시츄카(冷やし中華)도 국물보다는 비벼서 먹는 타입이다. 그런데 모리오카 냉면에 맛을 들인 일본인들도 찬 육수의 매력에 눈을 뜨기 시작

식도원 한국 냉면보다 국물 맛이 좋은 일본 모리오카 냉면.

한 것 같다.

찬 육수의 원조는 한국 냉면이다. 그렇지만 냉면이나 막국수 중 육수 맛있는 면이 지금도 많지 않다. 최근 막국수가 많이 뜨고 있어도 물 막국수 맛있는 집이 거의 없다. 지난 몇 년간 강원도 등 막국수 명가를 50곳 넘게 찾아다녔지만 육수를 맛있게 제공하는 집이 얼른 떠오르지 않는다. 비빔 막국수를 잘하는 곳은 있었지만 물 막국수는 제대로 하는 곳이 거의 없었다.

사정은 함흥냉면도 마찬가지다. 함흥냉면은 아직도 대중적 기호가 강하지만 역시 함흥냉면도 물냉면이 괜찮은 곳은 별로 없다. 일반 손님들은 육수가 시원하고 맛있는 냉면을 원한다. 냉면집 주인들도 이 사실을 알 것이다. 그런데도 실천하는 곳이 극히 드물다. 2018년에 개점한 지인의 함흥냉면집이 선전한 것도 '국물이 맛있는 냉면'을 실천한 결과다.

📍 냉면 이야기 2 : 간판에서 냉기 빼고 사이드 메뉴 더해야

서울 양재동에 업종 전환을 수시로 해온 식당이 있다. 지금은 김치찌개집인데 이전에는 냉면과 갈비탕을 팔았다. 그전에는 또 다른 음식들을 팔았는데 보통 한 가지 아이템으로 1년 넘기는 걸 못 봤다. 그나마 냉면과 갈비탕은 3년을 버텼다. 가장 오래간 아이템이다. 가을철에 접어들면서 냉면 판매가 부진해지자 김치찌개로 바꾼 것 같다.

메뚜기도 한철이고 냉면집도 한철이다. 그렇다고 여름 한 철만 장사하고 나머지 계절에는 동면에 들어갈 수는 없는 노릇이다. 어쩌면 냉면집의 성패는 여름보다 비수기인 가을과 겨울을 어떻게 넘기느냐에 달렸다. 기본적인 개선 항목은 사이드 메뉴 보강, 홍보 활동, 옥호 네이밍 등이다.

냉면집 사이드 메뉴는 함흥냉면과 평양냉면이 조금 다르다. 함흥냉면은 넓게 보면 동해안을 끼고 함경도와 강원도 북부까지 관북 문화권에 들어간다. 따라서 이 지역 토속음식이나 식자재를 활용한 메뉴가 좋다. 이를테면 명태, 북어, 코다리, 황태, 가자미식해나 명태식해 등이다. 명태는 국물을 내도 좋다. 명태를 활용한 메뉴는 강원도권의 막국숫집 사이드 메뉴로도 무난하다.

평양냉면은 서해안을 끼고 평안도 황해도와 경기 북부까지 관서 문화권(평양을 중심으로 한 한반도 북서부 문화 지역)에 속한다. 아무래도 이 지역은 의주-평양-개성-한양으로 이어지는, 일찍 만두가 발달한 '만두로드' 지역으로 만두 문화권이다. 만둣국, 만두전골 등 만두를 최대한 활용해야 한다. 어복 쟁반도 좋지만 가격이 너무 비싸다. 양지로 끓인 맑은 국밥도 좋다.

국밥은 겨울철을 날 수 있는 메뉴일 뿐 아니라 여름에도 적잖게 판매된다. 서울 강남구 대치동의 함흥냉면 전문점 〈반룡산〉은 가릿국밥(1만 원)을 장착했다. 무와 두부를 넣고 양짓살을 솔잎처럼 가늘게 찢어 넣었다. 담백하고 맑은 국물은 이북 음식의 특성을 고스란히 간직했다.

이 집은 한여름에도 점심시간이면 가릿국밥이 냉면과 함께 적잖은 양이 판매된다. 물론 겨울철 비수기에는 사이드 메뉴의 소임을 다한다.

반룡산 담백하고 맑은 이북 음식의 특성을 고스란히 간직한 가릿국밥. 함흥냉면의 비수기인 겨울철 보완 메뉴 구실을 톡톡히 해낸다.

자기 집만의 탕반 메뉴는 냉면 전문점에서 비수기를 극복할 요긴한 무기다. 또한, 외국산 소고기를 활용한 불고기도 냉면집 비수기의 사이드 메뉴로 추천할 만하다.

　메뉴가 준비됐으면 다음은 홍보 활동이다. 냉면이나 막국수 전문점의 가을 겨울 메뉴는 8월부터 미리 홍보해야 한다. 9월도 늦다. 단골손님들에게 '내가 가을이나 겨울에 이 집에 오면 저런 음식도 맛볼 수 있겠구나' 하는 걸 8월부터 주지시켜야 한다.

　홍보 방법으로는 외부에 POP 광고 문구를 설치하거나 각종 사인물을 활용한다. 이때 중요한 것은 고객의 마음을 훔칠 수 있는 강력한 카피다. 손님에게 강한 인상을 심어줄 단 한 줄의 글과 단어를 찾아보자.

메뉴나 홍보를 아무리 잘해도 식당 이름이 나쁘면 소용없다. 냉면 전문점임을 적극적으로 알리는 식당 이름은 피해야 한다. 예를 들어 〈○○냉면〉이나 〈○○막국수〉, 〈메밀××〉, 〈함흥**〉, 〈평양**〉 등의 옥호다.

냉면 성수기를 제외한 나머지 계절에는 손님에게 들어오지 말라고 입구에서 내쫓는 것과 다름없다. 겨울철에 추워서 몸을 웅크린 채 저런 간판이 붙은 식당으로 들어가고 싶은 사람은 없다.

따라서 냉면이나 막국숫집 간판은 어떤 메뉴나 계절을 특정하지 않은 포괄적인 이름이 좋다. 〈신부자면옥〉이나 〈반룡산〉도 이름만 봐서는 함흥냉면 전문점임을 쉬 알 수 없다. 냉면 한 가지만 판다면 모르지만 다른 사이드 메뉴로 겨울을 나려면 간판에서 냉기를 빼야 한다.

여름철 극성수기 매출액을 100이라고 했을 때 겨울철에 60~80% 정도의 매출액은 달성해야 한다. 최소한 50%라도. 하지만 거의 대부분 냉면집과 막국숫집이 10~20% 선에 머무는 것이 현실이다. 동절기 메뉴만 가지고 하절기 극성수기의 매출을 이어가기는 어렵다. 그러나 지금까지 위에서 언급한 방법으로 준비하고 대비한다면 최대한의 선방은 가능할 것이다.

📍 된장만 맛있어도 한가락 한다

수요 있어도 공급 부진한 블루오션 아이템

대구의 대형 한정식집 업주가 자기네 식당에 한번 들러 달라고 청했다. 밥 한 끼 먹자고 서울에서 대구까지 갈 수는 없는 노릇이다. 그렇지만 된장찌개가 맛있는 집으로 유명한 〈국일생갈비〉를 염두에 두면 가볼까 하는 생각도 든다. 가끔씩은 생각을 넘어 오직 된장 때문에 대구까지 다녀오고는 했다.

대구 〈국일생갈비〉는 직접 담근 된장으로 '소갈비 된장찌개'를 끓여 소갈비를 먹고 난 손님에게 후식으로 제공한다. 소갈비 전문점이어서 갈비를 발골할 때 나오는 소뼈를 넣고 끓였다. 이 된장찌개에 대한 고객들의 평가가 항상 후하다. 소비자는 진짜 그런 된장이 먹고 싶은 것이다.

대구 〈국일생갈비〉에서 된장찌개를 먹던 노인 두 분의 얘기 소리를 옆에서 들은 적이 있다. "된장찌개 맛은 〈국일생갈비〉가 최고"라는 것이다. 나 역시 이 집을 가는 이유의 50%는 된장찌개 때문이다. 역시 된장은 소고기와 서로 잘 호응하는 음식임을 느낀다.

대구시 봉덕동 등산로 입구인 고산골에서 3,500원짜리 시래기 된장국을 참 맛있게 먹은 적도 있다. 시래기를 넣은 진짜 시골국밥이었다. 가격은 저렴했지만 맛은 결코 저렴하지 않았다. 이 집의 경우 국밥 자체는 저렴하게 받고, 생선구이나 계란 프라이 등을 별도 판매하여 객단가를 높이고 있다. 현명한 방법이다. 이 집 시래기 된장국 체험을 개인 블로그에 올렸는데 공중파 방송에서 그 내용을 보고 취재해 방영하기도 했다.

출장길에 경기도 용인 양지인터체인지 부근을 지나다가 된장국을 파는 식당인 〈신토불이 된장배추국〉이 보여서 들어갔다. 옥호에 '된장 배추국'이라고 명시한 점도 이채롭다. 아침 시간인데도 손님이 실내에 꽉 찼다. 맛이 아주 뛰어나지는 않지만 먹을 만했다. 직접 담근 된장이 아니라 시판 된장이었고 밥값이 8,000원으로 싼 가격도 아니었다. 그런데도 다섯 가지 메뉴 가운데 손님의 80% 정도가 된장배춧국을 주문해 먹고 있었다. 근처 골프장을 출입하는 나이 지긋한 골퍼들이 애용하는 식당 같았다.

부산이나 경남 지방에 가면 시래깃국밥을 판매하는 식당들이 있다. 시래깃국밥은 일종의 된장국으로, 된장에 주로 시래기나 우거지 등을 넣고 끓인 음식이다. 전주의 콩나물국밥처럼 부담 없이 판매하는 콘셉트인데 가격이 3,500원~5,000원으로 콩나물국밥보다 더 저렴하다. 역시 중년층 고객의 전폭적인 사랑을 받는다.

소고기의 고소한 맛과 된장의 구수한 맛이 어우러진 풍부한 맛은 한국인에게 매우 친근한 맛이다. 소비자의 잠재된 니즈에는 된장국에 대한 끌림이 있다. 된장국에는 소고기를 넣는 것이 이상적이지만 멸치와 새우 혹은 어패류를 넣고 끓여도 시원하다. 바지락을 넣고 심심하게 된장국 메뉴를 구성하면 고객을 끌어당길 국밥이 가능하다.

일본 후쿠오카의 유명한 초밥집 〈효탄스시〉에서 미소된장과 잘 어울리는 시원한 바지락 국물 맛을 본 적이 있다. 한국인 입맛에도 매우 잘 맞았다. 우리나라에서는 서해안을 낀 충남이나 전북의 서해안 도시 식당에서 이런 메뉴를 내놓으면 좋은 반응을 얻을 것이다. 바지락된장국은 아니지만 충남 보령 〈인정식당〉이나 전북 군산 〈일출옥〉은 된장을 넣고 끓인 아욱국이 유명하다. 아욱의 부드러움과 된장의 구수함이 잘 어울리는 식당들이다.

한국외식업중앙회가 매월 〈음식과 사람〉이라는 잡지를 발간한다. 여기에 연재하는 나의 컨설팅 사례 소개 기사를 보고 어느 주꾸미식당 업주가 매출을 좀 더 끌어올릴 보완 메뉴를 문의한 적이 있다. 그때 아욱국을 추천하기도 했다.

된장국은 손색없는 해장국

나는 수도권에서 이런 맛있는 된장국 전문점을 본 기억이 거의 없다. 서울 경기 지역에서 된장국을 잘만 만들면 고객 구매욕을 자극하는 셀링 포인트가 될 수 있다. 가끔 가는 서울 양재동 가정식 뷔페식당은 목요일이면 된장국을 제공하기 때문에 방문한다. 직접 담근 된장으로 수입산 소고기를 약간 넣고 끓이는 된장국인데 시중에서는 먹을 수 없는 맛의 국밥이다. 아침에 먹으면 구수하고 편안하게 속을 달래준다.

된장국은 해장 음식으로서도 가능성이 있다. 다만 30대 이하의 연령층이 선호하지 않을 수도 있다. 또한 염도를 낮추는 것도 숙제다. 요즘 같은 불경기에는 저단가 메뉴로 회전율을 높이는 것이 중요하다. 된장국은 가격도 낮을 뿐 아니라 잠재된 니즈가 있음에도 아직 메뉴가 활성화되지 못했다. '배추+된장'의 맛은 중년 소비자들에게 아련한 향수를 불러일으킨다. 된장국은 구매력 높은 계층인 중년 소비자를 대상으로 하기에 좋은 메뉴다.

시중 대부분의 식당이 콩으로 담근 재래된장이 아닌 공장제품 된장을 사용한다. 가격 측면도 있고 구매가 용이한 부분도 있다. 그렇지만 시중 된장으로는 맛의 한계가 있다. 전국 대부분 식당에서 된장찌개보다는 김치찌개, 순두부, 부대찌개 등이 더 많이 팔리는 이유도 여기에 있다. 우리 고유의 맛을 기대하는 고객에게 시중 제조된장으로 그들의 입맛을 사로잡기엔 역부족이다.

전국에 메주를 쑤어서 직접 된장을 담그는 곳들이 많다. 그러나 적지 않은 곳이 판매처를 제대로 확보하지 못해 애를 먹고 있다. 수제된장을 활용하는 식당과 연결해 합리적인 판매망을 구축하면 서로 윈윈하는 효과를 거둘 것이다. 된장은 우리에게 소울 푸드이지만 식당에서 낮게 평가하는 경향이 있다. 된장찌개 잘하는 식당은 많아도 된장국 잘하는 식당은 아직 드물다. 먼 외국에서 들여온 이름도 생뚱맞은 아이템들보다 성공할 확률이 훨씬 높은 아이템이다.

♀ 면 전문점, 잘 보면 성공이 보인다

고기 등 다른 아이템에 비해 아직 성장 여지 남아 있어

나는 적지 않은 기간 동안 컨설팅의 무게중심을 고기전문점에 두었다. 고깃집은 단기에 급속한 매출 증가가 가능하다는 장점이 있다. 매출액이 '밥 아이템'보다 큰 것도 매력이다. 그러나 이제 우리나라 고깃집은 수요에 비해 너무 많아 포화상태에 이르렀다. 이런 현실을 고려해

내가 최근 그 대안으로 눈길을 주기 시작한 시장이 면식(麵食) 분야다.

면 소비량은 해마다 늘어나고 있다. 면식을 선호하는 인구가 늘어나고 있지만 중국이나 일본보다 아직 그 비율이 낮은 편이다. 중국이나 일본에서는 면식이 식사 메뉴로 정착됐지만 아직 우리나라는 '국수로 한 끼 때웠다'는 인식이 남아 있다. 그만큼 면식이 식사 메뉴로 안착하지 못했다. 이것은 역으로 식사 메뉴로 정착되기만 하면, 그만큼 성장할 여지가 크다는 뜻이다.

일본에서 돼지고기를 끓여 국물을 낸 라멘이 대세라면 한국에서 면식의 대표주자는 칼국수다. 한국에서 고기 베이스 국물은 잘 안 맞는다. 일부 닭칼국수로 대박을 낸 경우도 있으나 면발까지 제대로 잘 만든 식당은 많지 않다. 오히려 멸칫국물 베이스가 한국인에겐 더 잘 어울린다. 멸칫국물은 중독성이 강하고 해장 소울 푸드 느낌을 주며 차가운 육수도 매력적이다. 이런 점들을 고려하면 가장 무난한 국물은 역시 멸치육수다.

〈신선식당〉은 인구 16만 명인 경북 안동시의 저가식당으로 가성비가 좋다. 4,000~5,000원에 우동과 짜장을 판다. 시그니처 메뉴(대외적으로 그 식당을 대표하는 간판 메뉴)인 냉우동(5,000원)으로 묵묵히 끌고 간다. 차가운 멸칫국물 육수가 아주 시원해 여름에는 손님들이 줄을 선다. 양을 많이 주면서도 가격이 저렴한 것도 손님이 몰리는 요인이다. 자가 건물이어서 임차료는 나가지 않는다.

경기도 수지의 칼국수집 〈성복동국수집〉 멸칫국물도 인근 중산층 고객의 입맛을 사로잡는다. 여름철 차가운 멸치 베이스 국물은 콩국수보

신선식당 〈신선식당〉의 냉우동은 양이 많고 가격이 저렴한 데다 차가운 멸칫국물이 시원해 여름에는 손님들이 줄을 선다.

다 오히려 낫다. 잘 뽑은 멸칫국물은 그만큼 위력이 크다. 멸치에 디포리를 섞어 쓰기도 한다. 조선간장을 절묘하게 섞어 쓰면 멸칫국물의 강점이 좀 더 극대화된다. 소형 점포로 창업했을 때 전주 〈화심칼국수〉처럼 수제비 등 터프한 스타일의 메뉴를 하나쯤 추가해도 좋다.

밀면은 시원하게 먹을 수 있는 냉면형 면식이다. 부산밀면은 재료 맛보다 양념 맛과 조미 맛이 너무 강하다. 게다가 한약재 냄새까지 나서 부산 사람이 아니면 쉽게 질리는 맛이다. 나도 개인적으로 선호하지 않는다. 관심 갖고 오래 지켜봤지만 수도권 소비자 입맛에는 맞지 않는다. 다만, 멸치로 국물을 낸 제주식 밀면은 깔끔한 멸치육수 맛이 입에 잘 맞아 부산밀면의 대체 아이템으로 가능성이 크다. 시원한 맛이 뛰어나 어떤 손님은 육수만 달라고 해서 벌컥벌컥 마시기도 한다.

냉면과 막국수 식당을 대상으로 식자재를 조달하는 업자들 이야기를 종합해보면 "불경기에도 냉면과 막국수 판매량이 꾸준했다"고 한다. 2019년에도 메뉴 개발 능력을 갖춘 사람에게는 냉면과 막국수를 추천하고 싶다. 다만 평양냉면은 가급적 배제했으면 한다. 제맛을 내기가 워낙 어렵고 브랜드화하는 데 상당한 노력과 시간이 필요하기 때문이다. 나는 평양냉면 마니아지만 주변 식당 업주들에게 요즘 평양냉면 창업은 반대한다. 반면, 함흥냉면이 좀 더 수월한 편이다. 함흥냉면은 조리시간이 짧다. 육수 맛있는 집이 드물어 육수 맛만 제대로 내면 금방 두각을 나타낼 수 있는 아이템이기도 하다. 함흥냉면과 고기 메뉴를 묶으면 시너지 효과가 생겨난다.

우리 외식 업계 현실은 면식 메뉴를 제대로 가르칠 메뉴 교육 전문가가 드물다. 면 요리를 잘만 배워두면 좋은 기회를 잡을 수 있을 것이다. 면 전문점은 오피스 상권보다 주거 상권에서 더 잘 된다. 수도권 내에서 강력한 막국수 전문점이 없는 지역이 아직 남아 있다. 막국수를 제대로 맛을 내면 그런 곳에 들어가 성과를 낼 수도 있다.

한국인이 선호하는 일본 우동의 면과 국물

일본 우동의 대표 아이템은 사누키 우동(일본 가가와현의 토속음식으로 탄력적인 면발이 매력적인 우동)이다. 현재 몇몇 전문점이 선전하고 있다. 그런데도 사누키 우동은 아직도 우리나라에서 전개하기 힘든 아이템이다.

어려움에 빠졌던 사누키 우동 전문점을 위기에서 구한 적이 있다. 당시 그 식당은 국내 최고 수준의 사누키 우동 구현 능력을 지녔지만 조리 분야 이외의 모든 면에서 준비가 되지 않았다. 사누키 우동의 대표적인 메뉴가 붓가케 우동(면발을 간장소스에 찍어 먹는 우동)이다. 붓가케 우동은 쫄깃한 면발이 특징으로 국물보다 면 위주로 먹는 우동이다.

그 집 역시 붓가케 우동이 간판 메뉴였다. 문제는 붓가케 우동을 제대로 삶으려면 17분이나 걸렸다. 면식을 한 끼 식사로 여기지 않는 우리나라 사람의 인식 때문에 손님이 많지도 않았지만 설령 수백 명이 왔다고 해도 수백 그릇을 끓이려면 조리 과정에 문제가 있었다. 근본적인 한계였다.

일본 우동은 가격이 중요하다. 경기도 용인의 어느 우동 전문점에 갔더니 맛도 별로 없었는데 가격이 너무 비쌌다. 위치도 안 좋고 우동도 주문한 지 20분이나 지나서 나왔다. 반면 경기도 성남시 분당 야탑의 오래된 우동집은 제대로 된 정통식 우동 맛을 낸다. 그렇지만 가격이 1만 원으로 비싼 느낌이다.

현재 일본 우동 가격은 7,000~8,000원, 심지어 1만 원을 받는 곳도 있다. 지나치게 높게 형성된 느낌이 든다. 보통의 한국 사람은 '그 돈이면 차라리 밥을 사먹겠다'고 생각할 것이다. 내가 우동집 주인이었다면 4,000~6,000원으로 저렴하게 받고 대신 회전율을 높이는 전략을 썼을 것이다.

몇 해 전, 규모가 큰 외식 기업으로부터 의뢰를 받고 일본 우동 신규 사업계획서를 작성해준 적이 있다. 당시 시장조사 결과에 따르면 한국인이 좋아하는 우동은 '코시'가 살아 있는 사누키 우동 면발에 국물은 진하고 깔끔한 오사카 콘셉트를 선호하는 걸로 나타났다.

우리나라 사람은 대개 가츠오부시 맛을 썩 좋아하지 않는다. 대신 멸치와 간장으로 조미한 국물을 더 선호한다. 사누키 우동은 일본 현지의 맛을 내는 것도 중요하지만 한국인 기호를 무시하면 안 된다. 우동 맛의 밸런스를 잘 잡아야 성공한다. 또한 우리나라에서 우동 전문점을 하려면 비싼 제면기를 사용하면 좋겠지만 중식당에서 제면하는 데 사용하는 저렴한 중식용 제면기를 사용해도 괜찮다. 다만 좀 더 밟아주거나 하는 추가적인 공력이 더 필요하다.

📍 중식은 진정한 틈새 아이템

진정한 틈새시장은 중식

서울 강남구 신사동 중식당 〈송쉐프〉는 중식당으로서는 입지가 좋지 않다. 거의 B 급이나 C 급에 해당하는 위치다. 문을 연 지 얼마 되지 않았고 개점 후 특별한 홍보 활동을 하지도 않았음에도 테이블이 늘 만석이다. 대체로 가정주부나 가족 단위 손님들이 많다. 식사, 요리 손님뿐 아니라 저녁이면 술손님도 적지 않다. 규모와 비교해 매출액도 엄청나다.

이 집의 가장 큰 성공 요인은 음식 퀄리티에 비해 가격이 비싸지 않다는 점이다. 그렇다고 음식 가격이 싼 것도 아니다. 강남 중산층 고객이 수용할 만한 선에서 아주 합리적으로 가격을 책정했다.

신생 〈송쉐프〉의 눈부신 약진은 고급 중식 수요가 많은 강남 지역에 생각보다 괜찮은 중식당이 없다는 방증이기도 하다. 예전에는 꽤 괜찮은 중식당들이 많았다. 대개 화상(華商)들이 운영하던 식당들이었다. 그런데 어느새 하나둘 사라졌다. 새로 생겨난 중식당들의 음식 수준은 사라진 중식당들의 음식 수준에 미치지 못했다.

새로 생긴 중식당들은 음식 수준만 떨어지는 게 아니었다. 양이 줄었고 가격도 비싸졌다. 소비자 입장에서 가격은 비싸졌고 갈 만한 중식당은 적어진 것이다. 이것이 소비자들로 하여금 차츰 중식을 외면하게 만든 요인이다.

합리적 가격의 괜찮은 중식당이 생긴다면 소비자들은 언제든 찾아갈 준비가 되어 있다. 〈송쉐프〉가 짧은 시간에 성공한 것은 바로 이런 소비자 심리와 욕구를 정확하게 꿰뚫은 결과다. 양질의 중식당이 사라진 공백, 그 틈새를 메울 괜찮은 중식당의 부재. 이런 현실을 파고든 것이 바로 〈송쉐프〉이다.

강한 시그니처 메뉴가 강한 중식당 만들어

얼마 전까지 삼겹살은 외식업에서 웬만해선 망하지 않는 창업 아이템이었다. 그러나 사정이 달라졌다. 너도나도 뛰어들다 보니 과열 경쟁 양상을 보인다. 웬만해선 망할 수 없는 아이템이었지만 지금은 아니다. 요즘 틈새 창업 아이템으로 차라리 삼겹살보다 중식당이 더 낫다.

을지로에는 두 곳의 중식 노포가 있다. 그중 하나는 〈오구반점〉이다. 〈오구반점〉의 시그니처 메뉴는 군만두이고 또 다른 곳의 시그니처 메뉴는 굴짬뽕이다. 서로 다른 시그니처 메뉴는 두 점포의 경영 양상과 영업 형태까지도 갈라놓았다.

1953년 문을 연 〈오구반점〉의 요리는 생각보다 뛰어나지는 않다. 그런데도 저녁에 만석이 되는 이유는 군만두 덕분이다. 군만두는 메뉴 특성상 확장성이 강하다. 손님들이 대부분 짜장면·짬뽕과 함께 군만두를 주문해서 먹는다. 아니면 군만두를 먼저 먹으면서 요리를 주문한다. 손님들은 식사나 요리에 군만두를 곁들여 술도 마신다. 이처럼 군만두는 만능 재주꾼이다. 식사, 술안주, 포장 등 장기가 다양한 메뉴다. 주메뉴인가 하면 사이드 메뉴 노릇도 톡톡히 해낸다.

반면 또 다른 중식당은 사정이 사뭇 다르다. 그 집의 시그니처 메뉴는 굴짬뽕이다. 굴짬뽕은 전형적인 식사 메뉴로 술안주가 못 된다. 게다가 여름철에는 덜 팔리는 계절적 한계도 지녔다. 군만두에 비하면 메뉴 확장성이 현저하게 약하다. 굴짬뽕이 아무리 많이 팔려도 다른 메뉴나 주류 매출 증대에는 전혀 기여하지 못한다. 만일 〈오구반점〉의 시그니처 메뉴가 군만두가 아닌 다른 음식이었다면 사정은 그 집과 별반 다르지 않았을 것이다.

메뉴의 가격과 양이 큰 것도 문제지만 메뉴의 획일성도 개선해야 한다. 이제 중식당도 짜장면과 탕수육 일변도에서 벗어나야 한다. 시그니처 메뉴를 다양화해야 한다는 뜻이다.

양장피 맛이 뛰어난 대전 〈봉봉원〉을 발견한 건 우연이었다. 일전에 대전에서 사람을 만날 일이 있었다. 중식당에서 만나려고 오래된 중식

봉봉원 쇠락해가던 대전의 중식당 〈봉봉원〉을 다시 살려낸 강력한 시그니처 메뉴인 양장피.

당을 인터넷에서 검색했다. 그런데 50년 된 탕수육집을 비롯해 올라온 콘텐츠가 온통 탕수육밖에 없었다. 나는 탕수육 말고 다른 중식을 먹고 싶었다. 그때 양장피를 앞세운 〈봉봉원〉이 군계일학으로 눈에 들어왔다. 찾아가서 맛을 보니 뛰어났다. 〈봉봉원〉의 탕수육은 대전 중식 애호가들의 사랑을 받고 있었다. 〈오구반점〉의 군만두, 〈송쉐프〉의 난자완스처럼 〈봉봉원〉의 시그니처 메뉴였다. 양장피는 한동안 침체기에 있었던 〈봉봉원〉을 구해낸 효자 메뉴다.

양장피, 어향동고, 멘보샤, 사천탕면, 대게살볶음 등 우리 입맛에 익숙하지만 다른 집에는 없는 시그니처 메뉴의 존재는 중식당의 가장 믿을 만한 자산이다.

환경·메뉴 개선하면 중식은 아직 해볼 만

중식당의 취약점은 주류 매출 부진이다. 이는 우리 중식당들이 자초한 측면이 크다. 일본의 중식당들은 소액으로 사 먹을 수 있는 '작은 접시 메뉴'들이 많다. 영리하고 유연한 식당 경영방식이다. 손님들은 작은 접시를 시켜놓고 맥주를 곁들여 마신다. 혼자 식사를 할 때도 가벼운 요리를 주문한다. 부담 없이 주문할 수 있기 때문에 늘 손님들이 붐빈다. 반대로 한국의 중식당은 최소 판매 단위가 너무 크고 비싸다. 손님 입장에서는 간단하게 한잔하고 싶지만 부담스러워 주문할 수 없다. '쪼개 팔기'로 요리를 제공해 주류 매출을 활성화해야 한다.

우리 중식당은 다음 몇 가지 질문에 얼마나 부합하고 있는지 체크해 보자.

조리실과 홀은 청결하고 깨끗한가? ☐

배달을 줄일 수 있는가? ☐

적당한 온도를 유지해 음식을 제공하는가? ☐

짜장면과 짬뽕 중 어느 하나가 경쟁력이 있는가? ☐

시그니처 메뉴를 보유했는가? ☐

볶음밥 수준이 보통 이상인가? ☐

요리 가짓수가 너무 많지 않은가? ☐

국물을 서비스로 제공하는가? ☐

체크한 질문들 가운데 많은 항목에서 부합하는 중식당이라면 머지 않아 성공할 확률이 높다.

일식은 가격이 비싼 고급 요리 위주로 메뉴 구성을 하기 때문에 손님 입장에서는 문턱이 높게 느껴진다. 반면 중식은 일단 짬뽕 짜장면이라는 아주 유용한 '소총'을 무기로 지녔다. 최소한 식사 손님을 가볍게 끌어올 수 있고, 소총만으로도 어느 정도 '전투'가 가능하다. 이 점은 중식의 큰 이점이다. 중식은 잠재적 대박 아이템이다. 앞으로 중식은 기획력과 메뉴 개발 능력을 보유한 사람이 최후의 승자가 될 것이다. 그 가능성을 먼저 발견해낼 안목을 지닌 사람, 남보다 먼저 가능성을 성공으로 이끌어내는 사람이 외식 업계를 지배할 것이다.

| 필승 추천 아이템 10선 |

📍 1. 생선구이
: 어느 상권에서나 '기본 이상' 해내는 메뉴

우리나라 사람만큼 생선구이를 좋아하는 국민도 드물다. 그런데도 굽는 과정에서 발생하는 비린내나 뒤처리 등으로 가정에서 요리하기를 주저하는 음식이다. 반면에 고기보다 건강식이라는 이미지와 함께 큰 부담 갖지 않고 맛있게 먹을 수 있는 음식이다. 밖에서 사먹고 싶어도 막상 주변에 생선구이 식당은 찾아보기 어렵다. 신선한 생선을 저렴하게 사는 요령만 익힌다면 꽤 짭짤한 틈새 메뉴임이 틀림없다.

생선구이는 지역에 상관없이 대한민국 사람 누구나 좋아하는 메뉴다.

생선구이집으로 간판을 바꾼 고깃집

십여 년 전 서울 서초구의 어느 고깃집에서 영업이 부진해지자 고육지책을 썼다. 점심 특선으로 생선구이를 내놓은 것이었다. 당시에는 고등어, 꽁치 등 생선 가격이 저렴해 무한 리필이 가능했다. 그 고깃집 역시 생선구이를 손님이 원하는 대로 무한으로 제공했다. 그런데 어쩌다 그 사실이 언론에 소개됐다. 그 후 그 식당은 고깃집에서 생선구이집으로 아예 업종을 바꾸고 점포도 여러 곳 개설했다.

그 당시 나도 손님으로 몇 번인가 가본 적이 있는데 점심시간에는 항상 만석이었다. 반찬이 늘 똑같았고 다른 음식도 그다지 특출한 것은 없었지만 영업은 꽤 잘되는 편이었다. 세월이 지난 지금도 그 생선구이 전문점은 건재하다. 물론 무한 리필 제공은 이제 사라졌다.

서울 충무로, 남대문시장에 오래된 생선구이 전문점이 지금도 다수 영업을 하고 있다. 부산 자갈치시장에도 저렴한 생선구이를 판매하는 식당이 여러 곳 있다. 강원도 속초, 강릉에도 생선구이 전문점이 많이 보인다. 전국적으로 생선구이는 지역에 상관없이 누구나 선호하는 메뉴인 것은 분명하다.

그런데 일부 오피스 상권에서는 의외로 생선구이를 판매하는 식당이 별로 없다. 내가 근무하는 사무실 인근에도 생선구이집이 없어서 길 건너 개포동에 일부러 찾아가서 가끔 생선구이를 먹고는 한다. 가격도 7,000원이고 밥 이외에는 별 특징이 없지만, 생선구이는 정말로 밥만 맛있으면 80점 이상은 따고 들어간다.

주택가 상권에서도 생선구이는 분명히 매력이 있다. 특히 집에서 생선을 구우면 생선 비린내가 한동안 남는다. 이런 이유로 생선을 선호하는 집에서는 생선구이 대신 생선조림이나 생선찜을 해 먹는다. 그런 측면에서 보면, 주거 지역 상권에서도 생선구이 전문점은 충분히 고객을 끌 수 있다.

깔끔한 찬과 맛있는 국이 경쟁력 뒷받침

소비자들은 생선을 육류보다 웰빙 건강식으로 생각하는 경향이 강하다. 한국 외식시장에서 육류 구이와 순댓국밥, 돼지국밥 시장이 강고하게 확산되고 있지만 반대 급부로 웰빙과 균형 있는 식사를 원하는 고객의 니즈도 병행하고 있다. 그런 의미에서 생선구이 전문점은 어느 상권에서나 통할 수 있는 좋은 아이템이다. 다만 업주의 부지런함이 전제되어야 한다. 될 수 있으면 수산물 도매시장의 새벽시장을 이용하여 신선한 생선을 저렴하게 구매하는 것이 중요하다.

반찬의 가짓수는 단출해도 상관없지만 밥과 국, 김치 등 기본 반찬을 깔끔하게 구성하는 것이 중요하다. 특히 국은 된장국이나 맑은 국물이 좋다. 사실 국도 맛있는 생선구이 전문점은 거의 없다. 국까지 맛있는 생선구이집이라면 확실한 경쟁력을 확보한 것이나 다름없다.

밥은 미리 퍼서 온장고에 보관하는 것보다 손님이 주문하면 그때그때 제공해서 밥맛을 극대화하는 정성이 필요하다. 저녁 주류 매출은 동태탕과 같은 매운탕과 가벼운 전 등을 구성해서 가볍게 반주를 마시는 콘셉트로 구성하는 것이 좋다. 생선구이는 소주 안주로도 적합하다. 메뉴판에 생선구이 백반 외에 고갈비 등 안주류로 판매하는 것도 좋은 방법이다.

♀ 2. 막국수
: 향후 막국수 시장은 '강세' 지속할 듯

얼마 전 페이스북에 향후 냉국수 시장 전망을 메뉴별로 매우 짧은 문구로 함축해 올린 적이 있다. 함흥냉면은 약보합세, 평양냉면은 마니아적 아이템, 칡냉면은 쇠락, 그리고 막국수는 강세라고. 지역에 따라 100% 정확한 것은 아니지만 대체로 85~90%는 맞을 것으로 확신한다.

웰빙 요소에 중독성 강한 막국수.

막국수전문점 혹은 '불고기+막국수'로 창업

최근 들어 메밀로 조리한 막국수 시장이 계속 성장하고 있다. 서울 강북의 한 막국숫집은 규모가 165m²(50평) 미만인데 하절기 막국수 매출이 상당하다. 대박 식당이라고 칭해도 무리가 없다. 더욱이 황태해장국을 동절기 대안 메뉴로 보유하고 있다.

경기도 용인시 고기리 산골짜기에 있는 〈고기리막국수〉도 입지가 아주 불리하고 좁은 면적에도 막국수 판매량이 상당하다. 오픈한 지 오래된 식당은 아니다. 강원도 원주시 〈광릉불고기〉 원주점도 2015년 3월까지 매출이 부진했지만 2015년 4월, 막국수를 도입한 후 매출이 급성장했다. 9,000원에 100% 메밀막국수와 직화불고기 200g을 제공했다. 손님 입장에서는 양이 푸짐하고 맛도 좋은데 가격도 저렴하니 좋고 식당 또한 밀리는 손님으로 수익성이 높아지니 좋았다.

서울 신림동 〈막불감동〉도 막국수와 불고기의 조합으로 지하 매장임에도 매출이 경이롭다. 부산 〈주문진막국수〉는 막국수와 수육의 조합으로 매출이 엄청나다.

웰빙적 요소에 중독성 강해

외식 시장에 대한 안목이 있는 전문가들은 막국수에 대해 매우 밝은 전망을 하고 있다. 막국수 강세는 메밀의 웰빙적 요소와 더불어 중독성 있는 풍미도 한몫한다. 즉 막국수는 건강에도 좋고 맛도 좋은 음식인 것이다. 다만 동절기 매출이 문제인데, 최근에는 예전보다 가을 겨울에도 어느 정도 판매가 된다. 계절 음식의 카테고리를 벗어나려는 경향이 엿보인다. 만두와 북엇국 등 계절성을 보완해줄 메뉴가 필요하다.

특이한 것은 막국수 시장 자체가 성장하고 있는데 막상 육수가 맛있는 막국수 전문점은 별로 없다는 사실이다. 비벼서 먹는 막국수는 여기저기 솜씨가 있는 식당이 다수 있지만, 육수에 경쟁력이 있는 막국숫집이 별로 없다. 이 점에 착안하여 막국수 육수에 관한 연구가 필요하다.

냉면이나 막국수를 소비하는 손님의 잠재된 니즈는 면이나 고명도 중요하지만 벌컥벌컥 마시는 시원한 육수에 대한 욕구가 무엇보다 강하다. 육수가 맛있는 막국수와 냉면이 있다면 특히 고깃집에서는 후식은 물론이고 하절기에 높은 판매고를 기대할 수 있다. 유명 업소인 〈봉피양〉의 경우 기본적으로 고깃집이지만 평양냉면 매출 비중이 상당하다. 그만큼 고객은 육수에 강점이 있는 냉면이나 막국수를 강력히 원한다.

3. 백반
: 손님들은 '집밥 같은 백반'이 먹고 싶다

얼마 전 어느 취업 포털사이트 조사에 따르면 직장인이 가장 선호하는 음식은 '백반'이었다고 한다. 이 사이트는 매년 직장인을 대상으로 점심 메뉴 선호도 조사를 하는데 그동안 김치찌개가 부동의 1등을 차지했다. 그런데 김치찌개를 누르고 최근에는 백반이 정상을 차지한 것이다.

직장인과 가정주부의 로망은 '한 끼의 따뜻한 집밥'이다.

아직도 백반은 강력한 틈새 아이템

그렇지만 이 조사 결과에 의문이 생긴다. 실제 외식업 현장에서는 백반을 취급하는 식당이 별로 없기 때문이다. 그러면 이렇게 유추할 수 있다. 백반 자체를 많이 먹기보다는 백반이라는 음식에 대한 잠재된 소비자 니즈가 그만큼 강력하다는 방증이라고. 실제 먹은 메뉴라기보다는 먹고 싶어 하는 메뉴로 답변했을 가능성이 크다.

요즘 소비자 중에서는 집에서 밥을 안 해 먹는 사람 비중이 상당히 높다. 따라서 맛이 강하고 조미료를 많이 사용하는 식당 음식에 대해 식상해 있다. 그런 이유로 소비자들이 집밥에 대한 기대가 높아지고 있다. 많은 식당이 가정식 음식을 표방하지만 가정식 음식과 동떨어진 음식을 제공하는 경우가 흔하다. 소비자는 안다. 그런 음식을 여러 번 먹다 보면 질린다는 것을.

외식업 기획자들이 가끔 인터넷에서 지역명과 백반 혹은 집밥을 키워드로 검색하면 백반을 취급하지 않는 지역이 의외로 많다. 이것이 바로 틈새시장이다. 무주공산인 특정 지역에서 손맛 나는 백반집으로 강력하게 어필하면 그만큼 성공할 가능성이 높다는 얘기다.

2018년 12월, 2019년 1월 두 차례에 걸쳐 일본 외식 업계를 벤치마킹했다. 일본에서도 집밥 스타일의 밥집이 선전하고 있었다. 여성 고객 비중이 높은 점이 특히 두드러져 보였다.

반찬은 선택과 집중, 온도 유지와 손맛 살려야

최근 식당 경영에 수완이 있는 식당 업주들은 백반을 구성할 때 '많은 반찬'보다는 '선택과 집중' 방식을 선택한다. 반찬 가짓수를 많이 제공하기보다는 잘 지은 밥과 함께 손님이 선호하는 반찬(찌개 혹은 국) 서너 가지만 선택해 맛있게 조리한다. 손님의 기호를 늘 관찰하면서 고객이 대체로 원하는 반찬 구성을 연구한다. 또한, 일반 시장이나 도매시장에서 양질의 식자재를 취급하는 거래처와 단골로 거래해 원가를 절감하고 신선한 식자재를 구매한다.

백반집에서도 기획만 잘하면 저녁에 주류 판매 활성화도 가능하다. 밥반찬도 되고 안주도 되는 찬류를 잘 기획하는 것이다. 이때 중요한 것은 소비자가 원하는 주류 안주와 가격대다. 또한 백반집 안주는 반주

정도의 개념으로 접근해야 한다. 최근 손님들은 '가볍게 한 잔'에 무게를 두고 있다. 그렇지만 현장의 식당 업주들은 이 부분에 취약하다. 손님이 원하는 것을 잘 이해하지 못하는 경우가 허다하다.

손님은 식지 않은 적정 온도를 유지한 따뜻한 음식, 푸짐하고 손맛이 있는 음식을 원한다. 나도 검색을 해 집에서 가까운 백반집을 방문한 적이 있다. 하지만 따뜻한 응대, 푸짐한 양, 손맛 등 모든 측면에서 만족도가 낮았다. 총체적으로 실망스러운 수준이었다. 그날 첫 방문이 그 백반집의 마지막 방문이 되고 말았다.

집에서 먹는 것처럼 손맛이 담긴 백반을 구현할 수 있다면 어떤 상권 어떤 입지에서도 선방할 수 있다. 직장인은 물론 가정주부까지도 백반에 대한 선호도는 분명히 높다. 오피스 상권이나 주거 상권에서도 백반집은 성공 가능성이 있다.

⚲ 4. 돈가스
: 한국인이면 누구나 선호하는 음식

수년 전 서울 강남의 어느 이자카야 업주와 상담을 했다. 이자카야에 적합하지 않은 상권이지만 점심 매출을 올리기에는 괜찮은 상권이었다. 인근의 모 부대찌개집이 점심에 최소 3회전 이상을 돌릴 정도다. 이자카야는 점심 메뉴를 활성화하기엔 어려운 아이템이다. 가짓수는 많아도 한국인이 점심 메뉴로 무난하게 먹을 만한 게 없다. 의뢰인은 일

돈가스는 주재료인 돼지 등심 가격
이 저렴한 편이어서 수익성이 좋다.

본에도 거주했던 사람이다. 일본 라멘과 함박스테이크 등 다양한 일본
메뉴를 제법 솜씨 있게 내놓지만, 점심 매출이 기대만큼 안 따라줬다.

주재료인 돼지고기 등심 저렴해 수익성 높아

업주는 특히 함박스테이크에 관한 관심이 남다르다. 일본에서는 고
기를 갈아서 조리한 함박스테이크의 선호도가 높다. 그렇지만 한국의
경우는 다르다. 모 대기업에서 함박스테이크를 메인으로 하는 패밀리
레스토랑을 수십 곳 전개했다가 사업을 철수한 적이 있다. 한국인이 함
박스테이크를 안 좋아하는 것이 아니라 이 메뉴가 생각보다 제대로 음
식을 구현해내기가 어렵기 때문이다.

이 문제에 대한 나의 대안은 돈가스다. 주변을 둘러보니 돈가스 전문점이 보이지 않았다. 나는 한 족발집을 돈가스와 메밀국수로 업종 전환했는데 메밀국수는 물론 돈가스 판매가 기대 이상으로 높았다. 강남 모 지역의 돈가스 전문점은 온종일 끊임없이 고객이 내방하고 있다.

돈가스는 남녀노소 대부분 선호하는 메뉴다. 돈가스에 주로 사용하는 등심은 돼지고기 부위 중 많이 남아도는 부위이기도 하다. 삼겹살, 앞다리살, 뒷다리살 등 특수부위는 기본 수요가 있는데 등심은 돈가스와 일부 '개념 있는 중국집'의 탕수육 재료로 사용된다. 돼지고기 생산지에서 등심은 속된 말로 처지는 부위다. 따라서 가격이 저렴하다. 2018년 하반기 프리미엄 등심이 1kg에 7,000원대이지만 구매의 귀재들은 더 저렴한 가격에 구매하는 경우도 있다. 이처럼 돈가스 원재료인 등심 원가가 저렴해 수익성 면에서 매력적이다.

시너지 높은 다른 메뉴와 조합이 중요

그저 단순히 돈가스를 메뉴로 도입하는 거로 끝내서는 안 된다. 돈가스를 다른 메뉴와 잘 조합해야 한다. 경기도 포천, 수지 등의 몇몇 점포에서는 비빔국수, 잔치국수와 각각 돈가스를 조합해서 판매한다. 유명한 어느 돈가스 전문 프랜차이즈 업체는 돈가스와 파스타를 조합 메뉴로 구성했다.

일본 사누키 우동 전문점인 울산 〈아키라〉의 경우 우동 맛도 탁월하지만 돈가스가 전체 매출의 상당 부분을 차지한다. 서울 강남구 신사동 〈하루〉, 경기도 고양시 일산 〈일산메밀국수〉 등은 돈가스와 메밀국수 콘셉트인데 여름에는 초대박 수준이고 겨울에도 매출이 꽤 안정적이다. 메밀국수 장인이 운영하는 부산 〈면옥향천〉도 겨울철 효자 메뉴가 돈가스다.

일본식 카레와 돈가스를 묶는 것도 좋은 방법이다. 또 어떤 점포에서는 돈가스를 된장찌개와 조합해서 돈가스 백반으로 판매하는 곳도 있다. 기사 식당 타입의 넓적한 돈가스도 나쁘지 않다.

내 견해로는 8,000~9,000원 이상의 가격 책정이 적당하지만 일부 식당에서는 5,000원 미만으로 판매하고 있다. 그래도 수익성이 양호한 편이다. 핵심은 좋은 원육을 사용해 양질의 기름에 잘 튀기고 입에 당기는 소스와 구성하는 것이다. 이렇게 만든 돈가스는 상권 내의 고객들을 한 달에 두 번 이상 끌어당긴다.

📍 5. 고기＋국수

: 고기와 국수, 뭉치면 산다!

뭉치면 살고 흩어지면 죽는다!

특정 메뉴들끼리는 서로 뭉치면 시너지 효과가 증가한다. 바로 고기류와 면류다. 우리나라 사람은 먼저 고기를 먹고 느끼해진 입과 위장을 국수로 마무리하는 식사 방식을 선호한다. 이런 식습관은 옛날 기방에서부터 내려온 것이어서 한국인에겐 어느 정도 체화돼 있다. 여기에 착안한 것이 바로 고기＋(냉)국수 스타일의 메뉴 조합이다. 즉 고기와 술을 먼저 먹고 나중에 입가심으로 국수를 먹는 선육후면(先肉後麵)이다.

고기를 먼저 먹고 나중에 입가심으로 국수를 먹는 '선육후면' 식습관에 충실한 메뉴 구성.

'불고기+막국수' 묶었더니 메인 메뉴로

강원도 〈광릉불고기〉 원주점은 숯불 향 짙은 불고기에 막강한 수준의 막국수를 장착했다. 간장 베이스의 양념에 잰 직화 불고기와 막국수의 조합은 폭발력이 셌다. 1만 원에 돼지불고기 200g과 막국수를 제공하는 '돼지숯불고기 정식'이 메인 메뉴다. 비교적 저렴한 가격으로 돼지불고기 200g과 메밀 100%의 수준 높은 막국수로 선육후면을 즐길 수 있다. 갈비(등심)+평양냉면의 조합에 비하면 격이 떨어질 수도 있겠지만 막국수의 질이 워낙 높아 고객 만족도가 높다.

이 집의 막국수는 강원도 원주에 가면 막국수를 먹을 수 있을 것이라는 '막국수 고장'인 원주에 대한 고객의 기대에 부응하는 측면도 있다. 100% 메밀로 만든 막국수는 초벌로 손 반죽을 한 뒤 다시 기계로 반죽해 제면한다. 무엇보다 유백색의 면발은 순메밀의 색감을 유감없이 보여준다. 씹을 때 뚝뚝 끊기는 메밀면 특유의 느낌과 은은한 메밀향도 마니아들을 설레게 한다.

막국수의 생명은 역시 국물이다. 물막국수 국물은 소고기로 고아낸 육수와 동치미 국물을 섞었다. 사골로 낸 국물이 아니어서 맑고 가벼우며 감칠맛이 난다. 여기에 동치미 국물의 탄산이 개운하고 시원한 청량감을 준다. 불고기와 막국수를 함께 쌈에 싸먹으면 색다른 맛이 난다. 양도 푸짐해 한 끼 식사로 부족함이 없다.

냉면이나 막국수는 자가제면이 필요

합천 〈금관식당〉은 국내산 냉장 돼지고기를 사용하지만 가장 저렴한 뒷다리살 부위를 활용해서 식당의 수익성도 양호한 편이다. 300g에 9,000원이라는 부담 없는 가격이지만 두툼한 스테이크형 떡갈비는 식감과 맛이 좋아 다른 지역의 유명 떡갈빗집들에 비해 전혀 손색이 없다. 떡갈비를 만드는 방법에는 숨은 노하우가 있다.

프랜차이즈 가맹점을 통해 퍼진 고기+냉면의 조합도 높은 가성비 때문에 많은 점포 사이에 널리 퍼졌다. 다만, 공장제 냉면과 조미 육수 맛 때문에 요즘 다소 꺾이는 추세다. 다른 것은 몰라도 냉면이나 막국수는 업장에서 직접 제면하는 '자가제면'을 권한다. 면의 식감과 질을 평균 이상은 유지해야 하기 때문이다. 또한 자가제면할 때 직접 면을 뽑는 모습을 보여주면 고객에게 신뢰감을 준다. 요즘은 제면기 성능이 업그레이드되어서 반죽을 자동 반죽기로 작업하면 얼마든지 인건비를 줄일 수 있다.

아울러 육수도 고기 혹은 뼈나 동치미 등을 사용하면 고객의 입맛을 사로잡을 수 있다. 매출이 지지부진한 식당이라면 고기와 냉국수를 함께 먹는 가성비 높은 선육후면 콘셉트를 시도해보자. '우리 동네 특별한 식당'으로 자리매김해, 고객을 끌어당길 수 있을 것이다.

6. 만둣국, 떡만둣국, 만두전골
: 여름 메뉴의 계절 편향성 극복할 보완 메뉴

한국인에게 만둣국, 떡만둣국, 만두전골은 일종의 소울 푸드이자 스테디셀러 메뉴다. 특히 수도권 지역은 더욱 그렇다. 만두는 아무래도 추운 겨울에 많이 먹는다. 그만큼 계절성이 강한 메뉴다. 그렇지만 냉면이나 막국수를 취급하는 여름 음식 전문점에는 만두의 계절적 한계가 오히려 보완 요소로 작용한다. 어느 정도 상품력만 갖추면 여름 음식 전문점의 겨울철 대체 메뉴로서 손색이 없다. 동절기에 만두 메뉴를 선택한다면 미리 준비가 필요하다.

한여름에도 뜨거운 국물 먹어야 시원한 한국인

8월 초순 폭염의 여름, 경기도 북부에 있는 이북식 만두 전문점을 방문했다. 날씨가 무더운데도 식당 안은 만석이었다. 발레파킹 전담 인력

만두는 포장 판매가 용이하고 만둣국, 떡만둣국, 만두전골 등으로 변용이 가능하다.

을 세 명이나 두었을 정도로 영업이 잘 된다.

사실 이 식당 만두의 맛과 상품력이 나의 기준으로는 보통 수준이다. 고객 분포를 어림해보니 여성 고객의 비중이 꽤 높은 편이었다.

접시 만두(9,000원), 뚝배기(1만 원), 녹두빈대떡(1만 3,000원) 등 주메뉴의 가격은 저렴하지 않았다. 식당 입지도 고객들이 차량으로 이동해야 접근할 수 있는 곳이다. 그런데도 손님들이 국물 뜨거운 만둣국이나 뚝배기 등을 주문했다. 그 날 날씨가 30도를 훌쩍 넘는 불볕더위 상황이었음을 고려하면 이례적인 현상이다. 메뉴 중 냉국수가 있었음에도 이 식당은 고객들에겐 만두로 강력하게 인식되는 식당이었다.

서울, 인천 등 수도권 지역은 만두가 생각 이상으로 강력한 메뉴이다. 경기도 성남시 분당이나 용인 등지에서 만두전골과 메밀국수를 판매하는 식당들이 많다. 한 점포는 건물의 2층에 소재했음에도 영업이 꽤 잘된다. 그 식당 상품력은 그저 무난한 정도였다.

경기도 남부의 한 만두전골 전문점도 서비스로 칼국수를 제공해 주부 고객의 비중이 높은 편이다. 이 식당 역시 만두의 상품력은 무난한 정도다. 경기도 분당 주거 상권 내의 어느 평양식 만두 전문점은 주부 고객이 다수를 차지한다. 66m²(20평) 정도로 작은 규모의 점포인데도 영업이 꽤 잘 되고 있다.

만두 빚기 어렵지 않아, 벤치마킹 통해 상품력 높여야

만둣국이나 만두전골은 뜨거운 국물을 기본으로 한다. 따뜻함이 그리워지는 가을 이후 동절기 때 많이 찾는 메뉴다. 떡만둣국도 동절기에 잘 나가는 메뉴다. 떡국으로 사용하는 가래떡을 방앗간에서 직접 뽑아서 쓰는 것도 좋은 방법이다. 더욱이 가래떡은 별도로 떡국 메뉴로 판매할 수도 있다. 아는 사람은 알겠지만, 한국인은 의외로 떡국 메뉴를 선호한다.

내가 아는 대박 막국숫집이 있다. 여름에는 165m²(50평) 미만의 규모에서 하루 1,000만 원 가까운 매출을 올린다. 그렇지만 겨울에는 그 매출이 현저하게 줄어든다. 만일 그 식당에서 여름 막국수와 더불어 '겨울 만두'를 강력한 주력 메뉴로 끌고 갔다면 동절기 매출이 꽤 늘었을 것이다. 냉면이나 막국수 전문점에서 만두를 사이드 혹은 시그니처 메뉴로 강력하게 내세우면 동절기 매출 하락을 최소한으로 줄일 수 있을 것이다.

내가 보기에 만두 전문점들 대부분은 상품력이 좀 미진한 편이다. 상품력을 높이기 위해 만두를 제대로 구현하는 평양식, 개성식, 황해도식, 서울식 만두 전문점들을 벤치마킹할 필요가 있다.

식당 직원 중에 중국 교포 출신들은 대체로 만두를 잘 빚는다. 중국에서는 만두가 일상식이기 때문이다. 이들에게 만두 빚기를 전담시키는 것도 좋은 방법이다. 수제 만두는 생각보다 어려운 메뉴가 아니다. 일부 식품 제조업체에서는 양질의 만두소와 만두피를 만들어 당일 배송해준다. 이런 만두는 수제 만두 이상의 맛도 낸다.

♀ 7. 소고기국밥
: 서민형 경상도식 소고기국밥, 불경기에 더 매력적

우리나라 사람은 국물을 좋아한다. 오죽했으면 '국물도 없다'는 속담이 다 생겼을까. 이 국물을 활용한 메뉴가 국밥이고 소고기국밥도 그중 하나다. 국물을 내는 재료로는 멸치, 돼지고기, 닭고기, 소고기 등이 있다. 우리나라 사람 입에는 역시 감칠맛이 뛰어난 소고기 국물이 가장 끌린다. 다만, 소고기는 비싼 재료여서 소고기국밥을 팔거나 먹기가 쉽지 않다. 그런데 외국산 소나 젖소 등을 활용하면 이 장벽을 우회할 수도 있다.

외국산 소나 젖소 등을 활용하면 높은 재료비 장벽을 우회할 수 있다.

남녀노소 빈부귀천 누구에게나 매력적인 맛과 가격

부산 해운대 우동(右洞)에 소고기국밥집들이 몰려 있다. 해운대가 부산 중산층 밀집 주거 지역임에도 이 동네 국밥집의 소고기국밥 가격은 5,000원이다. 얼마 전까지만 해도 4,000원이었다. 밥을 따로 제공하는 따로국밥은 5,500원이다. 아주 저렴한 가격이다.

가장 유명한 곳은 하루에 최소 20회전 이상 될 정도로 손님이 많다. 손님 분포는 다양하다. 원래 국밥을 좋아하는 중노년층은 물론, 젊은 세대와 여성들도 좋아하는 경상도식 국밥이어서 젊은이와 여성들까지 쉽게 눈에 띈다. 또한, 서민은 물론 중산층 이상 손님들도 이 식당을 많이 방문한다. 가격은 저렴하지만 상품력이 양호하기 때문일 것이다.

이 국밥은 뼈를 사용하지 않고 국물을 내기 때문에 담백하고 맑은 국물이 특징이다. 육류는 외국산과 국내산 젖소를 함께 사용하는데 가격에 비해 푸짐하고 특히 맛이 뛰어나다. 일주일에 한두 번 이상 방문하고 싶을 정도로 중독성이 있다. 이 국밥은 나의 판단으로는 서울은 물론 전라, 충청, 강원 등 타지 사람들도 선호할 맛이다.

이 국밥을 벤치마킹해 서울 강남구 대치동에 리뉴얼한 고깃집 〈육미당당〉에 메뉴를 전수해주었는데 점심시간대에 이 국밥이 가장 인기가 높았다. 이는 서울 강남의 중산층 소비자도 선호하는 맛이라는 의미다. 또한 울산 남구에 리뉴얼한 〈육미락〉도 이 국밥으로 선전하고 있다.

고기로 국물 내 담백, 요즘 트렌드와도 부합

이 국밥은 서울과 수도권에서는 쉽게 접할 수 없는 희귀성이 있다. 그렇지만 맛은 친숙하기 때문에 국밥 전문점 혹은 고깃집 점심 메뉴로 아주 좋다. 사골이나 뼈로 낸 국물도 좋지만, 이 국밥은 뼈를 우려내지 않아 국물이 맑고 감칠맛이 훨씬 앞선다. 전남 나주시 현지의 나주곰탕도 그런 타입의 국물이기 때문에 타지역 사람들도 선호한다.

최근 돼지나 소 모두 진한 국물보다 맑은 국물을 선호하는 흐름이 감지되고 있다. 서울 약수동의 대박 순댓국밥집 〈약수순댓국〉도 맑은 국물이다. 소비자들이 진한 뼈 국물보다는 맑고 담백한 국물을 선호한다는 이야기다.

조리하는 방법은 먼저 소고기 갈빗살과 차돌양지를 네 시간 고아 국물을 낸다. 여기에 육향을 내기 위해 제비추리와 안창살을 소량 추가해

한 번 더 끓인다. 끓이는 중간중간에 기름은 계속 걷어낸다. 이 국물에 대파, 무, 콩나물, 그리고 국물 낼 때 사용한 고기를 넣고 다시 끓인다.

경남 창원시에 석쇠불고기(육우)와 소국밥으로 성업 중인 〈임진각〉 이라는 식당이 있다. 떡갈비 스타일의 석쇠불고기와 국밥의 조합 콘셉 트다. 손님 대부분이 석쇠불고기를 먹고 소국밥으로 마무리를 한다. 그 러므로 이런 조합을 응용해 원가가 낮은 돼지 뒷다리살 등을 사용한 떡 갈비와 국밥 콘셉트로 메뉴를 구성하면 높은 객단가와 회전율을 기대 할 수 있다.

♀ 8. 추억의 경양식
: 메뉴 구현 쉽고 식자재 원가 낮아

경양식은 일본식 양식에서 유래한 음식이다. 우리나라에서도 1960년대부터 본격적으로 유행하기 시작했는데 중장년층에게는 추억 의 음식이기도 하다. 1990년대 중반 대기업의 패밀리 레스토랑 열풍에 밀려 쇠락하기도 했지만 몇 년 전부터 서서히 기지개를 펴고 있다.

조리 기술보다 소스 맛이 포인트
서울 송파구에 30년 내력의 경양식집 〈오로라경양식〉이 있다. 이 식 당은 메뉴가 단출하다. 돈가스, 함박스테이크, 생선가스 그리고 돈가스 정식 정도다. 장사도 제법 잘 되는데 고객층도 다양하다. 특히 노년층

메뉴 구현이 쉽고 식재료 원가가 낮은 편인 경양식.

고객이 많아 보인다. 포장 판매의 비중도 비교적 높은 편인 것 같다. 주방 인력을 모두 여성으로 구성했고, 가격은 8,000원, 9,000원으로 비교적 제 가격을 받고 있다.

크림 수프가 나오고 옛날 경양식집처럼 빵과 밥 중 선택할 수 있다. 특별한 맛은 아니지만, 돈가스에 뿌린 데미글라 소스의 맛이 편안하다. 요즘 대세로 떠오르고 있는 일본식 두툼한 돈가스가 아니고 1970~1980년대의 경양식풍 돈가스 맛이다.

이 아이템은 특별한 조리 기술보다 돈가스, 함박스테이크의 소스 맛이 중요한 포인트다. 돈가스는 주로 국내산 돼지 등심을 사용하고, 함박스테이크는 소고기와 돼지고기를 혼합해 사용하는 경우가 많다.

최근 서울 홍대 앞이나 부산 서면 등에서 경양식풍 식당들이 차츰 인기를 얻고 있다. 부산 〈미화당살롱〉은 복고풍 인테리어 감각이 돋보인다. 주요 고객이 젊은 여성이다. 음식도 기본 이상의 맛을 내고 있다. 여기도 돈가스와 함박스테이크가 주력 메뉴인데, 특이하게도 일본의 서민용 파스타인 나폴리탄도 판매하고 있다. 플레이팅이나 그릇 등도 감각이 높다. 여성 고객을 타깃으로 했음을 짐작게 한다.

메뉴 구현 비교적 쉬워, '분위기'가 중요

경양식 전문점의 장점은 의외로 메뉴 구현이 어렵지 않다는 점이다. 메인 음식인 돈가스, 함박스테이크는 주로 소스 맛에 의존한다. 시제품을 응용해 소스를 만드는 것이 그다지 어려운 작업은 아니다. 다만 작은 규모의 식당이라도 나름의 분위기를 구현해내는 것이 중요하다.

경양식집을 방문하는 주 고객층이 젊은 고객이라면 '분위기'를, 중장년층이라면 '추억'에 포커스를 맞춰야 한다. 그런 세대별 니즈에 부합하는 복고풍 인테리어가 적합하다.

인천 동인천에는 지금도 오래된 경양식 식당이 여러 곳 건재하다. 대박 수준은 아니지만 오랜 연륜의 경영 능력을 바탕으로 최근에도 외지 고객들이 몰리고 있다. 부산 지역은 특히 경양식 식당이 좀 더 강세인 것은 분명하다. 지금도 일부 기사 식당에서는 돈가스나 함박스테이크를 서민형 콘셉트에 맞춰 제공하고 있다.

서울 동대문구 장안동 기사 식당 〈장안정〉은 함박스테이크, 돈가스,

설렁탕 등을 판매하는 식당이지만 주력 메뉴는 함박스테이크다. 그릴에 제공해 온도감 좋은 8,000원짜리 함박스테이크는 일반 손님은 물론 기사 손님들의 인기 메뉴다. 이 식당 함박스테이크 역시 중요한 포인트는 소스다. 시큼한 맛이 당기는 소스는 함박스테이크가 양식이라는 생각보다는 한식 느낌이 더 강하다.

돈가스, 함박스테이크 등은 비교적 식자재 원가가 저렴하기 때문에 회전율만 뒷받침된다면 생각 이상으로 좋은 아이템이다.

♀ 9. 두루치기(짜글이)
: 조리 간편하고 두루 만족스러운 서민형 음식

대중적 맛의 서민 음식인 두루치기는 원가 부담이 적고 조리가 비교적 쉽다. 손님 입장에서는 저렴한 가격에 식사와 술안주를 겸할 수 있는 메뉴다. 김치찌개처럼 국물과 함께 밥을 먹기에 좋고 고기를 안주삼아 먹을 수도 있다. 비록 가격이 저렴해도 고기 넣고 조리한 음식이다. 썩어도 준치이고 저렴해도 고기 메뉴다. 이 점은 식당 메뉴로서 큰 강점이다.

직장인 밥과 술의 정다운 동반자
요즘 삼겹살과 돼지 갈빗집 영업 현황이 예전 같지 않다. 불경기와 삼겹살에 대한 식상함 그리고 고깃집의 포화상태 때문이다. 질 좋은 원

두루치기는 조리법이 간단한 데다 밥반찬도 되고 술안주도 되는 전천후 메뉴다.

육을 무기로 한 숙성 삼겹살은 이미 넘쳐나고 소비자들도 삼겹살 일변도의 고기 문화에 다소 식상해하기 시작했다. 돼지갈비도 좋은 아이템이지만 업소 수가 많이 늘었다.

몇 해 전 교육을 끝내고 직원들과 서울 강남구 역삼동의 지하에 있는 두루치기집 〈우리돈삼이네〉에서 통돼지 두루치기에 소주를 마셨다. 뜻밖에도 삼겹살에 소주를 마셨을 때보다 만족도가 높았다. 칼칼하고 시원한 육수의 돼지고기가 소주 안주로 그만이었다. 특히 원육의 질이 우수해 고기 씹는 맛이 좋았다. 고기는 국산 생고기를 사용하는데 구워 먹을 때보다 맛이 더 나았다.

저녁 9시가 넘은 시각인데도 노년층 고객들이 두루치기 안주에 소주를 곁들였다. 그 모습이 퍽 이채로웠다. 우리 일행은 나를 제외하고 모두 젊은 연령층이었지만 그들 역시 두루치기 안주를 만족스러워했다.

칼칼한 육수의 돼지고기 메뉴는 한국인이면 대체로 즐겨 먹는다. 세월이 지나도 식상해하지 않는다는 강점이 있다. 즉 소울 푸드 성격이 짙다. 이런 메뉴는 복고적 속성이 강해 중년 이상의 남성 고객들이 좀더 선호하는 특성이 있다. 직장인들은 점심시간에도 육류 메뉴를 선호한다. 두루치기는 직장인 밀집 지역에서 점심 메뉴로도 인기다. 손맛이 좋은 식당 경영자라면 두루치기로 메뉴를 구성할 것을 제안해본다.

김치찌개 대용, 달걀말이로 객단가 높여야

두루치기는 충청도에서는 '짜글이' 전라도에서는 '애호박찌개' 경상도에서는 '고기찌개' 혹은 '돼지찌개'로 칭하는 경우가 많다. 주재료는 돼지고기, 김치, 양파 등 식당에서 기본적으로 사용하는 재료다. 김치찌개집이라면 동일 재료로 두루치기 메뉴를 추가해 저녁 매출을 끌어올릴 수 있다. 김치찌개는 점심 메뉴로는 선호도가 높지만 저녁 매출은 부진하기 때문이다.

역삼동의 이 집은 엄나무와 구지뽕나무 육수를 사용해 돼지고기 잡내를 잡았고 두루치기용 김치도 직접 담근다. 돼지고기는 믿을 만한 거래처를 확보하여 양질의 앞다리살이나 사태를 구매해 사용한다.

대부분의 두루치기 전문점들은 소규모로 부부나 가족끼리 운영하는 경우가 많다. 인건비를 절감할 수 있고 식자재 원가도 높지 않아 소자본 창업으로 좋은 아이템이다. 다만 김치와 양념장 등을 만드는 방법이 생각보다 쉽지는 않다.

원육은 앞다리살이나 뒷다리살 등 저렴한 저지방 부위를 주로 사용한다. 고깃집이라면 구이용 고기를 손질하고 남은 자투리 고기를 활용해 전략 메뉴로 활용해도 된다. 재료를 미리 손질해두고 주문 즉시 조리하면 되므로 조리 과정도 간편하다. 달걀말이 등의 사이드 메뉴와 라면 사리 등 추가 주문을 적극 유도하면 객단가를 높일 수 있다.

♀ 10. 냉면

: 불경기에도 선전하는 아이템

냉면은 수익성이 좋고 회전율이 매우 높으며 마니아층을 형성한 매

냉면은 수익성이 좋고 회전율이 매우 높으며 마니아층을 형성한 매력적인 음식이다.

력적인 음식이다. 불경기에도 그 나름 선전하는 아이템이다. 그러나 계절 음식이어서 동절기를 극복할 수 있는 안목과 실력을 갖춰야 창업할 수 있다. 나도 여건이 되면 냉면 전문점에 한 번 도전해볼 생각이다.

'맛있는 냉면' 한 번 어필하면 만년 효자

작년 겨울 경남 황태 전문점 〈황태마을〉에 경영 상담을 다녀왔다. 영업은 다소 부진했지만 음식의 질은 양호한 편이었다. 그때 나는 이 식당 업주 부부에게 냉면을 강력히 추천했다. 상권이 관광지여서 주말에 외부 고객 유입이 많았고 그 지역에 냉면 전문점이 전무했기 때문이었

다. 게다가 황태나 코다리는 냉면과 묶기에 유리한 아이템이라는 점도
작용했다.

코다리냉면은 숙성시킨 양념 코다리나 황태를 고명으로 얹은 냉면
을 의미한다. 함경도나 강원도 등 우리나라 동해안을 따라 발달한 향토
음식이다. 이런 냉면은 영남 지역에서도 충분히 통한다. 안타깝게도 이
식당은 여러 가지 사정으로 냉면의 메뉴화 작업을 진행하지 못했다. 만
일 그 식당이 냉면을 도입했다면 2018년 하절기에 상당한 도약을 했을
것이다.

경기도 광주에는 주방용품을 취급하는 모 업체의 대표가 별도로 운
영하는 냉면집이 있다. 그 냉면집도 2018년에 40% 이상 성장했다고
한다. 심지어 그 집의 간판 메뉴는 한물간 칡냉면이고 면도 자가제면이
아니다. 그렇지만 2018년 여름 매출이 상당했다고 한다. 냉면 가격이
9,000원으로 수익성도 매우 좋다.

메밀 수요 증가세 등 전망 밝지만 충분한 실력 갖춰야

나는 주변 식당 업주들에게 평양냉면 전문점 개점을 추천하지 않는
다. 메밀을 사용하는 평양냉면이 대세이기는 하지만 평양냉면은 맛을
잡기 어렵다. 담담한 듯하면서도 적당한 감칠맛과 육향을 내고 육향과
어울리는 염도를 맞추는 일, 그 맛을 계속 꾸준히 유지하는 일 등이 쉽
지 않기 때문이다. 그리고 무엇보다 유명한 기존 브랜드 냉면집 중심
으로 구매가 이루어진다. 후발 주자가 평양냉면 전문점으로 성공하기
란 매우 힘든 시장 구조다. 평양냉면은 '밍밍한' 맛이 난다. 냉면 초보자

들이 쉽게 친근해지기 어려운 맛이다. 이런 평양냉면의 특유의 맛 역시 전국 여러 지역에서 뿌리내리기 어려운 요인이다.

함흥냉면도 한때 대로변을 중심으로 많이 불어났다. 하지만 품질의 하향 평준화와 함흥냉면집의 범람으로 일순간에 쇠락했다. 당시 함흥냉면집 물냉면은 포도당 맛이 과했다. 그만큼 소비자가 원하는 상품력에 대한 이해도가 낮았던 것이다. 냉면집 만두도 소비자의 입맛 기준에 미달하는 곳이 많았다. 한마디로 기본 실력이 부족했다.

냉면시장의 이런 요소들을 고려해 충분히 맛과 실력을 갖춘다면 냉면은 불황의 역풍을 맞지 않고 비교적 순항할 수 있는 아이템이다.

6장

인사이트
경영으로
성공 일군 식당들

절망 끝에서 붙잡은 수도권 최고의 삼겹살 브랜드
: 화포식당

식당 창업을 인생의 마지막 히든카드로 여기는 사람들이 많다. 이들은 직장을 때려치우고, 혹은 사업을 정리하고 이도 저도 안 되면 '식당이나' 차리겠다고 한다. 그렇게 해서 차린 식당이 잘 될 리 있을까? 지금은 수도권에서 가장 맛있는 삼겹살 프랜차이즈 브랜드인 〈화포식당〉 이성만 대표가 나에게 도움을 요청한 때도 폐업 일보 직전이었다.

잘나가던 사업 어려워져 한우 전문점 차렸으나…

이 대표는 대학에서 조선공학을 전공하고 졸업 후 조선회사에 들어가 직장 생활을 했다. 대부분의 직장인이 그렇듯, 그도 '내 사업'에 대한 유혹으로 직장을 그만두고 건축 관련 사업에 뛰어들었다. 처음에는 사업이 비교적 순조로웠다. 그러나 어음과 외상 거래라는 건축 업계의 관행이 그의 발목을 죄어왔다. 현금 흐름이 원활치 못하자 큰 손해를 보고 건축업을 정리했다.

생업을 영위하고자 이 대표는 2008년 인천 구월동에 〈명품관〉이라는 한우 전문점을 열었다. 얼마 전까지만 해도 사업상 접대를 위해 고급 고깃집을 수없이 출입해왔던 그는 스스로 고기에 대해 잘 안다고 착각했다. 돈이 돌지 않아 사업을 접어야 했던 그였기에 '현찰 장사'라는 식당 운영의 이점은 아주 매력적으로 보였다.

운 좋게도 장사는 그럭저럭 되는 편이었다. 그러나 오래가지 못했다.

본격적인 경기 불황기에 접어들면서 비싼 한우를 찾는 발길이 뚝 끊어졌다. 식당 개업 시점에 주변 아파트 단지가 고급 아파트로 재개발을 끝낸 점도 악재였다. 상권 내 대부분의 입주민이 주택 상환금을 갚느라 소비 여력이 없었다.

식당이 어려워질수록 이 대표는 더 열심히 일했다. 인터넷과 책자를 뒤져 외식업 관련 항목을 모두 독파했다. 잠자는 시간도 줄였다. 그랬건만 매월 500만 원에서 1,000만 원의 적자가 계속 이어졌다. 여기저기서 돈을 빌려 고정비를 내야 하는 일이 반복되었다. 나중엔 더는 돈 빌릴 곳도 없었다.

콘셉트 부재와 고비용 구조 등 문제 산적

이 대표는 식당을 정리하고 싶었지만 그동안 고생한 것이 아까웠다. 대체 실패의 원인이 무엇이었는지 궁금했다. 마침 부인으로부터도 의기소침해하지만 말고 심기일전해보자는 격려와 충고도 받은 터였다.

당시 〈명품관〉의 가장 큰 문제는 콘셉트의 부재였다. 〈명품관〉은 아무런 개성이나 색깔이 없는 고깃집이었다. 서민 동네에 가격이 비싼 한우 전문점을 연 것은 잘못된 선택이었다. 고깃집 운영 경험이 전혀 없었던 이 대표의 실수였다. 문을 열었지만 고객에게 깊은 인상을 심어주지 못하는 그저 그런 고깃집 가운데 하나였다.

"소고기 장사가 돼지고기 장사보다 5배 정도 힘들다"는 말도 있다. 단가가 훨씬 비싼 소고기는 원육 관리, 고객 서비스, 식당 환경 관리 등에서 돼지고기보다 까다롭다. 그런데 '왕초보'였던 이 대표가 소고기 장사를 시작했으니 당연히 고전했던 것이다.

둘째는 고비용 구조였다. 점포 임차료가 적정가보다 과다했다. 직원 급료도 높게 책정됐다. 그런 사실을 이 대표만 모르고 있었다. 식당 운영 경험이 없었던 이 대표로서는 일종의 수업료였던 셈이다. 다른 고깃집 몇 곳만 찾아가서 알아봤어도 예방이 가능했다.

셋째는 '명품관'이라는 옥호였다. 특색 없는 그 이름은 고객에게 어떤 메시지나 울림도 전달하지 못했다. '명품'이라는 이름은 고기보다 오히려 옷이나 신발, 가방 이미지를 먼저 떠올리는 이름이었다.

넷째는 건물 구조가 서빙하기에 매우 불편한 구조였다. 노련한 식당 업자였다면 입점하지 않았을 곳이다. 입식과 좌식 홀이 엇갈려 혼재했고 주방 위치가 제일 구석에 위치했다. 직원이 음식을 가지고 손님이 있는 곳까지 가는 거리가 멀 뿐 아니라 동선이 복잡했다. 그러니 직원들의 피로도가 가중됐고 근무 의욕도 떨어졌다. 이 외에도 의기소침해진 업주의 의식이나 고객이 매력을 느낄 만한 요소의 부재 등도 문제였다.

삼겹살집 전환 뒤 철저한 원육 관리로 경쟁력 높여

경영 개선을 위해 이 대표에게 두 가지 콘셉트 전환의 길이 있었다. 첫 번째는 등심 전문점이었다. 이런저런 한우 부위를 파는 것보다 경험이 부족한 이 대표에겐 오히려 조리 과정을 단순화하고 경비를 절감할 방안이었다. 두 번째는 두툼한 숙성 직화구이 돼지 삼겹살 전문점이었다. 신설 아파트 단지 상권이어서 주민 대부분이 은행 대출을 받아 가처분소득이 낮은 편이었다. 삼겹살로 전환은 소비 여력이 급격하게 저하된 주변 상권을 고려한 처방이었다.

이 대표는 후자인 삼겹살 전문점을 택했다. 이때부터 본격적으로 삼겹살집으로 대변신을 시작했다. 이 대표는 강도 높은 돼지고기 전문점 경영 실전 교육을 받았다.

옥호도 삼겹살집에 식사도 파는 콘셉트에 맞게 '화미식당'으로 바꾸려고 했다. 고깃집의 고민거리인 점심 매출을 고려해 점심에 식사 메뉴를 장착하려는 포석에서였다. 그러나 고깃집 이미지를 강화하고자 〈화미소금구이〉로 결정했다. 고기와 함께 내는 찬류도 정비했다. 이 대표가 조리 전문가가 아니어서 찬류 지식이 부족했다. 조리 전문가들에게 삼겹살이나 점심 메뉴와 어울리는 찬류 조리법을 배웠다. 전문가들이 그의 어려운 처지를 고려해 적은 비용으로 가르쳐줬다.

고깃집은 고기가 좋아야 한다. 이 대표는 축산 농가와 축산 시장을 이 잡듯 뒤져 좋은 고기를 찾아다녔다. 고생 끝에 그가 원하는 수준의 육질을 가진 돼지를 경기도 포천의 양돈 농가에서 찾았다. 들여온 원육은 일주일 정도 저온에서 숙성시켜 식감과 풍미를 높여서 손님상에 올렸다.

주력 메뉴는 '숙성 통삼겹살'과 '숙성 통목살'이었다. 두 메뉴 모두 3cm 이상의 두께로 두툼하게 손질해 익힐 때 육즙 손실을 최소화했다. 육질 고급화에 이어 고기를 두껍게 잘라 굽는 당시 트렌드를 채택했던 것이다. 마치 스테이크 같은 모양새에 구이 서비스를 곁들여 고객 만족도를 높였다.

끈기와 실행력으로 일궈낸 〈화포식당〉의 엄청난 도약

양질의 고기 맛에 반한 고객이 차츰 불어나자 홍보에 주력했다. 먼저 내부 POP 광고 문구를 바꿨다. 전문가가 정리한 광고 문구들을 하나씩 붙였다. 비용이 모자라 홍보물을 전문 디자이너에게 의뢰하지 못하고 컴퓨터 궁서체로 출력했다.

음식의 질과 식당 운영에 자신감이 생기자 다음에는 구독자를 많이 거느린 블로거들을 초빙했다. 내방한 블로거들도 수도권에 이렇게 양질의 숙성 삼겹살집이 존재한다는 것에 놀라워했다. 특히, 인근의 막강한 고깃집과 비교하는 블로거들이 많아 자연스럽게 점포 위상이 올라갔다. 물론 내가 의도했던 바였다. 블로그를 보고 찾아온 고객이 늘었다.

점차 매출과 고객이 늘자 점포도 늘려갔다. 개선 활동을 시작한 지 1년 만에 인천시 부평에 2호점을 냈다. 새로 생긴 점포는 〈화포식당〉이라는 옥호를 썼다. 술(대포)과 밥도 함께 먹는 개념의 식당이어서 그런 이름을 붙였다.

〈화포식당〉은 점심 식사 메뉴로 완자 부대찌개를 장착했다. 부대찌개에 큼지막한 완자를 넣은 형태다. 고기 작업을 하고 남은 자투리 고기(잔여육)를 활용해 개당 약 120g의 큼직한 완자를 만들었다. 찌개 1인분에 완자 하나와 고기를 더 넣어 모두 150g 정도의 고기가 찌개에 들어갔다. 완자 부대찌개는 효자 메뉴가 됐다. 점심때면 인근 직장인이 대거 몰려와 주문했다. 인기에 힘입어 포장 판매도 차츰 늘었다.

이 대표 부인 허숙경 씨의 그림자 내조도 식당 발전에 적지 않게 기여했다. 식당이 그 정도로 망가지면 대개는 업주의 부부관계에도 금이

육질 관리에 중점을 둔 이성만 대표가 양질의 삼겹살 원육을 발굴해 적절히 숙성시켜 내놓은 〈화포 식당〉 삼겹살.

간다. 그런데 허 씨는 긴 시간 인내하면서 오히려 절망에 빠진 남편을 위로하고 힘이 돼줬다. 이 대표가 허 씨에겐 '조강지부(糟糠之夫)'였던 셈이다. 지금도 허 씨는 이 대표에게 적절한 조언을 해주는 최고의 참모다. 이제 〈화포식당〉은 60여 곳의 직영점과 가맹점을 거느린 중견 외식 프랜차이즈 업체로 발전했다.

📍 36년 식당 경력자도 창업을 요리하기는 힘들다

: 일미옥불고기

요즘 TV를 켜면 어렵지 않게 오너 셰프들을 만날 수 있다. 빼어난 조리 기술과 번듯한 자기 점포를 소유한 사장님들이다. 조리 실력이 뛰어나면 누구나 그들처럼 성공할 수 있을까?

충남 홍성 〈일미옥불고기〉 임형우 대표의 경우를 보면 반드시 그런 건 아니다. 그는 출중한 조리사였지만 성공한 사장님은 아니었다. 식당 성공 요소가 주방 안보다 주방 밖에 더 많아서 그랬을는지도 모른다. 조리 실력은 성공 식당의 필요조건은 될 수 있어도 충분조건은 아니었다. 그렇다면 임 대표에겐 무엇이 더 필요했을까?

"내 실력이면 성공할 줄 알았는데"

임 대표는 한식 조리 경력 30여 년의 베테랑이다. 지금까지 설렁탕, 냉면, 불고기 등 한식이라면 만들어보지 않은 음식이 없다. 베테랑 조리사들 가운데 자기 음식에 대해 근거 없는 자부심을 갖는 사람이 더러 있다. 이 자부심이 '음식만 잘하면 성공한다'는 그릇된 믿음과 만나면 사고로 이어진다. '묻지 마 창업'이라는 사생아는 그렇게 탄생한다.

임 대표는 서울에서 식당 경영을 오래 하다 잠시 접었다. 쉬던 차에 발군의 실력을 인정한 지인의 요청으로 홍성의 고깃집에서 몇 년 동안 일했다. 그러다가 '내 일생의 마지막 식당'을 해보고 싶다는 생각으로 고깃집을 차린 것이 2013년 이른 봄이었다.

〈홍성마당〉이란 간판을 걸었다. 망설이지 않고 한우 전문점으로 문을 열었다. 막상 개점했으나 파리만 날렸다. 어쩌다 들어온 손님도 불만스러워하며 나갔다. 평생 식당 밥을 먹으며 살아왔다고 자부했던 임 대표였지만 오랜만의 식당 창업은 녹록지 않았다.

〈홍성마당〉의 홀은 탁 트였다. 그런데 대도시와 달리 지방 도시 고깃집은 독립된 방을 찾는 손님이 많았다. 지역사회다 보니 구면인 손님들끼리의 어색한 조우를 불편해했던 것이다. 테이블 형태나 배기 시스템도 한우 전문점과 전혀 맞지 않았다. 고기를 구울 때 나는 연기를 제대로 배출하지 못했고 손님과 직원의 동선은 꼬였다.

한 가지의 긍정 요소만 보고 아홉 가지의 부정 요소는 외면한 채 창업했다가 낭패를 보는 사례가 흔하다. 조리 능력 확보라는 긍정 요소만 생각했지 그 외의 여러 창업 성공 요소는 고려하지 못했다. 자신의 능력을 객관화하는 지혜, 식당 콘셉트 설정과 운영 방안을 도출해내는 기획력, 점포를 꾸준히 유지해나갈 체력과 자금력 등을 점검해보지 않고 서둘러 개점하는 데서 오는 비극이다. 바로 임 대표가 그랬다.

홍성에서 한우 팔기는 사막에서 모래 팔기

가장 큰 문제는 한우라는 아이템의 부적절성이었다. 홍성은 전국에서도 손꼽히는 한우 산지다. 거기에 한우 고깃집 밀집도가 전국 최고 수준이다. 한우도 흔하고 한우 고깃집도 흔했다. 조금 과장하면 한 집 건너 한 집이 한우 전문점인데 본인 실력만 믿고 일을 벌였다. 사막에서 모래를, 알래스카에서 얼음을 팔겠다고 나선 격이다.

이들 한우 전문점에서는 간과 천엽(낙타, 소 등 반추동물의 세 번째 위) 정도는 고객에게 기본 서비스로 제공했다. 질 좋은 한우 고기도 집집마다 넘쳐났다.

이런 동네에서 후발 한우 전문점이 성공하긴 힘들다. 게다가 홍성은 실뿌리처럼 연고로 맺어진 지역사회였다. 동네에서 '아는 집'을 놔두고 외지인이 들어와 차린 고깃집에 갈 이유가 없다. 아무리 최상품 등심과 갈비를 판다고 해도 홍성 토착 점포들과 경쟁하기엔 한계가 있었다.

또한 외진 지역에 위치한 입지도 문제였다. 홍성읍 자체가 최고의 상권은 아닌 데다가 〈홍성마당〉은 홍성 읍내 중심부에서도 변두리에 자리 잡았다. 일부러 고기를 먹으러 오는 목적 구매 고객 외에는 사람들이 오가다가 들어올 입지는 아니었다. 그러니 장사가 될 턱이 없었다.

그나마 다행스럽게도 결단은 빨리 내렸다. 저조한 매출과 운영상의 난조는 마냥 기다려서 해결될 문제가 아니었기 때문이다. 뭔가를 바꿔야 했다.

일미옥불고기 한우의 고장인 홍성에서 한우 생고기로 승부하려다 실패하고 불고기로 차별화하여 독점적 지위를 확보했다.

불고기 – 시래기 투톱으로 '웰빙 고깃집' 콘셉트

홍성에서 어차피 등심이나 갈비로 1등을 할 수 없다면 남들이 신경 쓰지 않는 종목으로 1등 하면 된다. 그 종목이 불고기와 시래기였다. 둘 다 한국인이 좋아하는 메뉴이지만 두 가지를 동시에 제공하는 식당은 흔치 않다. 불고기를 장착한 웰빙 콘셉트의 고깃집으로 탈바꿈시켜보기로 했다. 음식 가격이 저렴해 점포 문턱도 낮출 수 있고 원가가 낮아 수익성도 나쁘지 않은 메뉴였다.

곧바로 시래기 식당 벤치마킹과 시래기 음식 조리 교육에 돌입했다.

동시에 강원도 시래기 산지, 시래기 유통업자, 시래기 식당을 찾아다녔다. 임 대표는 가는 곳마다 시래기 샘플을 채취하고 시래기 맛을 봤다. 자료들을 수집해 정리하고 나름대로 결론을 도출하고자 애썼다. 품종에 따른 시래기의 품질, 시래기의 생육 기간, 질 좋은 시래기 생육 조건, 가장 맛이 좋은 채취 시기 등도 알아냈다.

유명 한정식집 출신 조리사에게 불고기 전수 교육도 받았다. 여기서 36년 경력의 임 대표 조리 경력이 빛을 발했다. 하나를 알려주면 그는 열을 알아들었다. 옥호도 바꿨다. 불고기를 전면에 내세운 이름인 '일미옥불고기'로 내걸었다. 이렇게 해서 한우 불고기 시래기밥(2018년 기준 1만 8,000원)과 시래기밥 정식(2018년 기준 9,000원)은 이 집의 간판 메뉴가 됐다.

'홍성 맛집'과 '최고의 시래기밥집' 지위 누려

핵심 메뉴인 불고기와 시래기밥의 완성도와 질이 기대치를 넘자 다음은 홍보에 주력했다. 개성 강한 메뉴에 불을 지핀 것은 쉽고 정확하게 음식 정보를 전달한 블로그 마케팅이었다. 여름 피서철과 맞물린 블로그 마케팅은 효과가 컸다.

'저렴한 가격에 먹을 수 있는 몸에 좋은 음식'이라는 이미지가 고객의 마음을 흔들었다. '홍성 맛집'이라는 키워드로 지속해서 홍보 활동을 펼쳤다.

생각 이상으로 불고기와 시래기의 고객 호응도가 높았다. 지금은 서해안을 오가는 관광객이 꼭 들렀다 가야 하는 식당으로 자리 잡았다.

고객의 80%가 홍성 사람이 아닌 외지 관광객이다. 이 집을 찾는 손님들은 무엇보다도 가격 대비 만족도가 높은 점을 최고의 매력으로 꼽는다. 게다가 맛과 건강 요소까지 갖춰, 식사하고 나가는 고객들 발걸음이 가볍다.

〈일미옥불고기〉는 홍성에서 확실한 맛집으로 자리를 굳혔다. 또한 전국에서 가장 시래기밥이 맛있는 집으로 알려졌다. 매출액도 이전보다 7~8배 정도 뛰었지만 브랜드 가치가 크게 향상된 것이 더 큰 성과다.

당초 임 대표는 불고기-시래기의 웰빙 콘셉트 전환을 반신반의했다. 자기 음식에 대한 자신감과 생고기 판매에 대한 미련 때문이었다. 그때 생고기 판매의 미련을 버린 것이 지금은 천만다행이라고 말한다. 베테랑 조리인의 훌륭한 솜씨는 창업 과정에서 양날의 검이다. 새로운 가치를 창출해내면 보약이 되지만, 자신의 성에 갇혀 분별심을 잃는 순간 독이 되는 것이다. 최근 임형우 대표는 성공경영에 힘입어 120평 규모의 자가 건물을 짓고 확장 이전을 준비하고 있다.

📍 손님이라는 나방은 브랜드를 찾아 날아든다
: 아키라

울산 우동 전문점 〈아키라〉 민현택 대표는 한때 성공한 사업가였다. 의약품 유통업으로 한 달에 억대의 수입을 올리는 건 일도 아니었다. 그는 언제까지고 그런 세월이 이어질 줄 알았다. 그러나 예기치 않은 문제들이 연쇄적으로 불거지면서 파국은 너무 쉽게 찾아왔다. 사업을 정리하고 민 대표가 생계 대책으로 준비한 것이 사누키 우동집이었다. 당시만 해도 사누키 우동 시장은 블루오션이었다. 일본에서 온갖 고생을 해가며 사누키 우동 조리법을 배우고 돌아왔다. 하지만 그를 기다린 것은 탄탄대로가 아닌 가시밭길이었다.

4억짜리 생명보험 들고 남몰래 흘린 눈물

제약회사 사원 시절, 어느 호텔 연회장에서 처음 맛봤던 사누키 우동 맛은 경이적이었다. 평생 그가 먹어본 음식 가운데 최고였다. 아직 국내에 잘 알려지지 않아 조리법을 배워 한국에서 팔면 승산이 있어 보였다. 굳은 결심 끝에 일본 시코쿠의 가가와현으로 건너갔다. 그곳의 유명 사누키 우동 전문점 〈오카타야(小縣家)〉에서 갖은 고생을 참아가며 우동 수업을 받았다.

연수를 끝내고 오랜만에 귀국 비행기에 오르면서 민 대표는 성공을 확신했다. 이렇게 맛있는 우동이 국내에 알려지면 난리가 날 것이라고 예상했다. 2010년 8월, 귀국하자마자 미리 점찍어 두었던 부산시 수영구 남천동에 우동집을 개점했다. 민 대표는 무척 설렜다. 이제 이 멋진 아이템으로 돈 쓸어 담을 일만 남았다고 여겼으니 어찌 안 그랬겠는가? 일본에서 배운 대로 최선을 다해 우동을 뽑아냈다. 그가 먹어봐도 나무랄 데가 없는 기가 막힌 우동이었다.

그런데 이상하게 손님이 찾아오지 않았다. 우동집으로는 너무 넓은 매장 안이 더 썰렁했다. 도무지 이해가 안 갔다. 심지어 어떤 날은 오후

7시에 첫 손님을 받는 날도 있었다. 장사는 안되는데 창업 비용 부채에 대한 이자와 원금은 자꾸 늘어만 갔다.

장사가 안되자 별생각이 다 들었다. 비 오는 날엔 광안리 바다로 뛰어들고 싶은 충동이 자신도 모르게 불쑥 일곤 했다. 남은 가족이라도 살아야 하지 않나 싶었다. 최악의 상황에 대비해 생명보험에 가입했다. 보험 일을 하고 있던 누나를 통해 사망 시 4억 원의 보험금을 탈 수 있는 보험에 들었다. 남몰래 눈물 흘리는 날이 늘어갔다. 불길한 낌새를 알아챈 누나가 문자를 보냈다. '가입 후 2년이 지나야 보험금 탈 수 있으니 딴맘 먹지 말라'고.

지나친 오리지널리티가 손님 쫓아

너무 답답해 어디가 잘못된 건지 점검차 벤치마킹에 나섰다. 수도권의 앞서 성공한 집들 우동을 분석해보니 한국적 요소를 적절히 가미했음을 알아냈다. 자신의 사누키 우동 맛과 품질은 우리나라 사람에겐 무척 생소했다. 고객이 먹고 싶어하는 한국적인 맛이 아닌, 내가 팔고 싶은 본토에 충실한 맛을 팔았던 것이다. 나중에 깨달은 사실이지만, 우리나라 사람은 고속도로 휴게소 스타일의 도쿄식 우동 국물에 길들여져 있었다. 그런 고객에게 국물이 아닌 면발을 강조한 사누키 우동이 먹힐 리 없었다.

창업할 때 고려해야 하는 다양한 요소들을 무시하고 성급하게 문을 열었다는 점도 패착이었다. 점포 규모가 우동집으로는 적정선 이상으로 넓었고, 2층에 위치했다. 주차장이 꼭 필요한 입지였음에도 확보하지 못했다. 또 점포와 메뉴를 알릴 홍보 대책도 전혀 세우지 않았다. 당시만 해도 사누키 우동은 다소 생소한 메뉴였으므로 홍보는 무엇보다 중요한 항목이었다.

외식업은 뮤지컬 같은 종합예술이다. 연기 외에 노래, 무용, 무대장치, 스토리가 유기적으로 어우러져야 한다. 그런데 자신의 뛰어난 연기력(조리 실력) 한 가지만 믿고 흥행이 될 줄 알았다. 빨리 돈 벌 생각에 서둘러 개업하다 보니 나머지 요소들은 생략했다. 고객 입장에서 단 한 번만이라도 생각해보고 점검했더라면 그 정도로 낭패를 보진 않았을 것이다.

홍보 활동 강화로 브랜드 가치 높여

우선 메뉴 개선부터 착수했다. 우동 국물은 일본에서와 똑같이 간장만 썼던 것에서 벗어나 소금 간을 먼저 한 뒤 간장으로 풍미를 냈다. 또 우동 전문점 위상을 높이기 위해 우동만 고집했던 태도에서 벗어나 돈가스를 메뉴에 편입했다. 돈가스를 대안 메뉴로 설정, 일행 가운데 우동을 싫어하는 사람이 있으면 단체 손님 전체가 되돌아가는 사례를 줄였다.

한편으로는 '연기'를 잘하는 자신을 도와 부족한 부분들을 보강해줄 '연출자'를 물색했다. 하루 종일 주방에만 있다 보니 음식 차림새, 마케팅, 홍보 등에는 완전히 문외한이었다. 먼저 벤치마킹을 실시했다. 우동집뿐만 아니라 벤치마킹 요소가 있는 업소라면 업종과 관계없이 찾아다녔다. 민 대표로서는 편견과 고정관념을 깨는 여정이었다.

다음 단계로 나는 음식에 대한 냉정하고 객관적인 평가를 시도하고 그 결과를 알려줬다. 그전에도 지인들에게 음식에 관해 자문했다. 그러나 친분이 있는 사람들이어서 모두 '맛있다'며 도움도 안 되는 주례사 비평만 해줬다. 전문가의 조언에 따라 음식의 콘셉트나 메뉴 구성을 획기적으로 바꿨다. 특히 돈가스+간장+달걀의 조합으로 개발한 메뉴는 '집에서 먹는 밥'이라는 이미지를 만들면서 효자 구실을 톡톡히 했다.

메뉴 개선 작업과 함께 메뉴판, POP 광고 문구와 전단, 광고 홍보물, 게시물 등도 새로 만들거나 개선했다. 손님이 들어와서 쉽게 주문하고 편하게 먹고 나갈 수 있도록 메뉴판과 식탁 동선을 합리적으로 바꿨다. 가장 중점을 둔 부분은 홍보였다.

인터넷 매체와 블로그에 '자가제면'이라는 키워드를 부각하고 점포 콘셉트와 메뉴 정체성을 강조했다. 사누키 우동의 특성을 가장 많이 보유한 메뉴가 붓가케 우동이다. '붓가케'는 '끼얹음'이라는 의미의 일본어다. 우리는 보통 우동을 뜨거운 국물에 말아 먹지만, 붓가케 우동은 국물이 아닌 간장 소스를 끼얹어 먹는 우동이다. 국물 맛보다는 면의 맛과 탄성이 높은 식감을 더 중시하는 일본 시코쿠 가가와현의 향토 음식이다.

바로 이런 붓가케 우동의 개성을 부각시키고 붓가케 우동을 '우동 중 최고 맛있는 우동'으로 포지셔닝했다. 아울러 사누키 우동에 에스닉 푸드(특정 국가나 민족의 전통음식)로서의 감성적 스토리텔링을 입혀 적극적으로 알렸다. 2011년에는 민 대표가 무라카미 하루키가 쓴 수필 《하루키의 여행법》에서 하루키가 극찬한 우동집과 모토히로 카츠유키

감독의 영화 〈우동〉에서 등장하는 가가와현의 우동집들을 직접 다녀왔다. 며칠간 방문했던 우동집들의 스토리와 우동 맛을 글로 써서 인터넷 매체에 연재했다.

기사가 음식 관련 방송 관계자들 눈에도 뜨여, 민 대표는 공중파 방송에도 여러 차례 출연해 솜씨를 발휘했다. 한 공중파 방송 프로그램에서는 '사누키 우동의 달인'으로 뽑히기도 했다. 차츰 '민현택'과 그의 점포는 우동 마니아들에게 매력적인 브랜드로 각인됐다.

울산으로 이전해 제2의 도약 발판 마련

일련의 홍보 활동들이 입체적이고 유기적으로 시너지 효과를 내면서 찾아오는 고객과 매출이 비약적으로 증가했다. 지방의 사누키 우동집으로서는 거의 유일하게 매체 홍보의 선순환 효과를 누렸다. 수도권의 잘나가던 유명 사누키 우동집들과 어깨를 나란히 할 정도였다.

민 대표는 점포 운영이 안정을 찾자 제면기 사업과 사누키 우동 학교를 운영하기 시작했다. 수익원 다변화와 함께 창업 예정자들에게 실질적인 도움을 주기 위해서다. 창업 과정에서 겪은 자신의 시행착오와 성공 스토리를 참고해 후배들에게 등대 구실을 하고 싶어 한다. 그의 뜻이 결실을 보아 이미 몇몇 창업자가 사누키 우동집을 열기도 했다.

민 대표는 장기 계획의 일환으로 부산의 식당을 매각하고 현재는 울산에 〈아키라〉라는 옥호로 식당을 운영하고 있다. 아무리 잘 만든 상품이나 음식도 고객이 모르면 의미가 없다. 스토리텔링은 업소와 상품의 이미지를 고객에게 직관적으로 쉽게 알려준다. 그런 이미지는 쌓여 브

랜드가 된다. 브랜드는 업소와 상
품에 대해 고객이 신뢰하고 인정
하는 수준이다. 그래서 브랜드가
중요하다. 작은 식당이라도 브랜
드 가치를 키우고 관리해야 하는
이유가 여기에 있다.

민현택 대표는 〈아키라〉 외에도
〈섬섬옥수〉〈이도〉 등 4개의 외식
브랜드를 울산에서 성공적으로
경영하고 있다. 특히 돈가스 메밀
국수 전문점 〈섬섬옥수〉는 3년 만

〈아키라〉의 민현택 대표가 사누키 우동 제면
용 반죽을 밟고 있다.

에 초대박 수준의 매출을 올리고 있다.

♀ '금치찌개' 연금술사 탄생 전말기

: 왕릉골김치찌개

컨설팅은 사정이 절박한 식당만 필요할까? 일반 기업체를 보면 꼭 그
렇지만도 않다. 잘나가는 기업도 평소 혁신 운동과 개선 활동을 부단히
전개한다. 불투명한 미래에 대처할 자체 역량을 미리 축적하기 위해서다.

경기도 고양시 〈왕릉골김치찌개〉 유경용 대표는 귀금속 유통업을 정
리하고 2010년 4월, 외식업에 뛰어들었다. 개점 초반의 위기를 극복하

고 자리를 잡았지만 들인 노력에 비해 성과는 기대에 못 미쳤다. 매출은 답보 상태에 머물렀고 발전 전망도 불투명했다.

과학으로 끓인 김치찌개, 알아주는 이 없어

혜안을 가진 사람은 평범 속에서 진리를, 진흙 속에서 진주를 찾아낸다. 창업 전, 유 대표가 각종 창업 지침서를 독파하고 창업 교육장마다 찾아다닌 것까지는 여느 창업자들과 똑같았다. 그 다음 단계에서 대부분의 사람은 '한 방'을 안겨줄 특별한 아이템을 찾는다. 그런데 그는 창업 초기 제일 평범한 메뉴인 김치찌개로 방향을 잡았다.

그가 첫 출발부터 김치찌개로 직행한 건 아니었다. 개점 초기 메뉴였던 밴댕이찌개, 들깨수제비를 정리하고 5개월 만에 회심의 카드인 김치찌개를 내놓았는데 반응이 좋았다. 그런데 문제가 생겼다. 찌개 재료인 김치 맛이 일정치 않다는 점이었다. 아무리 성심껏 끓여도 구매한 김치가 과숙성되거나 맛이 없으면 맛있는 김치찌개를 만들어낼 재간이 없었다. 이때 '김치 맛을 내 컨트롤 범위 안에 두지 않으면 안 되겠구나!' 하는 깨달음을 얻었다.

찾아보니 막상 김치찌개 맛집은 드물었다. 어쩌다 있다고 해도 가보면 맛이 들쭉날쭉했다. 식당 주인도 고객도 '대충 만들어 대충 먹는 음식'으로 인식했다. 수요가 엄청나게 큰 시장이건만 김치찌개에 대해 진지하고 깊이 있게 신경 쓰는 이가 없었다. 이런 현실도 그의 김치 연구에 동기를 부여했다.

유 대표는 매사에 꼼꼼한 관리가 몸에 뱄다. 성공한 사람에겐 확실한 무기가 하나씩 있다. 그에게 확실한 무기는 치밀하고 지속적인 관리력이었다. 유 대표는 김치를 잘 담그는 김치 명인들을 찾아다니며 김치 담그는 방법을 계량화했다. 김치 공장과 김치 냉장고 회사를 찾아가 숙성 관련 데이터도 수집하고 김치를 주제로 쓴 논문들도 숙독했다. 정밀저울에 귀금속을 1/100g까지 측정했던 금은방 시절의 '꼼꼼 본능'을 발휘했다. 결국 최고로 맛있는 김치의 숙성 방법과 조리법을 수치로 재구성해냈다. 최적의 염도, 숙성 기간, 숙성 온도, 숙성 산도, 숙성 용기의 조건 등의 정확한 데이터를 스스로 찾아낸 것이다.

그가 찾아낸 이른바 '3단계 숙성법' 김치로 찌개를 끓여내자 손님들은 환호했다. 우선 담근 김치를 10℃에서 5일간 익힌다. 이게 1차 숙성이다. 가정에서도 보통 이 단계를 거치지 않고 바로 저온에 보관한다. 그러면 젖산이 생기지 않아 김치 맛이 떫고 쌉쌀하다.

1차 숙성이 끝나면 -1℃에서 pH4.3 정도 될 때까지 2개월 정도 숙성시킨다. 이때 김치 맛이 최고조에 달한다. 밥과 함께 먹는 김치로는 이 정도 된 것을 내놓는다. 그러나 pH3.9에 도달할 때인 3개월 정도 숙성시키면 찌개용 김치가 완성된다. 이 과정에서 유산균이 엄청난 속도로 번식하면서 부피가 늘어난다. 그래서 부푼 김치 봉지를 다시 잘 묶어주는 게 중요하다. 김치는 배추 맛이 좋은 종자를 선별해 쓰고 맛없는 여름 배추는 피할 수 있도록 생산과 숙성 기간을 조정한다.

찌개용으로 맛이 최고조에 도달한 김치는 과숙을 막기 위해 살짝 쪄서 식힌 뒤 다시 보관한다. 이렇게 하면 숨이 죽고 더 이상 숙성이 진행되지 않아 최상의 김치찌개 맛을 낼 수 있다. 또 찌개를 끓이는 과정에서 오래 끓이지 않아도 돼 조리 시간을 줄일 수 있다.

정성 들여 숙성시킨 김치로 끓인 찌개지만 손님과 매출 증가는 일정한 한도를 넘지 못하고 상자에 갇힌 듯 늘 제자리걸음이었다. 발에 끈이 묶인 새의 신세 같았다. 새로운 비약을 위해 어느 유명 컨설턴트에게 컨설팅을 의뢰했다. 처음엔 전적으로 신뢰하고 컨설팅을 진행했다. 하지만 적합하지 않은 메뉴 구성은 오히려 혼란과 비능률을 초래했다. 결국 아무런 효과가 없어 중도에 컨설팅을 포기했다.

한적한 시골서 발견한 탁월한 김치찌개

2014년 초반, 유 대표는 마지막이라는 심정으로 나에게 컨설팅을 의뢰했다. 나는 자신이 없었다. '김치찌갯집이 뭐 얼마나 대단할까!' 하는 생각이 들었다. 경기도 고양시 외곽에 자리 잡은 이 집의 불리한 입지를 만회할 뾰족한 수가 떠오르지 않았다. 업주의 적지 않은 나이와 뒤늦게 식당을 차린 짧은 외식업 경험도 나를 주저하게 했다. 달리는 차에서 컨설팅 제의를 거절할 핑곗거리를 떠올리면서 식당으로 향했다.

최근 들어 김치찌개 선호도가 다소 떨어졌다. 가족 단위의 외식에서 결정권을 쥔 주부들은 김치찌개를 외식 메뉴로 여기지 않는다. 집에서 지겹도록 먹었고 쉽게 끓여 먹을 수 있는데 굳이 나가서까지 김치찌개를 돈 주고 사 먹고 싶어 하지 않기 때문이다.

그렇지만 김치찌개는 직장인 선호도 조사를 하면 흔들림 없는 직장인 선호 1위 메뉴다. 따라서 주택가나 아파트 지역보다 직장인이 많은 사무실 밀집 상권이 김치찌개 전문점의 최적지다. 이는 역으로, 사무실 밀집 지역이 아닌 곳에서는 김치찌개로 성공하기 힘들다는 얘기다. 그런데 〈왕릉골김치찌개〉는 작은 사무실은 고사하고 한적한 시골 들판 2차선 도롯가에 위치했다.

식당에 도착해 가장 먼저 눈에 띈 것은 김치 저장고였다. 저장고에서 직접 김치를 숙성시키는 적극적 관리 태도를 접하고 허투루 식당을 하는 사람은 아니구나 싶었다. 이어 김치찌개를 먹어보고 생각이 달라졌다. 시원한 국물 맛에 압도됐다. 충분히 승산이 있는 맛이었다.

〈왕릉골김치찌개〉의 성공 요소는 김치 숙성과 맛의 균일성이다. 유 대표의 완벽한 김치 숙성 관리 실태를 확인하고 나서는 성공을 확신했다. 또한 유 대표의 꼼꼼하고 합리적인 연구 자세와 진지한 노력에 신뢰가 갔다.

'숙성 김치 전문가' 포지셔닝 후 홍보 집중

먼저 여러 식당을 순회하면서 벤치마킹 요소를 찾아 디테일한 부분의 문제점들을 보완했다. 전임 컨설턴트가 구성해준 이 집의 입지나 콘셉트와 맞지 않는 메뉴인 '샐러드 밥상'과 '돌솥비빔밥'을 메뉴에서 뺐다. 도시의 여성 고객이나 직장인과는 거리가 먼 입지였다. 오직 김치와 김치찌개로 메뉴를 최대한 수렴했다. 대내적으로는 관리 효율성을 높이고 대외적으로는 김치찌개 전문점 이미지를 높이기 위한 조치였다.

식사 메뉴로는 생선구이를 접목했다. 생선구이는 김치찌개와 같은 한식 메뉴여서 이질감이 적고 김치찌개를 보완해주는 메뉴 구실을 톡톡히 해냈다. 생선구이는 김치찌개의 부족한 부분을 충분히 보완해 매

〈왕릉골김치찌개〉의 유경용 대표는 김치
숙성에 필요한 최적의 염도, 숙성 기간, 숙
성 온도, 숙성 산도, 숙성 용기의 조건 등의
정확한 데이터를 스스로 찾아내 적용했다.

출 증가에 크게 기여했다.

　유 대표는 평소 자신의 노하우와 기술을 동종 업계 종사자들과 나누
는 개방적 성향의 소유자다. 이 점을 십분 살려 각종 세미나와 교육에
서 그가 지닌 김치에 관한 지식을 강의하도록 했다. 강의 때마다 유 대
표는 자신이 축적한 김치 숙성 기술과 지식을 풀어놨다. 차츰 업계에서
'숙성 김치 전문가'로 입지를 굳혔다.

　탁월한 김치찌개 품질과 불리한 점포 입지, 이 양자의 부조화를 극복
하는 길은 적극적 홍보가 최선이었다. 최고의 김치찌개를 찾아내려는
김치 숙성 전문가의 노력과 성과를 블로그들을 통해 지속적으로 홍보
했다. 이 집 '숙성지'가 '묵은지'와는 다른 건강에도 좋은 김치라는 사실

도 강조했다. 일방적 홍보성 블로그가 아닌, 균형 감각을 갖추고 객관적 사실 위주로 소개하는 블로그여서 잠재 고객들의 울림이 컸다.

마침내 공중파 방송에서도 관심을 보였다. KBS 2TV의 '생생정보통'과 MBC TV의 '오늘의 아침' 프로그램에 〈왕릉골김치찌개〉가 소개되기도 했다.

'찾아오는 김치찌개 전문점'으로 입지 굳혀

메뉴 구성의 합리적 개선과 블로그 마케팅, 일반 포털 노출, 공중파 방송 등 입체적 홍보 이후 매출이 평균 100% 이상 늘었다. 매체를 접한 사람들은 〈왕릉골김치찌개〉에 멀다 않고 찾아왔다. '찾아와서 먹는 김치찌개 전문점'으로 입지가 굳어진 것이다. 자연스럽게 시골 변두리의 외딴곳이라는 위치적 취약점이 극복됐다.

김치찌개는 계절, 구제역 조류 인플루엔자(AI) 등 동물 전염병, 사회적 이슈, 경기에 민감하지 않은 메뉴다. 한번 상승세를 타면 꾸준하게 지속하는 메뉴 특성도 매출 상승에 한몫했다. 이로써 김치 종주국 식당 업자로서 최고의 김치찌개를 만들겠다는 유 대표의 최종 목표가 한층 가까워졌다.

유 대표는 창업 초심자의 심정을 누구보다 잘 안다. 초창기 때 시행착오를 적잖이 겪었기 때문이다. 후배 창업자들은 디테일하고 사소한 부분에서 좀 더 신경을 써야 한다고 충고했다. 그러려면 미리 남의 식당에서 직접 일을 해보면서 사소하되 중요한 부분들을 경험하는 게 좋다고 한다.

"사람이 태산에 넘어지는 게 아니라 돌부리에 넘어집니다. 처음에 막상 배워서 식당을 하려다 보면 세세한 부분들에서 속수무책일 때가 많아요. 예를 들면, 끓이고 남은 육수를 처리 방법이지요. 직원들은 주인에게 욕먹을까 봐 버리지 않고 뒀다가 다음 날 육수에 섞어 사용합니다. 방법이 있는데도 모르기 때문이죠. 그렇게 섞으면 제맛이 나질 않아요. 예민한 손님은 변한 맛을 알아차립니다. 식당엔 치명적인 일이죠. 이런 디테일한 부분은 책이나 컨설턴트들도 알려줄 수 없지요."

📍 맛, 가격, 서비스 갖췄어도 안 되면 콘텐츠!
: 화동갈비

성공한 오너 셰프들을 출신별로 분류하면 몇 가지 유형으로 묶을 수 있다. 젊은 나이에 외국 조리학교를 이수하고 귀국한 해외 유학형, 부모님 밑에서 수업을 받고 식당을 이어받은 가업 승계형이 두드러지는 가운데 자수성가형도 적지 않다. 생존을 위해 어린 나이에 주방에 들어가 일을 배우고 어려움 끝에 자신의 식당을 일군 사람들이다.

〈화동갈비〉 류경선 대표도 그런 유형이다. 이들의 입지전적 과거사가 남들에겐 흥밋거리일 수 있지만, 당사자에겐 의미가 각별하다. 성공의 훈장인 동시에 고통의 상흔이다. 바람이 불 때마다 꺾였다가 다시 일어선 흔적이다. 때론 혼자 감당 못할 바람이 분다. 몇 해 전에도 그랬다.

광우병 광풍에 날아간 '내 고깃집'

류 대표가 서울 강남의 샤부샤부 전문점 〈호정〉의 주방에 들어간 것은 갓 스물이 되었을 때였다. 주방의 막내로 그릇 닦는 일부터 시작해 스물일곱에서야 비로소 서울 용산구 남영동 〈한국관〉의 주방장이 됐다. 그 후 〈송추가마골〉 등 여러 한식당과 고깃집을 거치며 한식과 고기 조리 노하우에 대한 지식을 흡수했다.

한식의 여러 분야 가운데서도 그는 특히 양념육에 대한 연구에 뜻을 뒀다. 20대 후반부터 업무가 끝나면 혼자서 밤새 갈비용 양념을 만들었다. 당시만 해도 육질이 좋은 고기는 생갈비로 판매하고 양념갈비는 낮은 품질의 원육을 소진하기 위한 방편에 불과한 경우가 많았다. 그렇지만 언젠가는 양념육 시대가 올 것이라고 내다봤다.

2002년 10월, 경기도 고양시 서오릉 근처에 꿈에도 그리던 '내 고깃집'을 차렸다. 그곳은 당시 주변에 아무것도 없는 시골이었다. 그런 곳에 고깃집을 차리겠다고 하자 지인들은 그를 미쳤다고 했다. 하지만 내 가게를 갖게 된다는 기쁨과, 오래 갈고닦은 솜씨에 대한 자신감이 앞서 주변의 염려는 안중에도 없었다.

주변의 우려에도 〈황가설등심〉이라는 옥호로 개점한 등심 전문점은 류 대표의 적극적인 '극성 마케팅' 덕분에 비교적 잘나갔다. 여름철엔 시원한 냉커피를 겨울엔 따뜻한 차를 보온병에 넣어 차에 싣고 조금 떨어진 가구 공장들을 찾아다녔다. 공장 직원들과 안면을 트고 단골손님으로 끌어들였다.

그러나 2003년 광우병 사태가 터지면서 단골손님들이 거짓말처럼 발길을 끊었다. 오랜 노력 끝에 자신의 모든 것을 걸고 얻었던 결실이 수포로 돌아가려는 찰나였다.

비장의 카드 양념갈비 꺼냈지만 역부족

직원들 월급은 3개월이 넘도록 밀렸다. 고기 팔아 번 돈으로는 월세 채우기도 빠듯했다. 오기와 패기라면 남에게 뒤지지 않을 류 대표였지만 더는 버틸 수 없었다. 보증금 1억 원에 시설 투자에만 2억 원 이상 들인 가게를 1억 원대에 내놨지만 나서는 사람이 없었다. 게다가 시간이 갈수록 빚은 점점 늘었다. 유 대표는 '그땐 하루에도 몇 번씩 새끼줄 들고 뒷동산으로 올라가고 싶었다'고 회상한다.

깊은 고민 끝에 새로운 돌파구를 마련했다. 오래전부터 비장의 카드로 간직했던 양념 돼지갈비를 꺼내 들었던 것이다. 결과는 나쁘지 않았다. 담백하면서도 달착지근한 양념 돼지갈비 맛에 매출은 차츰 상승 곡선을 탔다. 지나치게 달거나 짠 기존의 간장 베이스 갈비 양념에서 탈피, 류 대표만의 노하우로 자극적이지 않고 단맛이 은은하게 올라오는 양념을 완성한 것이 성공 포인트였다.

그러나 거기까지였다. 입지가 워낙 열악했던 데다가, 마침 주변 가구 공단이 택지로 수용되면서 가구 공장들이 철거됐다. 인근 가구 공장 종사자들은 단골들로 식당의 마지막 버팀목이었다. 몇 년 동안 누적된 적자 구조도 여전했던 터라 양념 돼지갈비의 선전은 언 발에 오줌 누기였다.

화동갈비 〈화동갈비〉류경선 대표는 소 등심 대신 자신의 강점인 양념 돼지갈비에 집중, 수도권에서 양념 돼지갈비의 한 전형을 제시했다.

강점에 집중하고 콘텐츠를 입히다

나는 류 대표의 양념 돼지갈비를 접하고 높은 상품성에 주목했다. 육질이 뛰어나고 누구나 좋아할 대중적인 맛이었다. 갈비 소스에서 캐러멜을 빼 색깔이 밝고 달지 않았다. 그 정도면 국내 어느 양념 돼지갈비와 견주어도 꿀리지 않았다. 우선, 메뉴의 무게중심을 기존 소고기 등심에서 돼지갈비로 확실히 전환했다. 고깃집 주인이라면 등심을 팔고 싶어 하지만 경쟁력 있는 양념 돼지갈비에 역량을 집중하는 편이 낫다고 판단했다.

이에 따라 '황가설등심'이라는 기존의 옥호를 '화동갈비'로 교체했다. '등심'을 버리고 '갈비'를 취한 것이다. 어원은 논어에 나오는 '화이 부동(和而不同)'의 앞뒤 글자 '화동'이다. 새 이름에 '조화로우면서 원칙을 지키는 음식점을 지향한다'는 의미를 입혔다. 제각각인 갈비 속 양념들이 자기 정체성을 지키면서도 조화로운 맛을 내는 것도 함께 아우른 이름이었다.

옥호 앞에는 류 대표의 캐리커처와 함께 '류 아저씨'라는 수식어를 붙였다. 돼지갈비 전문점이라는 점포 성격과 함께 친근한 이미지도 살린 것이다. 동시에 발군의 양념갈비 조리 실력을 갖춘 류 대표를 불고기 전문가로 본격적으로 포지셔닝했다.

외국산을 썼던 돼지갈비는 국내산으로 바꿔 원육의 질을 더 높였다. 이왕 갈비 전문점으로 포지셔닝할 거라면 국내산 고급육을 사용해 확실하게 어필하는 편이 나았기 때문이다. 메뉴명도 '화동 수제 갈비'로 새롭게 바꿔 일반 양념육보다 차별화한 홈메이드(가정식 수제)식 갈비로 맛과 품질이 뛰어나다는 점을 부각시켰다.

메뉴와 조리 부분의 전열이 정비되자, 음식 수준에 대한 자신감을 갖고 블로그 마케팅을 했다. 당시 인지도 높은 파워 블로거들을 초청해 음식 평가를 요청했다. 예상대로 일반인에 비해 까다로운 미각과 기준을 들이대는 블로거들마저 류 대표의 양념 돼지갈비를 인정했다.

법인 설립하고 다양한 외식사업 전개

2011년부터 시작한 블로그 마케팅은 상당한 효과가 있었다. '유명 맛집 블로거가 추천하는 최고의 돼지갈빗집'으로 포지셔닝하기에 이르렀다. 류 대표의 이름 앞에는 '불고기 전문가'라는 수식어가 따라붙었다. 음식 블로거들에 이어 공중파 매체에서도 숨어 있던 류 대표의 실력을 세상에 알렸다. 홍보 효과가 나타나기 시작하자 불리한 입지는 큰 문제가 되지 않았다. 각종 매체의 긍정적인 맛 평가가 축적되면서 마침내 '돼지갈비 맛집'으로 알려졌다.

2012년에 들어서자 반전이 시작됐다. 〈화동갈비〉는 만년 적자 점포에서 대박 점포로 거듭났다. 50평 규모에서 월 매출이 6,000~9,000만 원으로 차츰 상승하더니 급기야 1억 8,000만 원까지 올라갔다. 매출도 매출이지만 브랜드 가치가 상승한 점이 가장 큰 성과였다. 이때 〈화동갈비〉가 돼지갈비로는 수도권에서는 매우 강력한 브랜드로 올라섰다.

〈화동갈비〉는 브랜드 파워를 바탕으로 (주)가연푸드라는 법인을 설립했다. 가연푸드는 '화동갈비' '청담옥' 등 여러 브랜드를 거느리고 외식업은 물론 육가공과 육류 유통 등 다양한 분야에서 활발한 사업을 전개하고 있다.

돼지갈비는 원래 흔한 음식이었다. 그런데도 서울 강남 메이저 상권에서도 제대로 된 돼지갈비를 맛볼 수 없었다. 〈화동갈비〉의 부상을 계기로 합리적인 가격에 양념이 진하지 않은 수준급 돼지갈비가 수도권에서도 확산했다. 만년 부진의 변두리 식당에서 기업형 외식 기업으로 거듭난 〈화동갈비〉의 성공은 콘텐츠에 힘입은 바가 컸다.

양질의 콘텐츠 유무가 식당의 성패를 좌우하는 사례가 많다. 그런데도 대부분의 식당 주인들이 콘텐츠의 중요성과 폭발력을 모른다. 앞서가는 식당은 콘텐츠에 과감한 투자를 한다. 콘텐츠 투자는 대외적으로 표시 나지 않지만 남과의 경쟁에서 앞서가는 확실한 방법이다.

어떤 갈빗집은 여러 가지 양질의 음식을 엄청나게 제공하는데도 장사가 안된다며 울상이다. 무조건 싸게 많이 제공하기보다 소비자가 원하는 걸 제공해야 한다. 그것이 〈화동갈비〉처럼 잘 정리된 콘텐츠일 수도 있다.

작아도 강한 인상 남기는 삼겹살집
: 남촌이락

흔히 '대박'이라는 단어로 식당의 큰 번창을 표현한다. 그렇다면 어느 정도 성취해야 이른바 대박일까? 사실 대박의 기준은 업주의 입장과 점포의 지향점에 따라 다르고 또 달라야 한다. 한적한 전원에 유기농 식당을 창업한 노부부, 치킨집을 차린 퇴직자, 시내 중심가에서 기업형 식당을 운영하려는 외식 사업가의 대박 기준은 같을 수 없다.

경기도 장호원의 〈남촌이락〉은 서영희 대표가 부군의 퇴직 이후에 대비하고 가계에도 보탬을 얻고자 창업했다. 가족의 생계가 달린 절박한 창업은 아니었다. 대박을 바라진 않았지만, 개업 이후 지속적으로 적자가 발생했다. 현상 유지를 위한 비용조차 나오지 않았다.

노후 대비 차린 식당, 큰 기대 없었지만
서 대표가 식당을 차린 것이 처음은 아니었다. 그는 20여 년 동안 병원 임상병리사로 근무했다. 퇴직 후 안정적인 '내 일'을 찾다가 2010년 이천시 모가면에 식당을 차린 적이 있다. 약 5년간 여름엔 막국수, 겨울엔 만둣국과 만두전골을 팔았다. 첫 장사였지만 수익이 꽤 짭짤했고 알차게 운영했다. 30년 세월을 병원과 식당에서 일만 해왔던 터라 잠시 쉬고자, 2014년 7월에 알토란같은 점포를 지인에게 넘겼다.

처음에는 30년 만의 휴식이 마냥 달콤했다. 그러나 두 달째 되면서 무료함이 스멀스멀 올라왔다. 어느 날 저녁 부부가 집 근처를 산책하다 우연히 임대로 내놓은 점포를 발견했다. 52.89m²(16평) 규모인데 보증금 1,500만 원에 월세 50만 원이었다. 식당 입지로는 매우 적당하지 않았지만 집에서 가깝고 임차료가 저렴해 계약했다. 무엇보다 무료함이 무기력으로 발전하기 전에 뭐라도 해야겠다는 생각이 앞섰다. 준비 끝에 2014년 9월 식당을 열었다.

새로 개점한 식당은 집에서 거리가 가깝고 규모도 작아 심리적으로 여유가 있었다. 서 대표 혼자 무리하지 않는 범위 내에서 운영하기로 했다. 메뉴는 예전에 취급했던 해물 만둣국으로 시작했다. 고기 메뉴가 필요할 것 같아 불고기 전수 교육을 받고 불고기 조리법을 익혀 메뉴에 추가시켰다. 차츰 식당의 모습이 잡혀갔다.

그러나 매출이 너무 부진했다. 매출이 부진하니 의욕도 떨어졌다. 당초 대박에 대한 기대치가 높지 않았지만, 기왕에 하는 일, 좀 더 탄력이 붙었으면 싶었다. 최소한 점포가 지속 가능한 매출을 올리기 위해서는 뭔가 변화가 필요했다. 나에게 도움을 요청한 이유였다.

저비용 저매출 구조의 무한반복 끊어야

〈남촌이락〉은 전형적인 '저비용 저매출'형 식당이었다. 욕심내지 않고 작은 돈을 투자해 작은 이익을 얻겠다는 태도다. 식당을 운영하는 데 큰 비용은 들어가지 않았지만, 매출을 올리기에도 한계가 있는 식당이었다. 매출 부진의 원인은 크게 두 가지였다. 원체 사람이 지나다니지 않는 최악의 입지와 매출을 올릴 만한 괜찮은 메뉴의 부재였다.

장호원 외딴 지역 고지대에 세대수 적은 아파트가 있고, 그 아파트의 구석진 곳에 점포 몇 개가 붙은 소형 단층 상가가 엎드려 있다. 〈남촌이락〉이 있는 상가다. 한적한 아파트 앞 작은 상가여서 손님이라야 가끔 오가는 아파트 주민이 전부다. 아파트 입주민은 대부분 젊은 부부와 그 자녀들로 구성됐다. 이 지역 가정주부들도 거의 인근 공장이나 사무실로 출근하고 있어 낮에는 가게 앞에 개미 새끼 한 마리 얼씬거리지 않는다.

어쩌다 찾아오는 손님에게 만둣국과 불고기는 큰 만족을 주지 못했다. 이런 외진 곳까지 찾아온 손님에게는 '아주 잘 먹고 간다'라는 느낌을 강하게 줘야 한다. 그래야 식당 역시 그에 상응할 만한 매출도 올릴 수 있다. 하지만 구석진 식당엔 손님이 희귀했다. 만족스러운 메뉴 제공도 없었고 만족스러운 매출도 올리지 못했다. 고객이 와서 식사 후에 무엇을 먹었는지 진하게 남는 그 '무엇'이 부족했다.

숯불 직화＋지리산 흑돈＋자가 농산물 적극 홍보

일반 식당으로 운영해서는 도무지 답이 나오지 않는 입지였다. 목적

구매를 위해 고객이 찾아올 만한 유인 요소를 만들어야 했다. 일단 삼겹살집으로 방향을 잡았다. 가장 중요한 부탄가스 구이, 가스 불판구이, 숯불 직화구이 등 구이 방식을 놓고 선택을 고민했다. 벤치마킹을 통해 서 대표는 직화구이 고기 맛의 우월함과 차별화를 확실하게 느꼈다. 덕트(환기용 배관 장치) 공사 등 추가 투자가 필요했지만, 숯불 직화구이 방

남촌이락 주인이 직접 재배한 농산물을 사용한다는 점을 적극적으로 홍보해 성과를 거두었다.

식으로 결정했다. 여기에 지리산 산지에서 직업 흑돼지 고기를 공수하기로 했다. 삼겹살 구이에서 막강한 경쟁 우위 요소들만 뽑은 조합이다.

〈남촌이락〉은 서 대표 소유 밭과 양계장에서 키운 농산물과 유정란을 식당 식자재로 썼다. 직접 담근 된장 맛도 훌륭했다. 게다가 업주인 서 대표의 손맛도 뛰어났다. 업주의 인상이 온화하고 성격이 긍정적인 것도 큰 강점이었다. 보통 식당들이 보유하기 힘든 경쟁우위 요소들이었다.

가족들이 틈틈이 가꾼 채소밭에서 채취한 푸성귀나 농산물로 쌈, 장아찌, 샐러드, 고춧가루, 나물, 무침 등으로 만들어 쓰고 김치로 담갔다.

유정란은 여름철 후식으로 선보인 냉면의 고명으로 얹었다. 고소한 맛이 진해 손님들에게 깊은 인상을 심어줬다. 〈남촌이락〉은 주인이 직접 생산한 농산물을 적극적으로 홍보함으로써 식자재의 높은 신선도와 천연의 맛을 알리고 식당의 신뢰도를 높였다.

옥호도 밥집 이미지가 강한 기존의 '풍년들'에서 '남촌이락'으로 바꿨다. 지속해서 홍보 활동을 펼치기 위한 전 단계 정지 작업이었다. 옥호와 취급 메뉴가 서로 충돌하면 아무리 열심히 홍보해도 효과가 나지 않는다. 소비자에게 단일한 인상을 주지 않기 때문이다. 개점 후 꾸준히 가격 할인 행사도 펼쳤다.

홍보 활동의 주력은 블로그였다. 당시만 해도 블로그는 상당히 효율적인 홍보 매체였다. 사실에 근거한 블로그 포스팅은 상권 밖의 고객들 마음을 흔들었다. 블로그를 보고 오는 외지의 젊은 층 고객이 늘었다. 삼겹살 마니아 입장에서는 시간과 비용을 들여서라도 가보고 싶은 매력적인 고깃집이었다. 주말에는 장호원과 이천 일대의 젊은 주민들이 가족 단위로 찾아왔다. 점차 아파트 주민과 일반 고객의 발길도 늘었다.

집중과 선택으로 효율성 높여

식당 콘셉트를 정리한 지 두 달 만에 월 2,000만 원이라는 매출액을 올렸다. 그 입지에서는 사실 달성하기 어려운 매출이었다. 〈남촌이락〉은 장호원은 물론, 이천 일대에서 가장 맛있는 삼겹살집으로 자리를 굳혔다.

그러나 여전히 오후 5시부터 10시까지 하루 5시간만 문을 연다. 주변에 사무실 등 고객이 점심을 먹으러 올 만한 배후지가 전혀 없어서 점심시간에 문을 열지 않는다. 그 시간에는 충분한 휴식과 영업 준비를 한다. 서 대표가 늘 여유 있고 밝은 표정으로 고객을 응대할 수 있는 것도 이 같은 충분한 휴식과 준비 덕분이다. 그런데도 이전에 비해 높은 매출 신장을 달성했다. 널찍한 공간에 많은 직원을 쓰면서 장시간 영업을 하는 다른 식당보다 오히려 비용이 적어 실속 있게 운영한다. 저비용 저매출에서 저비용 고매출 구조의 식당이 된 것이다.

향후 더 나은 상권의 넓은 장소로 이전해 실력을 발휘하면 충분히 더 큰 성과도 낼 수 있을 것이다. 그러나 서 대표는 굳이 서두르지 않는다. 늘 겸손한 자세로 주어진 결과에 감사하게 생각한다. '영혼이 따라오지 못할까 봐 천천히 달리는 인디언'처럼 자신의 능력을 충분히 다진 뒤 한 발씩 내딛고자 한다.

♀ "내 외식업 인생에 완성이란 없다!"

: 오동추야

한 분야에서 오랜 세월 종사하다 보면 안주하거나 매너리즘에 빠지기 쉽다. 외식업 종사자들도 마찬가지. 일부는 스스로 거듭나려 애써보지만 성과가 만족스럽지 못한 경우가 많다. 20년 넘게 고깃집 주방을 지켜온 〈오동추야〉 이완성 대표도 그랬다. 군에서 제대 후 대기업 식품 회사 복직을 포기했다. 대신 경기도 이천 친형의 돼지갈빗집에서 일하며 외식업 인생에 도전했다. 긴 세월 애쓴 보람이 있어 나름 탄탄한 기반을 다진 중견 외식업자로 자리 잡았다. 만족스럽지는 않았다. 좀 더 성장하고 싶어 노력했다. 그렇지만 유리벽에 갇힌 듯 진전이 없었다. 새로운 도약의 돌파구를 찾고 싶었다.

운명처럼 시작, 굴곡의 20년 갈비 장사

고생 끝에 점포를 하나 더 개점하자마자 스물여덟 살의 형은 갑작스럽게 세상을 버렸다. 성실히 일만 했던 형의 부재가 믿어지지 않았다. 스물세 살의 동생은 들어온 지 한 달 만에 갈빗집 경영을 떠맡게 됐다. 형에게 잘 배워서 언젠가는 자신도 번듯한 고깃집을 차리겠다고 맘먹었는데, 형은 먼 데로 가버렸고 '언젠가'는 '오늘'로 다가왔다.

가장 힘들었던 것은 어린 나이였다. 직원들은 은근히 무시했고 거래처는 대놓고 바가지를 씌웠다. 강해져야겠다고 결심했고 실제로 강해졌다. 초기의 시행착오를 딛고 식당은 차츰 정상화됐다. 이듬해에는 점포를 확장해 손님을 더 받기까지 했다. 혹독한 상황을 경험했던 이 대표는 이를 보약 삼아 무난한 경영을 이어왔다. 물론 중간에 고비도 몇 번 있었다.

외환위기 때는 손님이 하루에 서너 팀 정도밖에 없었다. 주변 갈빗집들의 절반이 문을 닫았다. 가격을 내리고 직원을 줄이면서 버텼다. 3개월쯤 지나자 예전 매출의 80% 수준을 회복했다.

2003년 늦가을에는 숙원이었던 소고기 전문점을 하나 더 차렸다. 그때 처음 〈오동추야〉라는 상호가 탄생했다. 그런데 개점 직후 광우병 사태가 터졌다. 최고의 인력을 초빙하고 적지 않은 돈을 투자했는데 월 매출액이 2,000~3,000만원도 안 됐다. 호주산으로 소고기를 바꿨지만 효과가 없었다. 결국 다시 돼지갈비로 돌아왔다.

마음 비우고 초심으로 돌아가 음식과 서비스를 개선했다. 특히 반찬에 신경 썼더니 매출은 차츰 상승해 월 6,000만 원까지 올라갔다. 손님이 불어나자 주차장이 비좁았다. 2008년에 8억 원 정도 투자해 좀 더 넓은 점포로 이전했다. 그리고 늘 꿈꿨던 소고기도 취급했다. 그런데 이번엔 느닷없이 미국발 서브프라임 모기지 사태가 터졌다. 손님이 줄어 힘들었지만 오히려 인테리어와 음식의 질을 높이면서 버텼다. 이때 '장사는 결국 버티는 사람이 승리한다'는 교훈을 뼈저리게 느꼈다.

평범한 음식과 비효율적 홍보가 도약의 장애

몇 번의 위기를 잘 넘겼지만 정작 최고의 고비는 2012년에 찾아왔다. 개인적인 일로 그때까지 모았던 재산과 점포를 모두 처분해야 했다. 다시 빈손이 됐다. 이듬해, 그가 부모님께 사드렸던 아파트를 담보로 대출을 받아 지금의 자리에 〈오동추야〉를 재건했다. 임차보증금이 부족해 절반은 벌어서 내기로 하고 입점했다. 역시 장사는 잘됐다. 4개월 만에 보증금을 모두 냈다. 매출은 다시 예전 수준을 회복했다.

몇 번의 실패와 성공을 오가는 사이, 조리인으로서 경영인으로서 많은 것을 배웠다. 어떤 음식을 어떻게 차려내고 어떻게 운영해야 식당이 잘 된다는 건 충분히 익혔다. 최소한 '쪽박'을 차지 않을 자신은 있었다. 하지만 그의 목표가 현상 유지는 아니었다. 어떻게든 정체된 상황을 타개하고 싶었다.

의지와 무관하게 여러 번 점포 이전을 했던 이 대표는 내 소유 점포의 필요성을 절감했다. 몇 년 만에 다시 금전적 여유가 생기자 용지(用地)부터 매입했다. 땅은 확보했는데 건축비가 충분치 않았다. 건축비 마련을 위해서라도 매출액을 끌어올려야 했다. 전단도 돌려보고 나름 백방으로 노력했지만 한 번 잠든 매출액을 깨워 일으키기가 쉽지 않았다.

이 대표는 평소 구독했던 〈월간외식경영〉과 블로그 '식당밥일기'를 통해 나의 존재를 알고 있었다. 내 조언에 따라 개선에 성공한 사례들을 접하고 내게 조언을 청했다. 2016년 봄, 〈오동추야〉 음식을 점검해보니 맛은 대체로 무난했다. 웬만한 고깃집보다 나은 수준이었다. 역시 20년 넘는 내공이 살아 있음을 느꼈다. 다만 두 가지가 아쉬웠다. 갈비에 목살이 없다는 점과 냉면 수준이 평범했다는 점이었다. 여기에 찬류의 보강이 필요했다.

또한 간판과 POP들은 고객에게 음식의 종류와 수준을 충분하게 전달하지 못했다. 이 대표가 자체적으로 블로그 마케팅을 시도했지만 성과가 없었다. 좀 더 역량 있는 블로거를 기용한 전략적 블로그 마케팅이 요구되었다.

수준 높인 갈비와 냉면이 끌고, 블로그 등 홍보가 밀고

돼지갈비가 맛있으려면 갈빗살 외에 육질이 뛰어난 목살이 보강돼야 한다. 그런데 목살 가격이 비싸다 보니 쉬 넣기 어렵다. 내 조언을 받아들여 갈비에 목살을 투입해 품질을 높였다. 육질 향상만으로 맛까지 개선되지는 않는다. 여러 번의 시행착오 끝에 과거의 양념을 좀 순하게 바꿔 고기 본연의 맛을 강조했다. 맛이 한결 깔끔해지고 세련됐다는 평가를 받았다.

냉면도 개선했다. 나는 '갈비-냉면' 구매 패턴의 정착을 늘 강조한다. 갈빗집 냉면이 소문나면 매출의 50% 이상도 올라간다. 특히 육수가 맛있는 냉면의 보유는 갈빗집에 엄청난 힘이 된다. 〈오동추야〉 함흥냉면은 낮은 수준은 아니었지만 임팩트가 없었다.

고깃집 주인이라면 누구나 '괜찮은 냉면'을 탐낸다. 내 조언에 따라 조리 전문가와 함께 냉면 개선작업에 착수했다. 예전에 사용했던 레시피를 원점에서 재점검했다. 가장 먼저 육수부터 손댔다. 전문가가 제시한 개선안대로 육수를 보완했다. 주부나 가족 단위 손님에게 충분히 어필할 수 있도록 반찬도 맛깔스럽게 정리하고 좀 더 푸짐하게 제공했다.

홍보 측면에서는 간판과 POP를 교체하고 전략적 블로그 마케팅을 전개했다. 기존 간판에는 '오동추야'라는 상호만 들어가 동네 사람 이외에는 무엇을 파는 가게인지 알 수 없었다. 주력 메뉴인 '숯불갈비와 함흥냉면'을 간판에 삽입했다. 또한 〈오동추야〉의 강점이었던 냉면 자가제면과 20년 전통의 수제갈비 수준을 POP에 담아 고객에게 소구했다. 이 대표의 25년 내공을 한눈에 느낄 수 있는 제면 장면도 사진으로 제작해 벽면에 걸었다.

블로그 활동도 측면 지원했다. 〈오동추야〉 진면목을 알릴 수준 높은 블로그를 적절한 시간 간격을 두고 포스팅했다. 이런 입체적 개선 활동 외에 홀 서빙을 담당한 이 대표 부인의 헌신적 내조와 핵심 참모로서의

오동추야 식당의 정체성과 메뉴를 간판에 표기해 집객력을 높였다.

활동이 시너지를 냈다.

꿈의 매출 달성, 지금도 계속 성장 중

컨설팅 작업 후 석 달 동안 가시적 성과는 없었다. 넉 달이 지나면서 차츰 반응이 오더니 냉면 성수기인 여름이 되자 그가 꿈꿨던 매출액 1억 5,000만 원을 달성했다. 이후 꾸준히 매출을 유지하다가 연말에는 최고의 매출액인 1억 7,000만 원까지 기록했다. 이 대표는 개선 활동을 진행하면서 간판의 중요성을 절감했다고 한다. 평소에는 전혀 인식하지 못했는데 간판에 갈비와 냉면을 집어넣자 효과가 엄청나게 컸다는 것이다.

매출 증가 외에도 이 대표는 자신감 회복과 〈오동추야〉의 브랜드 가치 제고를 무형의 성과로 꼽았다. 예컨대 후식 냉면 가격이 4,000원이었으나 지금은 5,000원을 받는다. 그만큼 '내 음식에 대한 떳떳함과 자신감'이 생겼다고 한다. 개선 작업 이전에 비해 〈오동추야〉에 대한 인지도나 신뢰도가 높아졌음을 요즘 이 대표는 피부로 느낀다.

개선 과정에서 몇 가지 손대지 못한 부분도 있었지만 〈오동추야〉는 2단계 이상 도약했다. 인테리어를 보강하고, 일부 실내 리뉴얼 작업까지 마무리했으면 더 큰 효과를 기대할 수도 있었다. 이제 이 대표의 안목이 괄목할 만큼 넓어졌고, 앞으로 자가 건물에 입점한다면 발전 속도는 더욱 가속화할 것이다. 지금도 〈오동추야〉는 계속 성장을 지속하는 중이다. 이 대표의 강한 성장 의지가 꾸준한 성장의 동력이 되고 있다.

📍 노력해도 매출 안 오르면 업종 전환 신중히 검토해봐야

: 호천생갈비

전남 신안의 섬에서 나고 자란 〈호천생갈비〉 김성용 대표는 뭍에서 살아 보는 게 소원이었다. 고교를 졸업하고 고향에서 병역 의무를 마친 뒤 그는 꿈에 그리던 서울 땅을 밟았다. 특별한 계획이 없던 차에 고향 선배의 권유로 도장에 나가 프로 권투 선수 생활을 시작했다.

그런데 프로 권투 흥행이 그전 같지 않아 경제적으로 궁핍했다. 생활비를 벌기 위해 밤이면 식당에서 아르바이트를 했다. 낮에는 권투 글러

브를 끼고 밤에는 고무장갑을 꼈다. 장래를 위해 권투보다는 음식 조리를 배우는 게 나을 것 같았다. 차츰 고무장갑을 끼는 시간이 늘었다. 결국 김 대표는 권투 글러브를 완전히 벗고 대형 고깃집 주방에 들어갔다. 조리인 데뷔는 성공적이었다. 그가 만든 냉면은 손님들에게 찬사를 받았다. 그를 지켜보는 고깃집 주인장 얼굴은 흐뭇한 웃음이 가득했다. 몇 년 뒤, 알뜰히 모은 돈으로 평생소원이었던 '내 식당'을 차렸다. 그러나 그곳은 생존 시합이 기다리는 또 하나의 링이었다.

한때의 '한 방'이 영원한 '한 방'은 아니더라

2006년 김 대표 부부는 경기도 광명시에 꿈에 그렸던 식당을 개업했다. 갈비와 삼겹살을 파는 선술집이었다. 창업 자금이 부족한 탓에 적은 돈으로 가게를 얻었다. 그러나 부부가 3년간 고생만 실컷 하고 돈은 벌지 못했다. 음식만 맛있으면 될 줄 알았는데 그게 아니었다. 2009년에 33m²(10평) 가게를 새로 얻고 돼지갈비 전문점으로 전환했다. 그러나 밀집한 고깃집 간의 저가 경쟁으로 여전히 힘들었다.

평범한 '잽'으로는 판세를 뒤집을 수 없었다. 뭔가 확실한 한 방이 간절했을 때 꼼장어(먹장어)가 눈에 들어왔다. 전수비 700만 원을 들여 꼼장어 조리법을 배웠다. 기대했던 대로 꼼장어는 강력한 '훅'이 돼주었다. 어느새 꼼장어는 식당의 주력 메뉴가 됐다. 꼼장어의 선전 덕분에 식당 형편이 어느 정도 폈다.

여유가 생기자 좀 더 넓고 위치도 좋은 현재의 점포로 옮기고 중간에 점포 리모델링도 했다. 역시 투자한 만큼 성과가 나타났다. 차츰 안정적인 매출과 수익을 올렸다. 이전에 비하면 분명 매출액이나 수익성이 높아졌다. 그런데 언제부턴가 아무리 애를 쓰고 노력해도 늘 제자리였다. 마치 유리벽에 맞닿은 느낌이었다. 직원을 두지 않고 두 부부가 아침부터 늦은 밤까지 중노동을 하는 것에 비하면 만족스러운 결과는 아니었다.

꼼장어로는 신규 고객 추가 유입에 한계

장사가 아주 안되는 것은 아니었다. 그렇지만 열심히 뛰고 나서 보면 다시 제자리인 것을 확인할 때마다 맥 빠지고 의욕이 떨어졌다. 마치 주식 시장에서 박스권에 갇힌 주가처럼 매출액이 박스에 갇혀 일정선을 돌파하지 못했다. 부족한 인력에 배달 서비스도 해보고, 반찬 가짓수도 늘려봤다. 음식 전문가들을 초청해 음식 수준을 체크해 봐도 늘 양호하다는 답변이 돌아왔다. 그때 김 대표는 깨달았다. '꼼장어 가지고는 이게 최대치로구나!' 싶었다.

역시 꼼장어는 한계가 명확한 아이템이었다. 꼼장어에 열광하는 마니아도 있지만 꼼장어를 먹지 않거나 혐오스러워하는 사람도 있다. 작아도 지속적으로 안정적인 고객 확보를 원하는 이에겐 최적의 아이템일 수 있지만 성장 지향적인 김 대표에겐 버려야 할 패였다. 신규 단골 손님이 전혀 유입되지 않으니 매출액이 어느 지점에서 고착됐다. 누구나 먹고 즐기는 좀 더 대중적인 아이템으로 전환하는 것이 절실했다. 업종 전환을 해야 한다는 것까지는 인식했으나 막상 어떤 아이템을 선택해야 할지 막막했다.

생갈비 – 야끼 오니기리 – 돼지껍질로 메뉴 구성

주변 상권, 기존 설비 재활용, 비용 절감 등을 고려해 삼겹살집, 그중에서도 뼈삼겹살(생갈비)을 전문으로 하는 고깃집을 대안으로 삼았다. 일반 삼겹살보다 희소성이 높은 데다 김 대표가 다른 부위에 비해 상대적으로 맛을 잘 내는 부위였다. 뼈삼겹살에 사이드 메뉴로 야끼 오니기리(구운 주먹밥), 김치전골, 돼지껍질 등 막강한 조연이 뒷받침하는 '괜찮은 실비형 고깃집'으로 전환하기로 했다.

돼지껍질은 손님과 주인에게 모두 매력적인 메뉴다. 손님은 안주 삼아 고기를 먹다가 고기가 떨어졌을 때 부담 없이 추가 주문을 할 수 있고, 원가가 저렴해서 주인으로서도 수익성이 괜찮다.

일단 다양한 유형의 고깃집 벤치마킹에 나섰다. 다니면서 여러 가지 고기 메뉴와 굽기, 썰기, 찬 구성, 서빙 등을 유심히 관찰했다. 과거 고깃집에서 다년간 근무해본 경험이 있어 낯설어하지는 않았다. 핵심 아이템인 생갈비 위주로 벤치마킹 동선을 짰다. 장사는 잘되는데 고기 수준은 의외로 형편없는 곳도 있어서 놀라기도 했다. 한편으로는 '나도 이 정도 맛은 충분히 낼 수 있다'는 자신감을 얻기도 했다.

삼겹살집의 핵심 반찬인 김치는 미리 만들어 보고 손님들 반응도 체크했다. 업종 전환을 하면서 기존의 일부 반찬은 정리하고 새 점포 콘셉트에 부합하는 새로운 반찬을 준비하기도 했다. 양념게장, 명이나물 등 반찬류는 없애고 대파 김치, 순태젓갈 등 고기와 함께 먹는 반찬을 새로 준비한 것이다.

밖으로 벤치마킹을 다니면서 안에서는 고기 맛 내는 연습을 꾸준히

호천생갈비 김성용 대표는 뼈삼겹살(생갈비)에 이어 최근 LA갈비살까지 선보여 좋은 반응을 얻고 있다.

했다. 최고 품질의 국내산 뼈삼겹살을 들여와 숙성시킨 뒤 가볍게 염지(소금 등으로 조미한 물에 담금)해서 손님에게 냈다. 주변에 삼겹살집은 많아도 뼈삼겹살을 파는 곳은 없다. 맛이 충분하다고 판단된 순간, 다음 단계로 덕트와 고깃집 설비 공사를 실시했다. 준비 기간은 길게 잡고, 전환 작업은 짧고 빠르게 실시했다. 젊은 시절 갈빗집에서 일했던 경험이 업종 전환에 큰 도움이 됐다.

단골손님들에겐 업종 전환을 예고해 전환 후에도 계속 단골로 묶어뒀다. 긴긴 여름이 끝난 9월 초하루, 드디어 '호천생갈비'라는 간판을 새로 달고 본격적으로 생갈비를 굽기 시작했다. 직화구이 고깃집의 생명은 화력이다. 다행히 기존에 꼼장어를 구웠던 구이 설비와 참숯이 막 강한 화력을 내줘 생갈비 굽는 데는 최적의 조건이었다. 양질의 블로그 마케팅으로 외부 고객에 대한 홍보도 병행했다.

점심 매출 힘입어 하루 100만 원 이상 거뜬

주력 메뉴였던 생갈비-야끼 오니기리-돼지껍질의 삼각편대는 서민형 상권에서 제대로 먹혀들었다. 생갈비 전문점으로 전환하자 이전보다 고객 재방문 빈도가 현저하게 높아졌다. 김 대표는 업종 전환을 통해 "역시 해물보다는 고기의 위력이 강하다는 것을 절감했다"라고 한다. 고객이 반응하는 정도나 매출액에서 고기가 월등함을 체험했던 것이다.

업종 전환 이전에는 하루 70~80만 원 정도의 매출액을 올렸다. 꼼장어 매출로는 그리 나쁜 편도 아니었다. 그러나 업종 전환 후 곧바로 꼼장어 매출액 대비 70~90%의 신장을 실현했다. 하루 사이에 매출이 달라진 것이다. 마치 마술에 걸린 듯했다. 개선 작업 실시 첫 달에 당초 목표였던 3,200만 원을 500만 원 초과한 3,700만 원의 매출액을 달성했다. 개업 후 일 매출액이 최소한 1백만 원 이하인 날은 없었다고 한다. 66m²(20평) 남짓한 소규모 매장으로서는 작지 않은 매출액이다.

매출액 증가의 가장 큰 요인은 점심 매출분의 뒷받침이다. 과거에는 꼼장어로는 아예 전무했던 점심 매출이 지금은 최소한 30~40만 원 정도 발생한다. 큰 액수는 아니지만, 저녁 장사의 부담을 적잖게 덜어준다. 여기에 가족 단위 손님들이 오기 시작한 것도 보탬이 됐다. 주말에 찾아오는 가족 단위 손님은 꼼장어집일 때였다면 언감생심 바랄 수 없었던 풍경이다.

〈호천생갈비〉의 경우, 남다른 성공 요인도 숨어 있다. 점주 부부의 금실이 워낙 좋아 개선 과정에서 빠른 실행력을 보였고, 양질 서비스의 원동력이 되고 있다. '일심동체'가 말처럼 쉬운 일이 아닌데 간접 요인 이었지만 성공에 적지 않은 영향을 미쳤다. 한 가지 아쉬운 점이 있다 면 입지의 한계다. 부부의 실력과 음식 수준으로 다른 곳에서 영업했다 면 지금보다 훨씬 높은 성과를 냈을 것이다.

열심히 노력했는데도 매출이 답보 상태이거나 하락한다면 업종 전 환을 신중하게 고려해볼 필요가 있다. 이때 대체 업종은 주변 상권, 점 포 규모, 점주의 성향과 장점, 기존 점포의 시설과 설비를 최대한 고려 해서 결정해야 한다.

◉ 위기 딛고 장안 최고의 평양식 불고기-냉면 전문점 넘봐
  : 서경도락

여러 외식 업소를 방문하다 보면 가끔 '기업가'로 분류할 만한 업주 를 만나기도 한다. 기업가는 불확실한 환경 속에서 위험을 감수해가며 변화와 혁신을 통해 이윤을 창출한다. 단순히 이윤뿐 아니라 '플러스알 파'의 가치를 추구한다. 규모가 큰 기업체 경영자라고 모두 기업가는 아니다. 독과점이나 특혜에 기대려는 경영자에게 기업가 정신이 있을 리 만무하다. 재벌들 가운데 참 기업가로 꼽을 만한 이름이 쉬 떠오르지 않는 까닭이다. 〈서경도락〉 성현석 대표는 몇 차례의 부침에도 오뚝이처럼 다시 일어섰다. 그에게서 기업가 정신을 본다.

외환위기 물결에 학업 대신 사업 나서

유복한 중산층 가정이었던 성 대표의 가족도 외환위기(IMF)의 물결을 비켜가진 못했다. 공기업 간부였던 부친이 실직하자 군에서 제대한 성 대표는 학교 복학을 포기하고 청년 사업가가 됐다. 본래 기계 공학도였으나 IT 관련 사업체를 차렸다. 초등학교를 대상으로 첨단 교구나 교육 행정 프로그램을 제작, 납품하는 사업이었다. 마침 국가의 정책 지원에 힘입어 사업은 순조로웠다.

그러나 차츰 덩치 큰 업체들이 계속 진입하자 경쟁이 치열해졌다. 어느 순간 군소 업주였던 성 대표는 경쟁에서 밀려났다. 한때 큰돈을 모으기도 했지만 위기 관리를 소홀히 한 탓에 무일푼이 됐다. 가족들이 이민 간 미국으로 건너가 재기를 노려볼까도 싶었다. 허나 영어도 안 되고 미국에는 인맥도 없었다. 그럴 바엔 차라리 여기서 다시 한번 힘을 내어 보자고 맘을 추슬렀다.

사업 실패에서 건진 교훈은 딱 하나! '내 원천 기술이 없으면 언젠가는 망한다'였다. 친구의 도움으로 5,000만 원을 손에 쥐었다. '이 돈으로 내가 원천 기술을 확보할 수 있는 분야가 뭘까' 숙고한 끝에 외식업을 선택했다. 6개월간 식당 아르바이트를 체험하고 나름 부대찌개 '원천 기술'을 확보했다. 2009년 〈장수가〉라는 부대찌개 전문점을 여의도에 개업했다.

준비 안 된 성공은 실패의 전조였을 뿐

성 대표가 외식업과 인연을 맺은 것은 외식업 선호나 화려한 조리 경력 때문이 아니었다. 주어진 여건에서 최선의 길을 찾았을 뿐이었다. 부대찌개를 메뉴로 선택한 것도 마찬가지. 싼 점포를 찾다가 직장인 상권에 가게를 구하긴 했는데 뭘 팔아야 할지 몰랐다. 직장인이 좋아하는 메뉴를 알아보니 찌개였다. 그런데 주변에 찌개 잘하는 집이 너무 많았다. 후발 주자가 끼어들 여지가 없었다. 좀 더 세밀히 분석한 결과, 김치찌개 된장찌개 뛰어난 곳은 흔했지만 부대찌개 잘하는 집이 보이지 않았다. 짧은 점심시간에 조리 과정이 빠르고 손쉬운 것도 부대찌개의 강점이었다.

부대찌개를 주력 메뉴로 삼고 두루치기와 삼겹살을 파는 식당으로 가닥을 잡았다. 결과는 대성공! 그의 분석과 예측은 정확하게 적중했다. 창업 이듬해인 2010년 논현동에 2호점을 낸 것을 필두로 충무로, 선릉, 종로, 삼성동, 건대 앞 등 해마다 새 점포를 몇 개씩 개점했다. 새로 문을 여는 점포마다 적지 않은 매출을 올렸다. 특히 2014년에는 서울 시내 여러 곳에 소나기처럼 개점했다.

그런데 작년부터 갑자기 거의 전 점포에서 매출이 곤두박질쳤다. 당황했다. 일시적 현상이려니 했는데 점점 악화됐다. 〈장수가〉로 돈은 많이 벌었지만 손에 쥔 돈은 없었다. 돈을 버는 대로 새로운 점포 개점에 투자하느라 자금 여유가 없었다. 이렇게 상황이 악화된 원인을 성 대표는 세 가지로 분석했다.

첫째는 인력 운용과 교육의 실패. 능력이 검증되지 않은 인력을 매장

책임자로 급하게 투입했고, 이들의 부족한 업무 능력을 만회할 재교육 시스템이 없었다는 점이다. 둘째는 상권에 맞는 메뉴 조정 실패. 점포마다 조금씩 상권 특성이 다른데 이를 무시하고 일률적으로 똑같은 메뉴를 투입했다는 점이다. 셋째는 가치 있다고 여기는 재화나 서비스를 과감하게 소비하는 '가치 소비'가 뚜렷해진 소비 트렌드를 읽지 못한 점. 불경기 지속화로 소비자는 깐깐해졌는데 이런 흐름을 놓쳤다는 것이다.

어디서부터 손을 써야 할지 몰랐다. 평소 인품이나 경영능력이 탁월해 존경했던 선배인 대형 외식업체 대표에게 자문했다. 그가 〈장수가〉 점포들을 인수해줄 것을 내심 바라면서⋯⋯. 선배는 두 가지를 언급했다. 성 대표에게 일정 지분을 보장해주고 자신이 경영을 맡아 정상화하겠다는 것, 또 하나는 식당 개선 전문가를 소개해줄 테니 상담을 받아 스스로 재기해보라는 것. 둘 중 택일하라는 것이었다.

기대했던 대답을 듣고 김 대표는 안도했다. 하지만 한편으로는 찜찜했다. 지분을 받고 편안히 안주하고 싶었지만 다음 순간 '이건 아니다!' 싶었다. 사업가 본능이 불끈 솟았던 것이다. 호의를 베풀어준 선배에겐 고마웠지만, 성 대표는 다음 날 바로 내게 전화를 걸었다.

'평양식 불고기+냉면' 포지셔닝 구축

평소 컨설팅 성과에 회의적이었고 컨설턴트들을 불신했던 터라, 성 대표는 처음 대면하는 나를 신뢰하지 않았다. 그러나 면담 10분 만에 '자기 음식의 무오류' 신앙이 깨졌다. 식당 주인 대부분이 '내 음식은 맛있다!'고 여긴다. 성 대표도 마찬가지였던 것. 나와 상담하는 과정에서

〈장수가〉 음식 수준을 객관적으로 바라보게 됐다. 아울러 내가 오랜 세월 축적한 데이터를 신뢰하기 시작했다.

여러 점포 가운데 규모가 큰 편이고 매출 감소 폭도 커, 가장 대책이 시급한 마포점부터 개선하기로 했다. 〈장수가〉는 프랜차이즈 사업을 염두에 둔 점포들이어서 시스템 구축보다 식당의 핵심인 '음식'이 상대적으로 뒷전이었다. 이 점을 중시, 음식에 대한 관점을 새롭게 정립하는 게 우선이었다.

우리는 언 발에 오줌 누기 식의 땜질 처방으로는 근본적인 회생이 불가능하다는 데 인식을 같이했다. 단기간 매출 향상이 아니라 오래가는 강력한 외식업 브랜드를 구축하자는 데 뜻을 모았다.

벤치마킹을 다니면서 성 대표는 두 가지 생각을 굳혔다. 하나는 '제대로 된 고깃집을 해보겠다!'는 것이고 또 하나는 '좋은 원육을 써야겠다!'는 것이었다.

마포는 사무실 밀집 지역과 주거지가 혼재된 상권이다. 〈서경도락〉이 위치한 곳은 주거지 특성이 더 큰 지역이었다. 생고기보다 양념육이 먹히는 상권이었던 것. 이 점에 착안한 나는 불고기를 떠올렸다.

최종적으로 '수준 높은 전통 불고기와 평양냉면 전문점'이라는 점포 콘셉트를 도출했다. 2016년 7월, 옥호부터 평양의 고려 시대 별칭이었던 '서경'을 넣어 '서경도락'으로 지었다.

"사대문 안 최고의 직화 불고기로 갑시다"

상담 과정에서 성 대표가 가장 인상 깊었던 것은 "사대문 안 최고의 직화 불고기로 갑시다"라고 했던 내 말이었다고 한다. 지금 서울에 스키야키 흔적이 남은 서울식 불고기가 아닌 전통 평양식 직화 불고기를 잘 하는 집은 없었다. 이 점을 어필하고 싶어 성 대표에게 간곡하게 제안했다.

직화 불고기 접목은 성 대표의 말대로 신의 한 수였다. 불고기 원육은 한우 1⁺⁺ 앞다리 살을 사용했다. 불고기로 유명한 인근 마포의 고깃집보다 훨씬 맛있다는 평가를 받았다. 짧은 시간 고온에 지지다시피 굽는 방식은 육즙을 온전하게 보존했다. 광양불고기와 비슷하면서도 단맛을 버린 심심한 맛을 낸다.

손님 입장에서 웬만한 등심보다 오히려 맛이 좋다. 남녀노소 모두 선호하는 고기 메뉴로 탄생했다. 업소 입장에서는 고기 굽기가 쉽고 소요 시간이 짧다. 고깃집임에도 그만큼 회전율을 높여주는 착한 메뉴다. 이제 불고기는 〈서경도락〉 매출의 15~20%를 차지하고 고기 메뉴 매출 가운데 가장 큰 비중을 차지한다. 현대에 전통 스타일 음식으로 대중에게 인정받기는 어렵다. 그런데도 직화 불고기를 성공적으로 안착시켰다.

예전 평양의 음식 문화가 그랬듯 최고의 불고기는 최고의 냉면과 짝패를 이룬다. 그래서 조리 전문가를 동원, 최고 수준의 평양냉면도 개발했다. 한 식당의 모든 음식이 골고루 다 맛있기는 어렵다. 그런데도 〈서경도락〉의 음식은 모두 맛있다는 평가를 받는다. 특히 평양냉면 반응이 점점 좋아지고 있다. 처음엔 평양냉면의 '평'자도 몰랐다는 성 대표는 이제 평양냉면을 직접 조리하는 수준이 됐다. 2018년 봄에 〈서경도락〉식 평양냉면이 최종 완성됐다. 지금은 〈우래옥〉〈봉피양〉처럼 평

서경도락 〈서경도락〉의 시그니처인 평양냉면.

양냉면을 내세우며 장사하는 고깃집이 됐다.

성 대표와 나의 의도대로 〈서경도락〉은 '최고의 평양식 불고기와 냉면 전문점'이라는 포지셔닝을 확고히 굳혔다. 고객들의 브랜드 신뢰도가 높은 편이고 사회 저명인사의 방문도 빈번하다. 〈장수가〉 전성기 시절 최고 매출액은 월 9,000만 원대였다. 그러던 것이 차츰 떨어져 점포 개선 작업 직전에는 3,000만 원 선까지 밀렸다. 새 단장을 마친 첫 달 매출액이 공교롭게도 9,000만 원이었다. 2016년 가을로 접어들면서 매출액은 월 1억 원을 돌파하고 계속 상승세를 탔다.

각종 반찬류의 정비와 돼지갈비 맛도 잡았다. 음식과 시스템 전환이 일단락되자 점포의 콘텐츠를 정리해 각종 매체에 전파했다. 차츰 소문이 나자 〈서경도락〉의 불고기는 2016년 11월 KBS 2TV '생생정보통'에 방영되기도 했다.

〈서경도락〉은 성공의 여세를 몰아 2017년 6월 강남 논현동에 2호점을 냈다. 지하철 역세권이 아니고 오피스 상권도 아니지만 선전하고 있다. 점심에는 갈비탕(1만 2,000원)과 양곰탕(1만 원)이 식사 메뉴로 많이 팔린다. 불고기는 논현점에서도 효자 메뉴다. 도산대로 유명 식당과 고깃집들 모두 메뉴 단가가 비싸다. 상대적으로 합리적인 불고기 가격 덕분에 비록 매출액이 크지 않지만 찾아오는 객수가 다른 식당들보다 훨씬 많다.

육류구이나 평양냉면은 어느 것 한 가지도 맛내기 쉽지 않은 메뉴다. 그런데도 성 대표가 독하게 매달려서 끝내 성공했다. 그동안 들인 노력에 비하면 성과가 아직 기대에 미치지 않는다. 하지만 브랜드가 굳건한 식당으로 발돋움했다. 성현석 대표는 최근 필리핀에 진출할 계획을 세우고 있다. 향후 〈서경도락〉 3호점은 필리핀에서 탄생할 것 같다.

🔍 시작은 미미하였지만 규모 작아도 알찬 식당
: 미미식당

'사계'라는 같은 제목의 곡이 둘 있다. 하나는 비발디가 작곡한 바이올린 협주곡이고 하나는 1980년대 말에 '노래를 찾는 사람들'이 부른 이른바 민중가요다. 비발디의 사계만 알고 살아온 사람은 비교적 순탄하게 살아왔을 확률이 높다. 1980년대에는 많은 청소년이 빨간 꽃 노란 꽃 꽃밭 가득 피어도, 하얀 나비 꽃나비 담장 위에 날아도, 따스한 봄바람이 불고 또 부는 것도 모른 채 사계절 내내 미싱을 돌리며 살았다.

그 청소년들 가운데 황헌석 〈미미식당〉 대표도 있었다. 그는 골프 장갑을 만드는 봉제 공장 재단사로 일했다. 20대 중반에 새 삶의 비전을 찾아 식당 주방으로 일터를 옮겼다. 반평생을 남의 식당 주방에서 보낸 끝에 2016년에 내 식당을 차렸으나 운영이 만만치 않았다. 짧지 않았던 주방 생활이 생각했던 것만큼 식당 운영에 큰 도움이 되는 건 아니었다.

반평생 고대했던 창업의 꿈, 부대찌개 가맹점으로 열었으나

배움에 대한 갈증이 일어 재단사 일을 그만두고 고입·대입 검정고시를 준비했다. 그러면서 한편으로 돈을 벌기 위해 당시 최첨단 국수

프랜차이즈 가맹점 주방에서 아르바이트를 했다. 국수집 아르바이트가 인연이 되어 검정고시 합격 후 분식집 주방에 취직했다. 그때가 스물다섯 살이었다.

한때 배달 전문 식당을 인수해 잠시 운영하기도 했지만 직원들이 하나둘 그만두는 바람에 접어야 했다. 2002년에 다시 유명 칼국숫집 주방에 들어갔다. 이때 조리사 자격증도 따고 본격적으로 음식에 관한 공부를 깊게 할 수 있었다.

이후 대형 한식집 주방으로 옮겼다. 국내 최고 수준의 냉면과 갈비탕을 제공하는 이 식당에서 조리의 기본기를 튼실하게 다졌다. 조리법 전수를 잘해주고 후배를 챙겨주는 선배들을 만나 황 대표로서는 행복한 시절이기도 했다. 면류, 탕류, 보쌈, 갈비, 만두 등등 어떤 메뉴건 조리하지 못할 게 없었다.

드디어 2016년 7월, 평생의 꿈이었던 '내 식당'을 창업했다. 좀 더 일찍 창업하려고 했지만, 중이염 수술을 받는 바람에 늦어졌다. 수술받고 난 뒤 한동안 입맛이 썼다. 중이 부위가 미각 감지 신경을 관장해, 수술 후 1년이 지나야 미각이 정상으로 돌아오기 때문이었다.

그동안 갈고닦은 실력을 유감없이 발휘해 보고 싶었다. 하지만 그건 욕심이었다. 수술 끝이어서 둔감해진 미각이 완전하게 회복됐는지 알 수 없었다. 자신의 레시피와 조리 실력을 확신할 수 없어 차선책으로 선택한 것이 부대찌개 프랜차이즈 가맹점이었다.

직장인만 바라보는 상권에 식자재 조달 번거롭고 회전율 낮아

점포 위치는 서울 지하철 2호선 서초역 앞 주상 복합 빌딩 지하상가다. 임차료 저렴한 것 한 가지만 빼면 생각했던 것보다 장점은 별로 없었다. 점포가 주방을 포함해 30m²(9평)밖에 안 될 만큼 협소하고 지하에 위치했다. 바로 앞이 서초역인 역세권이었지만 은근히 기대했던 역세권의 이점은 크게 누리지 못했다. 사무실 밀집 지역이어서 주말이나 휴일에는 손님이 적었고, 직장인들이 퇴근한 야간에는 한산했다.

프랜차이즈 본사에서 제공하는 부대찌개 재료나 맛은 나무랄 데 없었다. 부대찌개는 누구나 선호하는 대중 메뉴라는 장점도 있고 본사의 레시피도 만족스러웠다. 그런데 문제는 크게 두 가지였다.

우선, 부대찌개의 재료 가운데 한두 가지라도 소진되면 찌개를 끓일 수 없었다. 매일 배송해주는 것도 아니고 모든 식자재가 동시에 소진되는 것이 아니었다. 한 가지 재료만 소진돼도 시중에서 별도로 사야 했다. 식자재 배송 주기가 너무 길었다. 재료를 드문드문 받아서 조리하다 보니 이중 일이 되었다. 조리 기술이 없는 초보 창업자라면 규격화된 프랜차이즈 레시피가 그나마 도움이 되겠지만 눈 감고도 찌개를 끓이는 사람에겐 오히려 번거로운 시스템이었다. 부족한 식자재를 기다릴 바엔 차라리 내가 100% 시장 봐서 조리하는 게 더 낫겠다는 생각이 들었다.

회전율이 너무 낮은 것이 더 큰 문제였다. 손님이 주문하면 그때부터 끓이기 시작하고, 다 끓어서 먹고 나가면 다음 손님 받기가 애매한 시간이 됐다. 자리가 넉넉하면 그래도 괜찮겠지만 겨우 22석의 좁은 점포에서는 무조건 회전율을 높여야 했다.

점포 입점 후에 안 사실이었지만 밤 9시만 되면 상가 출입문 셔터를 내렸다. 안 그래도 퇴근시각이 지나면 이 일대와 빌딩 전체가 썰렁한데 상가 셔터까지 내려버리니 저녁 장사 할 시간이 턱없이 부족했다. 손님들이 퇴근 후 느긋하게 식사와 술을 즐겨야 매출이 올라가는데 이런 분위기에 찬물을 붓는 격이었다. 이래저래 점심시간에 회전율을 높여서 최대한 많이 팔아야만 하는 구조였다.

식당 운영은 단 두 명이 한다. 황 대표가 주방을 맡고 그의 사촌 누이가 홀 서빙을 담당하고 있다. 식당 규모가 크지 않고 직원이 너무 많아도 손발이 맞지 않으면 효율이 떨어질뿐더러 인건비도 적지 않은 부담이었기 때문이다.

맛이 괜찮은 부대찌개를 짧은 점심시간에 좁은 곳에서 판매하니 손님이 지체하는 시간은 길었고 기다렸던 손님들은 되돌아갔다. 부지런히 팔아봐야 하루 매출이 고작 18~20만 원 선이었다. 도저히 비전이 보이지 않았다. 버틸 자금 여력이 있을 때, 그리고 손님들에게 '부대찌개집'으로 인식되기 전에 식당을 개선하기로 했다.

점심은 소고기국밥 저녁은 로스구이로 매출 정조준

2016년 10월, 현장에 가보니 식당 규모가 너무 작았다. 매출을 획기적으로 늘리거나 메뉴 가짓수를 늘리는 데는 한계가 있었다. 일단 작은 규모에서도 성공 가능성이 큰 메뉴를 운용하는 식당을 황 대표에게 서너 군데 소개해줬다. 그곳의 메뉴들을 점검해볼 것을 주문했다. 특히 돼지 앞다릿살을 활용한 메뉴에 관심을 가질 것도 당부했다.

황 대표는 그 식당들을 다니면서 자신감이 생겼다. 자신의 조리 실력으로 충분히 구현해낼 수 있는 메뉴들인 데다 평소 막연하게나마 생각해본 메뉴들이었다. 그중 소고기국밥은 회전율이 높고 조리법이 간편하면서 직장인들이 선호할 만한 메뉴였다. 대용량으로 끓여놓지 않아도 되고, 흔히 먹는 김치찌개보다 희소성도 높아 직장인이 매력을 느낄 만했다. 좁은 주방 여건과 짧은 점심시간에 집중적으로 매출을 올려야 하는 이곳에는 최적의 메뉴였다.

조리법을 숙지한 뒤 소고기국밥과 돼지고기로 끓인 '고기 찌개 정식'을 주력 메뉴로 배치하고, 국내산 한돈 뒷다리살을 '한돈 생고기 로스구이'라는 메뉴로 구성했다. 점심 매출은 소고기국밥과 고기 찌개로 잡고, 저렴하면서 맛이나 질이 삼겹살 못지않은 로스구이로 저녁 매출을 겨냥한 것이다.

인테리어도 손을 댔다. 형광등 조명의 밝고 밋밋한 내부는 술 마실 분위기가 아니었다. 천장을 검은색 도료로 도포하고 세련된 조명 기구를 설치한 뒤 조도를 낮췄다. 새로 구성한 메뉴 사진과 홍보용 POP 광고 문구도 점포 안팎에 부착했다. 복도 쪽 창문은 막아서 어수선한 느낌을 없앴다. 막은 창문에는 가독성 높은 새 메뉴판을 깔끔하게 설치했다. 공사비는 다 합쳐 70만 원 정도밖에 들지 않았다.

한 달 정도 지나서 점포 옥호도 〈미미식당〉으로 바꿨다. 이전의 식당 이름은 부르기 어렵고 기억하기도 힘들었는데 '식당'이라는 단어가 들어가면서 고객에게 밥집 이미지를 확고하게 심어줬다. 다른 작업이 마

미미식당 직장인이 점심 메뉴로 선호하는 소고기 국밥, 아침에는 해장국으로 팔 수도 있다.

무리되자 블로그 마케팅과 함께 인터넷 매체에 〈미미식당〉의 높은 가성비를 소개했다.

미미했던 매출, '미미식당' 전환하자 1.5배 상승

전환 작업 한 달 동안 예전 간판을 그대로 붙이고 장사했는데도 매출액이 50% 정도 올라갔다. 2016년 12월부터는 점심시간 동안에만 30~40만 원을 올렸다. 〈미미식당〉으로 간판을 바꿔 달고 본격적인 홍보 활동에 들어가자 매출액은 50, 60만 원대로 또 뛰었다. 이전보다 1.5배 이상 상승한 것이다. 매출 증가도 큰 수확이었지만 음식에 대한 자긍심과 자신감을 찾게 된 것이 황 대표로서는 더 큰 기쁨이었다.

그는 앞으로 지금의 상승세를 타고 다른 곳의 넓은 터전으로 옮길 꿈을 갖고 있다. 요즘 후배 조리사들이 그에게 이런저런 조언을 구한다고 한다. 사실 자신뿐 아니라 동종 업계 선배들이 '우물 안 개구리'인 경우가 더 많다는 걸 알게 됐다고 한다. 개선을 원한다면 선배들도 좋지만 객관적 시각과 전문적 식견을 가진 컨설턴트에게 문의하는 게 좀 더 현명할 것 같다고 말했다.

황 대표는 유명 대형 식당에서 근무한 경력도 있지만 자신의 부족한 점을 인정하고 보완하려는 노력이 강점이다. 또한 빠른 결단과 실행이 성공을 견인했다. 머뭇거리다가 식당 개선의 타이밍을 놓치는 업주들을 많이 본다. 그럴 때마다 참 안타깝다.

관광지 식당에선 산채비빔밥만 팔아야 할까?
: 금관식당

전국 관광지 주변에는 적지 않은 식당들이 포진했다. 관광지는 일반적인 상권과는 다른 특수성이 존재한다. 특히 전통 사찰을 낀 등산로 입구에는 거의 예외 없이 토속 음식점 일색으로 밀집했다. 오히려 도심보다 식당 밀집도가 높은 곳도 있다. 산속 사하촌이라고 해서 산채비빔밥과 동동주만 팔아야 할까? 무조건 관광객만을 타깃으로 설정해야 할까? 곰곰 따져볼 일이다.

횟집으로 자리 잡았으나 힘에 부치고 매출 저하

대구에서 식당을 하던 민연옥 씨는 새로운 외식업 사업 기회를 찾아 지금의 합천군 가야면으로 들어왔다. 해인사 입구의 면 소재지다. 첫 5년간은 갈빗집을 했다. 하지만 성에 차지 않았다. 2000년 4월 갈빗집보다 좀 더 돈이 될 만한 횟집으로 업종을 바꿨다.

업종을 바꾸자 기대했던 대로 매출이 늘었다. 매출이 늘어난 만큼 고생도 늘었다. 횟집은 음식을 미리 준비해둘 수 없었다. 종일 한가하다가 손님이 오면 갑자기 일손이 부족해졌다. 그만큼 노동 효율성이 낮았다. 회 음식 차림은 조리가 복잡하고 시간이 많이 걸렸다. 노동 강도 또한 높아 점점 나이가 들면서 힘에 부쳤다.

횟집의 주 고객층은 지역 주민들이었다. 10년 정도 지나자 주민들도 노령화하면서 주머니가 얇아졌다. 식당의 객수와 매출이 동시에 줄었다. 그러던 차에 오리고기가 유행처럼 붐이 일었다. 민 씨는 오리고기와 돌솥밥으로 주메뉴를 바꿨다. 관광객들까지도 염두에 둔 포석이었다.

오리고기 전문점은 횟집의 대안이 아니었다

처음에는 괜찮았다. 매출도 손님 반응도 좋았다. 횟집에 비하면 오리고깃집 운영은 한결 수월했다. 그러나 오리고기는 유행을 잘 타는 메뉴였다. 금방 질렸는지 지역 주민, 관광객 할 것 없이 차츰 고객 수가 줄었다. 젊은 손님들은 돌솥밥을 외면했다.

가야면은 도로가 양호하고 대구와 인접한 지역이다. 평소 자주 오던 면사무소, 농협 직원들이 대구 소재 식당으로 빠져나갔다. 차츰 하향

추세의 매출액은 한계점에 다다랐다. 재료비와 관리비, 그리고 인건비를 제하고 나면 민 대표 몫은 남지 않았던 것. 몸이 부서져라 일을 했는데 돌아오는 게 아무것도 없어 허무했다.

그나마 자가 건물이어서 점포 임차료가 나가지 않는 게 다행이었다. 그냥 앉아 있을 수 없었다. 민 대표는 평소 한국외식업중앙회에서 발행하는 〈음식과 사람〉을 애독했다. 'SOS 김현수가 간다' 코너를 늘 눈여겨봤다. 2016년 가을, 나에게 도움을 청해봐야겠다고 마음먹었다.

상담 목적으로 방문해보니 도드라진 식당의 개성이나 장점은 없었다. 다만, 민 대표의 자세는 아주 긍정적이었다. 외식 전문지를 정기 구독할 정도로 업장 개선에 적극적인 업주라고 판단했다. 점포가 자가 건물인 점도 긍정적이었다. 248m²(75평) 29 테이블에 2층에는 150석 규모의 연회실도 구비했다. 면 소재지 식당으로는 대형 규모였다.

이 집은 해인사 인근의 면 소재지 식당으로 외지에서 유입하는 관광객 숫자가 많은 특수한 상권이다. 여기서 간과해선 안 될 사항이 있다. 주말에 관광지에 다녀가는 여행객들은 생각보다 식비 지출에 돈을 안 쓴다는 점이다. 이들의 지출 의향은 대체로 한 끼에 1인당 1만 원대 전후라고 보면 된다. 메뉴나 음식 단가를 여기에 맞춰 설계해야 한다.

관광객·지역민 공유 메뉴로 바꾸고 외관 가시성 높여

주메뉴였던 샤부샤부나 오리고기는 둘 다 한물간, 꺾이는 메뉴들이다. 누구나 거부감 없이 찾는 돼지고기 메뉴를 메인으로 구성하기로 했다. 떡갈비와 흑돈 양념구이 정식을 비롯해 막국수 한우 국밥, 한우 불고기 등을 기존 메뉴 대신 투입하기로 했다.

건물이 낡고 내부 시설도 오래돼 리모델링이 필요한 시점이어서 일단 공사를 먼저 하고 개선 작업에 들어가기로 했다. 리모델링 작업을 하면서 평소 불편했던 홀과 주방 내부의 동선을 바꿨다. 또한 창문을 확장해 바깥 경치 조망 환경도 대폭 개선했다.

리모델링 작업이 끝난 2017년 2월 주메뉴 전수 교육부터 시작했다. 떡갈비, 막국수, 소고기전골, 국밥 등의 메뉴를 전문 조리사가 〈금관식당〉 조리실에서 민 대표에게 전수했다. 미비점은 향후 민 대표가 서울에 와서 배워가기로 하면서 조리법을 완벽하게 습득시켰다.

떡갈비는 돼지 뒷다릿살을 90% 사용해 원가가 저렴하고 수익성이 높다. 이 집 떡갈비 상품력이 기존 유명 떡갈비 전문점에 비해 손색이 없었다. 막국수는 경북 지방에서 활성화하기 어려운 메뉴다. 강원도나 수도권과 달리 이 지역에서는 다소 낯선 음식이다. 사실 조금 주저했다. 그러나 해인사를 찾는 외지 관광객을 보고 과감하게 채택했는데 결과가 좋았다.

해인사는 불교를 학문적으로 공부하는 교육생들이 연중 적잖이 다녀가는 곳이다. 이들이 삼삼오오 식사하러 오는 빈도수도 이전보다 높아졌다.

점포 위치는 해인사로 들고 나는 관광객들 탄 차량이 지나가는 길목이다. 따라서 이들이 달리는 차 안에서 식당의 존재를 쉽게 인지할 수 있도록 가시성 높은 사인물을 설치하는 게 중요하다. 나는 이 점에 착안, 멀리서 잘 보이도록 현수막과 대형 펼침막을 건물 외벽에 부착시켰다. 운전 중인 관광객이 한눈에 식당 성격과 주메뉴를 알 수 있도록 했다. 점포 내부는 새로운 메뉴 콘셉트에 따른 인테리어 작업을 했다. 간판과 POP 광고 문구를 새로 제작해 설치했다. 달라진 모습에 손님들도 건물이 훤해졌다며 칭찬했다.

간판 교체와 홍보작업에 앞서 옥호를 바꿨다. '금관 바다와 오리의 웰빙 밥상'이라는 그 전의 이름은 너무 길었다. 간단하게 '금관식당'으로 줄였다.

2017년 5월부터 파워 블로거에 의한 블로그 마케팅을 했다. 지방이어서 키워드 경쟁이 심하지 않아 '합천 맛집'이나 '해인사 맛집' 키워드를 어렵지 않게 선점할 수 있었다. 외지에서 오는 관광객들은 합천에서 식사할 식당을 미리 검색하고 온다. 따라서 지속적이고 유효적절한 블로그 마케팅은 필수다. 예상 밖으로 막국수 매출도 호조를 보인다. 경북 합천에서는 아마 최초의 막국숫집이 아닌가 싶다. 앞으로 이 점도 홍보 포인트로 활용할 수 있을 것이다.

일거리 줄어들고, 주말·휴일 매출 큰 폭 늘어

2017년 2월부터 4월까지 3개월간 본격적으로 메뉴 조리법 전수와 함께 일종의 연습게임 기간을 보냈다. 새로운 메뉴에 적응하는 기간이었다. 조리 전수가 모두 완료되고 점포 콘셉트 틀이 완전하게 전환된 5월부터 매출이 눈에 띄게 성장했다.

평일에는 일평균 100만 원, 주말과 휴일에는 거뜬히 300만 원을 넘겼다. 과거에는 평일과 주말의 매출액 차이가 별로 없었는데 주말 매출

금관식당 점포 앞을 지나는 차량 탑승자가 차 안에서도 쉽게 볼 수 있도록 건물 외벽에 펼침막 형태의 홍보물을 설치했다.

이 획기적으로 늘어난 것도 새로운 현상이다. 평일에는 지역 주민이 일정 수준의 매출을 올려주고, 주말과 휴일에는 여기에 관광객이 가세하는 현상이 뚜렷해졌다.

지역 주민이나 관광객 구분 없이 누구나 선호하는 메뉴군으로 기획했던 것이 주효했다. 매출액뿐 아니라 이익률도 훨씬 향상됐다. 민 대표는 주말마다 아르바이트생 2~3명을 투입, 늘어난 고객에게 대응하고 있다.

'막국수+떡갈비' 세트 메뉴가 반응이 제일 좋다. 메뉴를 바꾸자 조리과정이 한결 간단해졌다. 동일 매출액 대비 일은 반으로 줄어들었다. 매출은 많이 늘어났어도 직원을 추가 채용할 필요가 없었다.

열흘 동안 저녁 식사를 하고 갔던 미국인이 있었다. 학술이나 관광

목적으로 해인사를 찾아온 듯했다. 매일 떡갈비, 막국수 등 모든 메뉴를 골고루 다 맛봤다. 그는 식사 때마다 "딜리셔스(delicious)!"를 외치며 엄지손가락을 세워 보였다고 한다. 모든 손님이 그런 것은 아니지만 예전보다 음식 만족도가 높아진 것은 분명하다고 민 대표는 만족감을 표시했다. 그는 2017년 초가을에 동절기 대비용 국수 전골과 곰국시 메뉴 조리법을 전수해가기도 했다. 또 하나의 무기를 갖춘 것이다.

⚐ 강력한 사이드 메뉴와 탄탄한 상품력이 비수기 돌파력
: 신부자면옥

새 함흥냉면 전문점 〈신부자면옥〉 신섬길 대표는 서울 강남에서 고깃집을 운영하는 부친의 대를 이어 부자(父子)가 외식업에 종사하고 있다. 미국 유학 시절, 방학 때면 귀국해 부친의 식당 일을 도왔다. 그에게 식당 일은 낯설지 않았다. 고령에 접어든 부친은 "공부 마치고 남 밑에서 일해도 언젠가는 그만둘 텐데 차라리 네 일을 일찍 시작하는 게 어떠냐?"고 제안했다. 아들은 부친의 제안을 받아들였다. 고깃집을 오래 경영했던 부친에게 식당 운영 노하우를 충분히 배웠지만 새로 시작한 함흥냉면 전문점은 또 다른 세계였다.

삼겹살집 내려다 차린 함흥냉면집
신 대표의 부친이 한우 전문점을 운영할 때 '나도 한우 등심 맘껏 먹을 수 있다'는 카피로 전단을 제작해 성공시킨 적이 있다. 이후 계속 인연을 유지해오면서 기회 있을 때마다 식당 경영에 조언을 아끼지 않았다.

부친이 고령이어서 고깃집 운영이 힘에 부치자 점포를 이전하고 주꾸미 전문점을 시작했다. 이때부터 신 대표가 부친과 본격적으로 합류했다. 당시 나는 "주꾸미는 유행을 타는 아이템이니 하지 말라"고 말렸다. 아닌 게 아니라 개점 초반에는 주꾸미 장사가 잘됐지만 유행이 지나자 한풀 꺾였다. 2년 뒤 삼겹살 전문점으로 업종을 바꾸고 현재 순조롭게 운영 중이다.

삼겹살집 경영이 호조를 보이자 부자는 2호점을 낼 준비를 했다. 반 년 동안 새 점포를 물색했으나 마땅한 곳을 찾지 못했다. 점포 구하기도 어려웠지만 몇 년 새 삼겹살집 간에 경쟁은 심해졌다. 게다가 삼겹살집은 너무 늦은 시각에 영업이 끝난다. 고령의 부친과 신혼인 신 대표가 심야에 두 곳을 관리하기에는 어려움이 컸다. '삼겹살 2호점 프로젝트'가 교착 상태에 빠졌던 그때 "냉면 수준이 상당히 높은 편이니, 수도권 대로변에 냉면 전문점을 내보라"고 귀띔했다.

부자는 삼겹살 2호점 프로젝트를 잠시 보류하고 방향을 선회했다. 두루 고려해보니 냉면집은 삼겹살집보다 상대적으로 수월할 것 같았다. 분당 이남(以南)을 점포 후보지로 추천했다. 수도권에서도 그 일대에는 뛰어난 냉면집이 드물다. 바로 포지셔닝의 중요성을 고려한 조언이었다. 2018년 1월, 부자는 지하철 분당선 보정역 근처에 함흥냉면 전문점을 개업했다.

안 좋은 시기, 안 좋은 자리에 개점

한겨울, 삼동에 개업하다 보니 냉면집으로서는 타이밍이 적절치 못했다. 냉면 성수기인 여름을 앞둔 봄철에 개업일을 맞췄어야 했다. 한겨울에 검증도 안 된 신생 냉면집에 냉면을 먹으러 올 용감한 사람은 그리 많지 않다.

상권도 불리했다. 입지가 이른바 지나가는 자리였다. 대로변에 위치했지만 1차 상권 내에 다른 주택가나 사무실이 없어 섬 같았다. 입점한 장소가 분당선 철도와 8차선 자동차 도로 사이에 낀 곳에 들어선 상가의 점포였다. 두 지점을 연결해주는 철도와 도로가 역설적으로 외부와 고립시키는 구실을 하는 지역이다. 이전에 같은 이유로 여러 가게가 입점했다가 망해서 나가곤 했다. 그런 까닭에 고객들에겐 좋지 않은 이미지로 인식된 자리였다. 권리금이 없고 주차장이 넓은 것이 그나마 장점이었다.

'육수 맛있는 함흥냉면'과 육개장·만두로 위기 탈출

평소냉면집은 많아도 '육수 맛있는 함흥냉면'은 드물다는 걸 절감했다. 육수가 맛있는 냉면만 내놓는다면 그만큼 성공할 가능성이 크다고 판단했다. 신 씨 부자는 고깃집을 18년간 운영하면서 충분할 만큼 함흥냉면 조리 실력을 쌓았다. 특히 육수가 뛰어났다. 그 점을 인지하고 함흥냉면을 권유했던 것이다.

육수 맛있는 냉면에 꽂히게 된 사연이 있다. 몇 해 전 일본에서 모리오카 냉면(盛岡冷麵, 일본 이와테현 모리오카 시에서 특산물로 지정한 냉면)

으로 유명한 냉면집 주인이 한국을 방문했다. 그는 "한국에는 육수가 맛있는 물냉면이 없다"고 했다. 그 주인은 함경도 출신 재일 교포의 후예다. 선대로부터 함경도식 농마국수(감자 전분으로 만든 국수)의 일본 버전인 모리오카 냉면 전문점을 물려받아 운영하고 있다. 냉면 원조인 모국에 가면 훨씬 우월한 냉면 맛을 만나리라 기대했으나 막상 한국 냉면들이 그의 기대치를 충족시켜주지 못했다. 이후 나는 외식업 종사자 강연 때마다 이 사실을 환기시켰다.

지금 함흥냉면은 세대 교체기에 접어들었다. 기존 함흥냉면 레시피는 재일 교포 냉면집 사장의 지적처럼 육수 맛이 없다. 함흥냉면이 외식 업계 강자로 뜨다가 한풀 꺾인 것은 그 맛이 하향 평준화됐기 때문이다. 이 틈에 최근 평양냉면집들이 우후죽순 불어났다. 하지만 새로 생긴 평양냉면들 역시 그 맛이 만족스러운 수준은 아니다. 오래된 것은 저물어 가고 새로운 것은 아직 나오지 않은 지금이 맛있는 육수를 장착한 냉면을 내놓을 적기라는 것이 나의 생각이다.

냉면은 계절적 한계가 분명하다. 냉면 전문점이라면 비수기에 냉면을 보완할 메뉴가 필요하다. 일종의 '넘버 2' 메뉴. 신 씨 부자는 갈비탕을 상정하고 있었다. 그런데 나는 이에 반대했다. 갈비탕은 원가가 높고 무거운 메뉴다. 대신 육개장으로 바꾸라고 강력히 조언했다. 갈비탕은 1만 2,000원 정도 받아야 한다. 지금 '한우육개장'은 1만 원이다. 소비자 입장에서 갈비탕은 부담스러운 식사 메뉴다. 업주 입장에서도 원가가 너무 높아 이익률이 낮다.

신부자면옥 '육수 맛있는 함흥냉면'으로 성공의 발판을 마련한 신섬길 대표(왼쪽) 부자.

육개장은 고연령층의 반응이 즉각적으로 나타나는 메뉴다. 노년층뿐 아니라 한국인이라면 모든 연령층에서 두루 선호하는 음식이다. 신 대표 부자가 고깃집을 하면서 조리 노하우를 갈고닦아온 터라, 육개장 조리법의 핵심 부분만 전문가에게 전수할 수 있도록 했다.

주변에 사무실이 없어서 직장인이 좋아하는 칼칼한 해장국 스타일이 아닌 담백하고 맑은 국물로 내고 푸짐하게 제공했다. 신 대표 부친은 식자재 고르는 안목이 매우 높아 양질의 육개장용 한우를 구매한 것도 큰 힘이 됐다.

만두는 사이드 메뉴이자 함흥냉면 전문점에서는 필수 메뉴다. 반드시 사이드 메뉴로 만두를 채용할 것도 권유했다. 처음에는 공장 제품

만두를 받아서 썼다. 역시 손님들 반응이 좋지 않았다. "다른 음식들은 다 맛있는데 만두만 별로"라는 것이었다. 메뉴 구성상 만두를 뺄 수도 없는 노릇이었다. 그렇다고 만두의 질을 높이기 위해 직접 만두를 빚기에는 엄두가 나질 않았다. 일이 많고 일손도 추가로 필요했기 때문이다. 할 수 없이 이곳저곳에서 맛있다는 기성품 만두를 2, 3차례 받아 썼다. 그런데도 고객들의 불만은 해소되지 않았다.

그때 양질의 만두소를 생산 판매하는 업소를 추천했다. 현재 그곳의 만두소를 구매해 만두를 빚어 내놓고 있다. 사실 만두는 만두소 만드는 작업이 시간도 오래 걸리고 힘들다. 맛있는 만두소를 사 업소에서 만두를 빚어 내놓으니 만두 맛이 웬만한 수제 만두보다 훨씬 나아졌다.

만두소를 바꾸자 만두 인기가 아주 뜨거워졌다. 초여름으로 이어지는 냉면 비수기의 만두 매출이 점포 운영에 적잖은 도움이 됐다. 훌륭한 냉면 대체 메뉴가 될 것으로 보인다. 현재 수육과 회무침도 사이드 메뉴로 구성하고 있다. 모두 손님들이 부담 없이 추가로 주문하는 메뉴로 자리 잡았다.

상품력 우월한 함흥냉면 매출, 비수기 상쇄하고도 남아

개업 초기에는 계절적 요인에다 열악한 주변 상권과 홍보 부족 등으로 매출이 하루에 40~50만 원도 안 되었다. 그러나 인접 보정동 아파트 주민들을 중심으로 육수가 맛있는 함흥냉면이 차츰 입소문이 나면서 재방문 고객이 늘었다. 여기에 자극적이지 않고 담백한 맛으로 중장년층 고객들의 마음을 흔든 육개장과 발군의 만두가 쌍끌이로 매출을 견인했다.

신 대표가 미국에서 오래 공부했기 때문에 시야가 넓을 것이다. 이제 외식업에 뛰어들었으니 식당 운영을 좀 더 시스템화했으면 좋겠다. 신 대표는 현재 주방 운용과 접객 서비스를 매뉴얼로 정리하고 있지만 운영 변수가 많아 쉽지는 않다고 밝혔다.

신 대표는 삼겹살 2호점 출점 계획을 함흥냉면 2호점으로 변경할 것을 고려하고 있다. 함흥냉면은 삼겹살보다 진입 장벽이 높다. 경험해보니 관리 용이성, 인력 운용, 작업 난이도, 인기 지속성 등에서도 삼겹살보다 함흥냉면에 더 점수를 줄 수밖에 없다고. 다만 동절기 계절성을 탄다는 게 유일한 단점이다. 그렇지만 2018년 여름철 성수기에 많은 양의 냉면 매출을 올린 바 있다. 판매량이 비수기 단점을 상쇄하고도 남는다. 외식 업자는 냉면 하나만 제대로 만들어도 평생을 간다는 사실을 〈신부자면옥〉이 뒷받침해주고 있다.

📍 우동의 달인도 식당 경영은 여전히 어렵다
: 섬섬옥수

선수 시절엔 무명이었는데 지도자로 변신, 선수들을 잘 조련해 명문 팀으로 육성해내는 축구 감독들을 종종 본다. 반대로 화려한 선수 생활을 끝내고 지도자로 데뷔했으나 이렇다 할 성과를 내지 못하는 감독도 있다. 선수로 뛰는 것과 운동장 밖에서 전략을 짜고 선수를 지도하는 자질은 서로 다르다. 식당도 마찬가지. 식당 운영을 잘하는 것과 잘 운영하도록 촉진하는 일은 별개다. 한 사람이 모든 걸 다 잘할 수는 없다. 조리와 서비스에 탁월한 능력을 지녔음에도 매출이 부진한 식당 업주라면 안목과 통찰력이 부족한 경우일 것이다. 그럴 땐 자신에게 없는 자질을 지닌 전문가에게 도움을 받아 식당을 활성화하는 것도 좋은 전략이다.

얼떨결에 확보한 점포

일본 가가와현의 전통음식인 사누키 우동 전문점 〈아키라〉는 울산에서 족타 우동(반죽 과정에서 발로 밟는 우동)집으로 확고한 기반을 다졌다. 민현택 대표의 우동 조리 솜씨가 워낙 뛰어나 그 맛에 반한 마니아들이 제법 많았다. 찾아오는 단골손님 가운데 상가 건물 주인도 한 사람 있었다.

하루는 그 손님이 심각한 표정으로 우동집 주인장인 민 대표에게 면담을 청했다. 무슨 일인가 싶어 들어봤더니 자신의 상가에 빈 점포가 하나 생겼으니 그곳에 입점해 달라는 취지의 얘기였다. "분식 프랜차이즈 가맹점이 있던 자리였는데 들어오려는 사람은 없고 공실 기간이 너무 길어져 고민"이라는 것이었다. "민 사장이라면 실력도 출중하니 입점하면 충분히 점포를 살릴 수 있을 것 같다"며 애원에 가까운 부탁을 했다.

본점인 〈아키라〉에서 직선거리로 불과 500m밖에 안 돼 처음에는 귀담아듣지 않았다. 하지만 나이 들어가면서 자가제면 우동의 주방 일이 힘에 부쳤다. 노동 강도가 낮은 메뉴를 구성해 2호점을 내는 것도 나쁘지 않을 것 같았다. 더구나 권리금이 없어 점포 임차 비용 부담이 가벼운 점도 구미가 당겼다.

몇 번의 부탁을 더 받고 '단골손님'의 청을 수락했다. 얼마 뒤 민 대표는 울산 고속버스 터미널 인근 99m²(30평)짜리 점포의 임대차 계약서에 서명했다.

'돈가스＋한식' 잘못된 메뉴 조합에 갑작스러운 경쟁점 출현까지

구체적인 입점 계획을 세우지 않은 상태에서 예정에 없이 점포를 먼저 확보하자 마음이 바빴다. 새 점포에 돈가스와 백반(된장찌개)을 접목한 한상 차림 콘셉트를 기획했다. 기존의 우동집보다 식당 운영에 힘이 덜 들 것 같았기 때문이다. 나는 '돈가스＋된장' 콘셉트는 두 메뉴가 서로 조화가 되지 않아 반대했다. 상권 내 주요 고객인 젊은 층에게 어필할 수 없는 콘셉트였기 때문이었다. 나의 반대 의견에도 민 대표는 자신의 구상을 밀고 나갔다.

2016년 초봄, 돈가스에 청국장 된장찌개 보쌈김치를 결합한 돈가스 전문점을 열었다. 메뉴 조합이 어색해서 그랬는지 고객 반응은 기대했던 것만큼 폭발적이지 않았다. 하루는 근처 사무실에 근무하는 여직원들이 식사하고 다녀간 뒤 다시 왔다. 그들은 옷에서 청국장 냄새가 심하게 난다며 세탁비를 요구했다. "돈가스집인 줄 알고 왔었는데 청국장이 웬 말이냐"며, 꼼짝없이 1인당 10만 원씩 30만 원을 물어줬다.

이 일이 있고 난 후 나의 반대 의견을 떠올린 민 대표가 바로 조언을 요청해왔다. 근처에 프랜차이즈 베트남 쌀국수 전문점이 들어와 한동안 타격을 받기도 했던 터였다. 이 점도 민 대표로서는 전혀 예측하지 못한 암초였다.

돈가스에 청국장 빼고 메밀국수 붙여, 꾸준한 매체 홍보 병행

돈가스+한식의 기존 콘셉트를 버리고 돈가스에 메밀국수, 그리고 민 대표 최고의 강점인 우동 조리 능력을 접목할 것을 조언했다. 또 한 가지 중요한 귀띔을 해줬다. 단일 메뉴보다 세트 메뉴로 가야 매출이 오른다는 것. 그러면서 음식의 양을 푸짐하게 제공해 '세트 메뉴는 양이 적다'는 손님들의 일반적 상식을 깨도록 하라고 주문했다. 이 모든 전략에 전제 조건이 있었다. 음식의 질을 최대치로 높여야 한다는 것이었다. 나는 민 대표에게 '울산에서 가장 맛있는 돈가스와 메밀국수'를 지향할 것을 권면했다. 그렇지 않으면 싸구려 음식을 잔뜩 줬다는 오해를 받기 때문이다.

민 대표는 이에 부응했다. 신선함이 우월한 국내산 생등심을 돈가스 재료로 사용했다. 육즙과 육질이 손님들의 기대치를 넘어서는 돈가스를 튀겨냈다. 튀김 기름도 당일 사용으로 제한했다. 워낙 출중한 조리 실력과 우량 식자재가 만나 양질의 음식이 나왔다.

2016년 4월, 〈아키라〉 2호점은 나의 네이밍에 따라 〈섬섬옥수〉로 환골탈태했다. 일본식 메밀국수와는 다른 한국식 메밀국수라는 차별성을 부여하고 '고운 손'이라는 의미를 부각해 여성 고객을 타깃으로 한 이름이다. 옥호에서 '수제' 이미지까지 은근히 강조했다. 점포 동선도 개

섬섬옥수 세트 메뉴에 들어간 멘치가스(아래 쪽 공 모양 고기 튀김).

선했다.

　메뉴 구성을 바꾸고 2개월이 지나자 확실히 고객 반응이 달라졌다. 울산은 메밀국수를 비롯한 메밀면이 낯선 지역이어서 나도 내심 걱정이 없지 않았다. 그런데 '점보세트'가 손님들에게 제대로 먹혔다. 평일에는 직장인이 주말에는 가족 단위 손님들이 입소문을 타고 찾아왔다. 예상대로 여성 고객이 60% 정도 차지했다. 백반 콘셉트로 운영했을 때보다 매출액이 상승했을 뿐 아니라 날이 갈수록 일일 매출 편차가 줄어들어 안정됐다.

　2017년에 잠시 매출이 주춤했을 때 나의 제안으로 일본 도쿄 키치죠지의 음식점 〈사토우〉에 멘치가스(공 모양의 소고기 튀김) 벤치마킹을 다녀왔다. 울산에는 없는 메뉴였던 멘치가스로 화젯거리를 만들고 울산에서 선점 효과를 노린 것이다. 메밀국수 비수기의 매출 공백을 멘치가스가 거뜬히 메웠다. 손이 많이 가는 메뉴여서 차후에는 하루에 40~60개의 한정 수량만 판매했다.

매출에 타격을 입힌 프랜차이즈 베트남 쌀국수 가맹점 출현에 대해서는 섣불리 대응하지 않았다. 때를 기다리면서 민 대표의 숨은 실력을 여러 매체에 알리는 홍보 전력을 채택했다. 유행을 타고 재구매가 잘 이뤄지지 않는 베트남 쌀국수 같은 업종은 오래가지 못할 것으로 예측했다. 꾸준히 홍보 활동을 벌이자 각종 매체의 음식 콘텐츠 제작 담당자들까지도 민 대표의 존재를 인지하게 됐다.

여러 일간지와 TV 방송국에서 출연 섭외가 들어와 대부분 수락했다. 출연할 때마다 민 대표는 자신의 내공을 유감없이 보여줬다. 동시에 '우동 달인 출신 오너 셰프가 운영하는 메밀국숫집'이라는 걸 외부에 충분히 알렸다. 역시 예상대로 베트남 쌀국수집에 뺏겼던 손님들이 다시 돌아왔다. 매출이 서서히 회복되고 상승세를 이어갔다.

30평 소규모지만 주말에 400~600만 원 매출도

분석과 전략은 내가 맡고 민 대표는 음식 구현 능력을 극대화했다. 두 사람이 각자 자신의 분야에서 역량의 집중과 선택을 했던 것이 시너지 효과를 냈다.

"근처에 장사 안되는 해장국집이 있습니다. 업주가 성실하고 무척 부지런합니다. 그 집 해장국 맛도 특별히 나쁘지 않고요. 하지만 손님들이 굳이 그 집에 가야 할 이유가 없다는 게 맹점입니다. 장사가 안되니까 업주가 동네 다른 식당들을 기웃거립니다. 다른 집들도 장사 안 되는 걸 확인하면서 정신 승리법으로 넘어가는 거지요. 식당 경영도 안목이 필요합니다. 자신에게 부족한 자질이 있다면 이를 인정하고 외부의 도움을 받는 게 현명하지요."

2018년 초여름으로 접어들자 〈섬섬옥수〉는 하루 15회전으로 상당히 높은 회전율을 보였다. 주말에는 대기 손님이 줄을 섰다. 매출액이 평일에는 300만 원 정도, 주말에는 500만~700만 원 정도 된다. 99㎡(30평) 규모의 작은 점포치고 적지 않은 성과다. 최근 아버지의 외식업을 발전적으로 이어받고자 민 대표의 장남이 현장 수업을 받고 있다.

7장

곧 창업하는
당신에게 드리는
조언

🔵 식당 이름이 식당의 기를 살린다

이름은 이르는 것(謂)이다. 이름을 짓는다는 것은 대상의 정체성을 함축적인 몇 글자로 규정하는 일이다. 사물이건 사람이건 식당이건 이름을 가짐으로써 비로소 그 정체성이 태어나고 드러난다. 길가의 제비꽃에 제비꽃이라고 불러줘야 제비꽃은 제비꽃이 된다. 제비꽃이라고 부르기 전에는 그저 잡초 가운데 하나일 뿐이다. 이름은 생명을 부여하고 존재에 의미를 부여한다. 그래서 이름은 중요하고 함부로 지어서도 안 된다.

좋은 이름은 식당의 특징과 개성을 담아야 한다. 발음하기 쉽고 간단하면서 나름의 의미를 함축해야 한다. '대박' '부자' '복' '돈' 등 너무 노골적으로 물욕을 드러내는 글자나 이름도 피하는 것이 좋다. 천박한 느낌이 들 뿐 아니라 차별성도 부각되지 않는다. 해석이 불가능한 서양 문자의 조합이나 어려운 단어도 좋은 이름은 아니다.

미신 같지만 이름에는 기(氣)가 서려 있음을 느낀다. 또한 언어에는 주술적 기능이 있다고 한다. 자꾸 부르다 보면 그대로 실현된다는 것이다. 식당 이름도 예외가 아니다. 수많은 이름 가운데 왠지 당기는 이름, 착착 감기는 이름이 따로 있다. 새로 지은 옥호는 처음에 무척 어색하다. 그러나 차츰 일상적으로 부르고 더구나 장사가 잘되면 입에 금방 붙게 된다.

지명이나 흔한 이름은 차별화가 되지 않는다. 한우로 유명한 경북 안동에 갈비 품질이 아주 우수한 갈빗집 〈안동한우갈비〉가 있다. 갈비의 품질이나 업주의 실력에 비해 매출은 만족스럽지 않다. 꾸준한 홍보 활동 노력으로 어느 정도 매출 상승을 이루긴 했지만 한 가지 아쉬운 점이 옥호다. 그 집 옥호는 소재한 도시의 이름인 안동에서 차용했다. 아무리 개성이 뛰어나고 차별화 요소가 많아도 손님에게는 그 도시의 여러 갈빗집 가운데 하나로 묻혀버리기 쉽다.

지금까지 100개 이상 옥호를 작명했다. 쉽게 태어난 이름은 하나도 없다. 이름 하나하나에는 그 식당의 개성과 정체성이 담겨 있다. 때로는 업주의 포부나 희망도 녹아 있다. 얼핏 기억나는 몇 개만 소개한다.

〈호천당〉은 호연지기가 느껴진다. 호천(昊天)은 넓고 큰 하늘을 뜻한다. 평양식 식도락을 의미하는 〈서경도락〉은 풍류의 멋과 여유가, 주역(周易)의 자강불식(自强不息)에서 착안한 〈자강갈비〉는 강한 의지의 표현이 들어 있다. 〈잰부닥〉은 전라도 주인이 운영하는 전라도 음식임을 강조하기 위해 '모닥불'의 호남 지방 방언을 차용했다. 〈도쿄커틀릿〉은 메밀국수로 유명한 일본 관동 지역의 중심지인 도쿄와 돈가스의 원형인 커틀릿을 조합한 이름이다. 〈화포식당〉은 불(火)+대포(큰 잔의 술)+식당이다. 고기를 불에 구워 술과 밥을 먹는 식당이라는 의미다. 화끈하고 힘이 넘치는 옥호다.

울산의 우동 전문점 〈아키라〉도 처음에는 일본 전국 시대의 다이묘 이름에서 따온 것이었다. 손님 입장에서는 의미도 통하지 않고 부르기도 어려웠다. 우동집과의 관계성도 희박했다. 나는 일본의 영화감독 구로사와 아키라의 이름에서 따와 식당 이름을 지었다. 풍부한 콘텐츠를

잰부닥 개업 직후 〈잰부닥〉의 외관. 호남 방언에서 따온 이름이 식당 정체성을 함축하면서 정겨워 보인다.

보유한 영화예술인 이름을 차용, 예술 같은 우동을 선보일 것을 주문한 셈이다.

　한우 전문점 〈한소헌〉의 '한소'는 우리말로 한국의 소, 즉 한우(韓牛)의 의미다. 또한 큰 소, 으뜸 소라는 의미도 내포했다. 고객에게는 한우 전문점이라는 청각 이미지를 제공한다. 한자로는 여유와 한가함을 부르는 집(閑召軒), 또는 한국적 미소가 있는 집(韓笑軒)의 의미다. 옛 선비들이 그랬듯 바쁘고 힘든 일상에서 잠시 벗어나 한우와 냉면을 벗 삼아 즐거운 시간을 보내는 고깃집이라는 뜻을 담았다.

　서민적 정서를 담은 〈육전식당〉을 비롯해, 암소 전문점 〈자우가인〉은 암소를 뜻하는 자우(雌牛)에 미녀를 뜻하는 가인(佳人)을 조합해 완성했다. 암소 미인이라는 뜻이다. 모든 양념이 따로 놀지 말고 갈비 속에서 화이부동(和而不同)하라는 의미로 논어에서 따와 지은 〈화동갈비〉도 있다.

이름만으로 고객에게 전달하기 부족한 이미지나 점포의 개성 등은 간판 제작 시 이름과 함께 병기하는 것도 좋다. 예를 들면, 옥호 아래에 '우리 동네에서 제일 맛있는' 등의 문구를 써넣으면 된다. 이름은 점포의 주인이 직접 지으면 더 좋겠지만 안 되면 전문가에게 의뢰하는 것도 좋은 방법이다.

♀ 80% 이상 망해 나간 입지에서 살아남은 식당

메밀국수와 돈가스로 만회한 최악의 입지

돈가스·메밀국수 전문점 〈호천당〉의 모태가 된 1호점은 경기도 용인의 수지점이다. 수지점 전 대표였던 최윤집 대표는 현재 〈호천당〉 수원 칠보점을 성공적으로 운영하고 있다. 최 대표는 두 번의 성공을 발판 삼아 수원에 몇 곳 더 개점할 계획이다. 지금 다점포 경영주가 될 꿈을 꾸고 있지만 처음부터 성공의 길이 순탄하지는 않았다.

최 대표는 20년 넘게 외식업에 종사하고 있는 베테랑 외식업자다. 처음 식당에 발을 들인 것은 1995년 갈빗집 직원으로 취직해서다. 2년간 식당 일을 해보니 직접 운영해도 잘할 자신이 생겼다. 1997년, 시댁 이모의 제안으로 경기도 안산에 수원갈비 전문점을 함께 차렸다. 이후 갈빗집 등 각종 아이템을 번갈아 가며 무려 11번 식당을 창업했다. 창업 후 안정되면 외식업 진출을 원하는 주변 지인에게 넘겨주고 재창업하길 반복했다.

그러나 2015년 수원에서 갈빗집 〈칠보화로〉를 열고 처음으로 고전했다. 섬처럼 고립된 상권에 갈빗집을 창업한 것이 실수였다. 이때 직화구이 삼겹살과 맛이 월등한 후식 냉면을 메뉴로 장착하고 홍보에 집중하면서 매출을 크게 끌어올렸다.

위기 탈출에 성공한 어느 날 우연히 최 대표는 경기도 수지에 빈 점포가 나온 것을 보고 마음이 움직였다. 집에서 아주 가깝고 권리금이 없었던 것. 내심 〈칠보화로〉 같은 갈빗집을 하나 더 갖고 싶었다. 2016년 9월 덥석 계약을 해버렸다. 점포를 계약했지만, 너무 성급했다. 정신을 차리고 보니 고깃집을 해서는 안 될 위치였다.

죽어 있는 상권인 데다가 점포 위치가 고객이 찾아오기 어려운 곳에 있었다. 갈빗집은 고사하고 일반 식당으로도 입지가 너무 안 좋았다. 그전에도 여러 식당이 들어왔다가 망해서 나간 자리였다.

경기도 남부 지역에는 메밀면으로 유명한 전문점이 별로 없다. 용인의 수지라면 메밀면으로 충분히 차별화가 가능할 것으로 판단했다. 차별화에 성공하고 홍보 활동을 통해 부각하면 떨어지는 입지 조건을 만회할 것 같았다.

최 대표는 갈빗집을 포기하고 메밀국수 전문점으로 점포 콘셉트를 재정립했다. 메밀국수를 기본으로 하고 메밀국수의 계절적 한계를 보완해줄 돈가스를 조합하는 형태의 식당 창업을 시도했다.

문제는 창업 시기가 메밀국수의 비수기인 겨울철로 접어드는 가을이라는 점이었다. 겨울을 무사히 잘 나야 했다. 겨울 메뉴인 스키야키(일본식 고기전골)와 스지오뎅나베(소 힘줄 근육과 어묵으로 끓인 전골) 등으로 잘 넘긴 후, 개점 6개월이 지나면서 차츰 매출액이 늘고 자리를 잡았다. 122㎡(37평) 규모에 하루 200명의 손님이 찾아왔다. 기적이었다. 사실 점포 입지가 매우 좋지 않아 걱정했는데 매출이 꾸준하게 나오자 최 대표도 놀랐다.

〈호천당〉 수지점은 가족 단위 외식의 명소가 됐다. 이제 더는 찾아가기도 어려웠던 구석에 있는 식당이 아니라 멀리서도 찾아오는 식당이 됐다. 수지점 덕분에 이웃에 입점해 있는 상가가 예전과 달리 다소 활기를 띠었다.

두 번째 성공 딛고 세 번째 점포 물색 중

최 대표는 갈빗집을 오래 운영해왔다. 갈빗집 운영과 〈호천당〉 운영을 자연스럽게 비교하고는 한다. 갈빗집은 반찬이 많이 필요해 식자재 구매량과 품목이 많고 다양하다. 아침마다 시장을 보러 가는 게 보통 힘든 일이 아니었다.

최 대표는 〈호천당〉 운영의 최고 매력을 갈빗집보다 높은 수익성, 그리고 갈빗집보다 낮은 인건비와 관리비를 꼽았다. 특별한 조리 기술도 필요 없고 연령, 계층, 성별 구분 없이 누구나 선호하는 아이템이라는 점도 맘에 들었다고 한다.

〈호천당〉 수지점에서 만족할 만한 경영 성과를 얻은 최 대표는 2018년

4월, 116m²(35평) 규모의 수원 칠보점을 개점했다. 보증금 4,000만 원에 월세 300만(관리비 포함) 원, 권리금 없는 점포였다. 이제 개점한 지 얼마 안 됐지만 출발부터 호조를 보이고 있다. 향후 수원에서 다점포 운영 계획을 갖고 있는 최 대표는 얼마 전 수지점을 다른 사람에게 인도했다.

현재 식당 일은 최 대표 부부와 두 아들이 함께하고 있다. 네 식구는 일과 후 맥주 파티를 연다. 네 명이 매일 맥주 한 잔씩 하면서 하루 일과를 정리하는 것이다. 이 자리에서 그날 하루 경험한 에피소드를 나누기도 하고 점포 운영에 필요한 정보도 교환한다. 건의 사항이나 제언도 기탄없이 논의한다. 어떤 때에는 난상토론의 장으로 변한다. 힘들어하는 식구가 있으면 서로 토닥이고 위로하는 자리가 되기도 한다.

가족 경영은 주인의식을 갖고 가족끼리 손발을 잘 맞출 수 있는 장점이 있지만 단점과 한계도 존재한다. 의사결정 과정이 폐쇄적이고 권위적으로 흐르기 쉽다는 점이다. 최 대표는 이 맥주 파티를 가족 경영의 단점을 극복하는 장치로 십이분 활용할 예정이다.

한편, 최 대표는 향후 자금이 확보되면 수원 시내에 〈호천당〉 점포를 추가로 더 개점할 계획이다. 현재 세 번째 점포를 개점하기 위해 준비 중이다. 모두 5개점을 확보, 지금 함께 일하고 있는 두 아들에게 각각 한 곳씩 경영을 맡길 생각이다.

〈호천당〉 창업은 초기 투자 비용이 적은 건 아니지만 회수가 빠르다는 것이 그의 판단. 따라서 과감하게 투자하고 수익을 최대한 창출해내겠다고 한다.

📍 고객의 반은 여성-생선구이 전문점

가수 조용필의 노래 가운데 '지구 위의 반은 남자 지구의 반은 여자 너는 나의 밤을 밝히는 달…'이라는 가사가 있다. 지구의 반만 여성이 아니라 식당 손님의 반, 아니 반 이상이 여성 고객이다. 고객이라고 하면 중성적 의미이지만 외식업 종사자는 '고객'이라는 단어를 들으면 먼저 여성 고객을 떠올려야 한다. 외식시장의 트렌드를 주도하고 외식할 때 의사결정의 주도권을 쥔 쪽은 아무래도 남성보다 여성이다.

일본 후쿠오카에 갈 때 밥 생각이 나면 들르는 식당이 있다. 후쿠오카 마루이백화점 안에 입점한 〈오봉 데 고항(おぼん de ごはん)〉이라는 일본 가정식을 파는 가게다. 1,000~1,500엔 사이의 가격대에 30여 가지 메뉴를 판매한다. 맛은 그저 그런 수준이지만 부담스럽지 않고 메뉴 선택의 폭이 넓어 가끔 이용한다.

이웃 다른 식당엔 손님이 하나도 없는데 이 집은 언제나 손님이 그득하다. 일본에서도 밥집 니즈가 여전히 존재함을 확인해주는 식당이다. 특이한 점은 손님의 90%가 여성이다. 식기, 차림새, 음식의 색 배합이 화려하면서 깔끔하다. 밥상 위에 놓인 그릇과 음식들의 형태·색상이 미적 감동을 준다. 밥상은 음식과 식기를 오브제로 사용한 한 편의 예술작품이 된다. 여성 고객들이 반하지 않을 수 없다.

경기가 나빠져도 밥을 안 해 먹는 경향이 갈수록 농후하다. 우리나라도 중산층 상권 내 여성을 타깃으로 한 밥집이 필요하다. 여성들끼리의 각종 모임이 적지 않고 그 모임은 대개 외식으로 이어진다.

오봉 데 고향 맛있는 밥집인 일본 〈오봉 데 고향〉에는 언제나 여성 고객들이 줄을 섰다.

크고 작은 여성들의 모임을 우리 식당으로 유치하기 위해 가장 크게 신경 써야 할 것은 무엇일까? 인테리어다. 인터리어 수준이 받쳐줘야 여성 고객이 찾아온다. 아무리 불경기라고 해도 여성 고객은 식당의 환경을 따진다. 몇 해 전 여성들을 상대로 했던 식당 선호도 조사에서 중식당이 꼴등을 했던 결정적 이유도 지저분한 환경 때문이었다.

경기도 용인 〈산으로 간 고등어〉는 여성 친화적 콘셉트로 인근 상권 내에서 가장 흡입력이 센 밥집이다. 특히 중년 주부들에게 매력적인 요소가 많다. 〈산으로 간 고등어〉는 음식, 인테리어, 직원들 태도가 모두 여성 입장에서 만족스러운 식당이다. 객단가가 1만 원대로 너무 비싸지 않으면서 합리적인 수준인 점도 여성 고객을 끌어들이는 요인이 된다.

가정 내에서 외식 장소 의사결정권은 여전히 여성의 몫이다. 음식이 맛있어도 허름하다는 인상을 주면 여성 고객은 발길을 끊는다. 여성 고객뿐 아니라 그녀가 이끌고 올 가족 단위 손님이나 단체 손님까지도 받지 못한다.

♀ 준비 덜 된 식당 개점은 비극의 시작

잘나가던 식당도 어렵다는 요즘, 너무 안일하게 문을 여는 식당이 아직도 있다. 2019년 초봄 어느 날, 모처럼 식구들과 저녁을 먹으러 경기도 수지에 새로 생긴 한 중식당에 갔다. 264m²(80평) 규모의 중형 식당으로 주차장도 갖췄고 새로 문을 열어서인지 식당 안팎이 깔끔했다. 과연 어떤 식당일지 기대를 갖게 하기에 충분했다.

그렇지만 결론부터 말하자면 이 식당은 고객 불만 요소를 골고루 갖춘 채 문을 열었다. 영업할 준비가 덜 된 것이다. 나 또한 외식업 종사자의 한 사람으로서 이건 좀 지나치다 싶은 생각이 들었다. 동네 작은 규모의 중국집도 그 정도로 허술하게 준비한 상태로 개점하지 않는다.

차에서 내리니 식당 전면에 셰프의 사진과 함께 '요리에 혼을 담다'라는 멋진 문구를 넣은 대형 현수막이 보였다. 전문가가 찍고 제작한 느낌이 들었다. 아마 비용도 적잖이 들어갔을 것 같았다. 동행했던 아들은 "저런 광고물을 보면 식당 신뢰도가 올라간다"고 했다. 그러나 나는 그렇게 생각하지 않는다. '포장된 이미지'라는 느낌이 먼저 든다. 미사여구는 가끔 부족함을 가리는 방패막이가 된다.

그렇더라도 광고 문구는 함부로 쓸 게 아니다. 적지 않은 돈을 들여 고객의 공감 아닌 반감만 사는 광고물이라면 애초에 안 만드는 게 낫다. 실체를 반영하지 못한 요란한 포장은 언젠가 거품이 걷히게 마련이다. 실체가 드러나면 남는 건 고객의 씁쓸한 배신감이다. 배신감을 느낀 고객은 두 번 다시 오지 않는다.

직원들 서비스도 평균 이하였다. 상냥함까지는 바라지 않았다. 서비스 종사자는 최소한 손님들이 불편할 정도로 얼굴이 어두워서는 안 된다. 그날 직원들 표정은 왠지 무거웠다. 처음이고 충분히 교육받지 않아서 그랬는지 서비스가 어색했고 자신감이 부족했다. 싫은 걸 억지로 하는 것처럼 음식을 날랐다. 이것저것 궁금했던 것들을 좀 물어보려다가 그만두었다.

메뉴판을 보니 비싼 고급 메뉴 위주로 구성했고 가격을 비교적 높게 책정했다. 우리는 해삼 요리인 오룡해삼, 딤섬(다진 고기, 해산물, 채소 등을 싸서 쪄낸 중국식 만두)의 일종인 소룡포와 새우 쇼마이(돼지고기와 새우를 갈아 넣고 쪄낸 중국식 만두)를 주문했다. 오룡해삼은 내겐 추억의 음식이다. 생전에 어머니께서 지금은 사라진 서울 녹번동 단골 중식당에 자주 데려가셨는데 거기서 오룡해삼을 사주시곤 하셨다. 그때 입에 붙은 맛이 나이를 먹어서도 잊히지 않는다.

잠시 후 주문한 음식이 나왔다. 식자재 품질이 부실했고 원가를 줄이고자 한 흔적이 노골적으로 보였다. 오룡해삼에 들어간 건해삼은 너무 얇았다. 오룡해삼에 종이처럼 얇고 질 낮은 해삼이 들어간 건 이해하기 힘들었다. 맛도 형편없었다. 모든 음식이 그렇지만 특히 오룡해삼은 경험 많고 실력이 뛰어난 조리사가 조리해야 제맛이 난다. 어설픈 솜씨의 결과물 같았다.

딤섬 중에서 고객 주문 빈도수가 높은 새우 쇼마이(3개 8,500원)는 비쌌고 맛은 기대치에 크게 못 미쳤다. 소룡포(3개 8,500원) 역시 너무 비쌌다. 이 식당에서 차로 15분 정도 거리에 있는 〈크리스탈 제이드〉 광교점에서는 8개에 9,000원이다. 음식 수준은 물론이고 인지도나 서비스에서 3~4단계 뒤지는 후발 업소에서 이런 가격을 책정했다는 게 이해가 되지 않았다. 짐작하건대 인근 경쟁점 시장조사도 제대로 안 해본 것이 아닌가 싶었다. 마지막 식사 메뉴로 주문한 짜장면도 무려 8,000원을 받았다. '삼선'이나 '유니'짜장면도 아니면서 8,000원씩 받는 건 너무 심했다.

식사를 마치고 나갈 때 원활하지 않은 주차 서비스도 문제였다. 주차 관리인의 안내대로 주차장 안쪽에 차를 댔는데 식사하는 동안 누군가 연락처 메모도 없이 내 차 뒤에 주차를 했다. 이럴 경우 주차 관리인이 뒷차 차주의 차 열쇠를 보관하고 있거나 최소한 연락처를 확보하고 있어야 하는 게 정상이다. 그런데 그 어떤 조치도 없었다. 한참 소동을 벌인 뒤 15~20분 만에 차주가 나타났고 겨우 그곳을 빠져나왔다.

이 집은 음식 수준, 음식 가격, 서비스, 주인의 경영 철학 등에서 대전 〈봉봉원〉과 크게 대조적이었다. 〈봉봉원〉은 주변 점포가 대부분 철수하고 인적도 끊긴 재개발 지역이어서 입지가 최악이다. 자금 여력이 부족해 점포 시설도 낙후됐다. 그러나 주인 노부부가 우수한 식자재를 사용해 숙련된 솜씨로 수준 높은 요리를 제공한다. 방문 고객들은 가격이 비싸지 않으면서 맛도 우수하다는 평가와 함께 부부의 진정성에 감탄한다. 음식과 고객에 대한 주인의 진실한 마음이 느껴진다는 것이다.

2019년도 아카데미 시상식에서 작품상은 〈그린북〉이, 감독상은 〈로마〉가 각각 차지했다. 개인적으로 〈로마〉가 최고의 영예인 작품상을 탔으면 했다. 물론 둘 다 수준 높은 훌륭한 작품이다. 그렇지만 〈로마〉는 감독의 진정성이 듬뿍 담긴 작품이고 〈그린북〉은 시나리오 각색이 심하다. 음식으로 치면 조미료가 과하게 들어갔다.

영화나 식당이나 진정성이 녹아든 작품과 음식을 제공했으면 좋겠다. 식당을 이용하는 고객 역시 인위적으로 꾸민 이미지보다 진정성을 더 인정해주고 평가해주는 분위기가 정착됐으면 좋겠다.

새로 문을 연 이 중식당은 진정성이라곤 찾아볼 수 없었다. 시설과 규모로 보아 최소한 5~7억 원 정도 투자한 것 같다. 그렇지만 음식과 서비스, 메뉴 구성, 가격 책정, 직원 교육 등에서 준비가 충분하지 못한 상태다. 호기심에 찾아왔다가 불만만 가득 차서 돌아간 손님이 나뿐만은 아닐 것이다. 외식업은 단순히 자본금만 넉넉하다고 쉽게 성공할 수 있는 사업이 아니다. 식당을 열기 위해 갖춰야 할 것이 많지만 가장 먼저 챙겨야 할 것은 진정성이 아닐까?

부록

☑ 성공 식당의 핵심 키워드 22
☑ 창업 전에 다녀와야 할 식당들

☑ 성공 식당의 '핵심 키워드 22'

식당 창업자나 경영자라면 최소한 알아야 할 것들을 키워드로 정리했다. 앞 장에서 언급했던 내용 중 일부를 요약하거나 반드시 필요한 핵심 사항을 추가했다. 지금까지 외식업 콘셉트 기획자로 생활하면서 발견하고 깨달은 사항들이기도 하다. 시간이 없어서 책의 앞부분을 다 읽지 못한 독자라면 이 부분만이라도 읽고 현업에 뛰어들었으면 한다.

1. 보수성

우리나라 소비자는 나이를 불문하고 식성에서 보수적 경향을 띤다. 새로운 음식에 대한 호기심이나 니즈도 분명 존재한다. 하지만 긴 사이클로 보면 본래의 입맛으로 회귀하려는 흐름이 감지된다. 치킨만 해도 그렇다. 오븐 치킨이나 각종 양념 치킨들이 유행을 따라 잠시 우세를 보이다가 차츰 줄어들고 있다. 결국 튀긴 음식인 프라이드치킨이 다시 회귀했다.

중산층 지역인 경기 판교 유명 백화점 식당가에서 가장 장사가 잘되는 곳은 중식당 〈신승반점〉이다. 최신 유행 음식을 파는 식당들을 따돌리고 노포 중식당이 매출과 손님 수에서 압도적 1위다. 그 많은 손님이 먹고자 하는 음식은 짜장면(유니 짜장)과 탕수육이다. 한때 중상 가격대 프랜차이즈 아이템이었던 베트남 쌀국수가 엄청난 확산력을 보였으나 지금은 차분해졌다. 번쩍번쩍하는 새롭고 희귀한 음식이 성공하기엔 한국 사람 입맛이 기본적으로 보수적인 것은 분명하다.

2. 해장

술 마신 뒤 남아 있는 불편한 술기운을 시원하게 풀어주는 게 해장이다. 우리나라 성인 중 음주 인구가 적지 않다. 음주 후에는 식당에서 다수의 사람이 '해장 메뉴'를 선택한다. 경기 분당 〈솔밭식당〉은 삼겹살집이다. 고기를 구워주는 서비스도 없고 아날로그적 분위기가 풍기는 무난한 식당이다. 그런데 손님이 항상 붐빈다. 해장국을 먹으러 오는 손님들 때문이다. 또한 해장적 요소가 고기 구매 고객을 끌어당기는 주요 요인이기도 하다.

오피스 상권 중심으로 우리나라는 해장 음식이 잘 팔린다. 남성들이 출장 등으로 지방을 방문하면 대개 해장국을 끼니로 먹는 경우가 많다. 출장지에서 인터넷 검색창에 그 지역 지명과 함께 '해장' 혹은 '아침 식사'로 쳐 넣고 식당을 검색한다. 최근 김치찌개가 묵직한 스타일보다 시원한 맛이 더 인기를 끄는 것도 이런 특성을 반영한다. 중·노년층 남자 고객이 평양냉면을 선호하는 이유 중 하나가 냉면 국물이 해장에 최고라는 생각 때문이다.

대전 대박 식당인 〈태평소국밥〉의 핵심 콘셉트도 해장+가벼운 안주다. 식당 메뉴에 해장 음식이 있으면 경쟁 우위 요소를 더 보유하는 것이다. 이른 아침 영업이나 밤늦은 영업도 가능해 그만큼 영업시간을 늘릴 수도 있다. 해장은 한마디로 확장형 콘셉트인 것이다.

3. 복합 콘셉트

과거 설렁탕이나 냉면 등 일부 메뉴는 전문점이 각광을 받았다. 전문점 음식일수록 고객 신뢰도가 높았다. 지금까지 여전한 메뉴도 있다. 여기에 새로운 균열 조짐이 보인다. 최근 한 식당에서 2~3가지 콘셉트로 손님을 모으는 곳들이 차츰 눈에 띈다.

전주 〈에루화〉는 떡갈비와 냉면, 창원 〈임진각식당〉은 석쇠불고기와 소고기국밥, 울산 〈우시산함양집〉은 비빔밥과 한우국밥, 울산 〈섬섬옥수〉는 돈가스와 소바…… 이처럼 두 가지 콘셉트를 내세워 손님들을 끌어들이고 있다. 이들 식당은 공통점이 있다. 서로 보완하고 유기적 역할을 하는 두 가지 메뉴를 내세웠다는 점과 점심 매출이 활성화된 식당들이라는 점이다. 다중 복합 콘셉트 식당이 뜨고 있지만 세 가지 이상의 콘셉트는 오히려 초점이 분산되어 역효과 우려도 있다.

4. 실행력

나는 강원도 막장에 관심이 많다. 막장은 장에서 간장을 빼지 않은 속성 된장이다. 주로 강원도 지역에서 많이 담근다. 약간 단맛이 나고 일본 된장인 미소와 비슷한 맛도 있다.

한국을 방문한 일본인 식당 종사자들에게 먹여봤더니 맛에 대해 확실히 호의적인 반응을 보였다. 막장은 일본인뿐 아니라 외식업 종사자에게도 호기심의 대상이다. 관심을 가진 식당 주인들과 함께 강원도로 막장 벤치마킹을 여러 번 다녀오기도 했다. 하지만 거기까지다. 벤치마킹에서 깊은 인상을 받았다고 하면서도 막상 막장을 메뉴에 접목하는 등 실제 행동으로 옮기는 사람은 극히 드물다. 막장은 고깃집에서 매우 유용한 후식 재료이자 사이드 메뉴 재료인데 말이다.

남녀노소 누구나 선호하는 장류가 막장이다. 현재 서울의 유명 고깃집 〈육통령〉은 가성비 높은 정식(9,000원)에 막장으로 끓인 토장찌개를 구성해 고객들에게 인기가 높다. 서울 삼각지 〈봉산집〉은 차돌박이 전문점이지만 된장찌개(막장)가 유명하다. 어느 정도 검증된 아이템이라면 실행력의 차이가 경쟁력의 차이다.

5. 몰아치기 벤치마킹

우리 직원들이 하루에 여섯 곳의 돈가스 전문점 벤치마킹을 다녀온 적이 있다. 하루에 세 끼를 먹는 인간에게 여섯 번씩 음식을 먹어야 하는 게 고역이긴 하다. 그러나 식당 종사자가 동종 메뉴를 비교·대조하는 데 이보다 좋은 방법은 없다. 야심적으로 개발한 새 메뉴의 품질이 어떤지, 취약점은 무엇인지를 알고 싶다면 이 방법이 효과적이다. 식당 콘셉트나 메뉴의 포지션이 자신의 식당과 비슷한 곳을 여럿 선정하는 게 포인트다.

사전에 벤치마킹할 곳들을 골라 하루에 몰아치기로 돌아본다. 그들 메뉴와 비교·대조하면 우리 메뉴의 장점, 단점, 비슷한 점, 다른 점이 '즉자적'으로 선명하게 드러난다. 짧은 시간에 일목요연하게 자신의 메뉴를 객관화할 수 있는 좋은 방법이다.

돈가스 집중 벤치마킹을 통해서 꼭 보완해야 할 기본 사항을 금방 파악할 수 있다.

6. 소비자 관점

식당 주인은 식당 문을 나서는 순간 한 사람의 소비자다. 가끔은 가족들과 함께 다른 식당으로 외식을 다녀오기도 한다. 그때 식구들을 데려가고 싶은 식당이 있을 것이다. 역지사지(易地思之), 내 식당도 남들이 찾아오고 싶어 하는 식당이어야 한다. 고객의 재방문 의사를 유발하는 요인은 여러 가지이지만 가장 큰 요인은 가격이다. 적정한 가격 책정이 그래서 중요하다. 설령 고객에게 비싸다는 느낌을 주더라도 최소한 인색하다는 인상을 주어서는 절대 안 된다.

어느 유명 중식당은 볶음밥이 맛은 좋지만 비싼 편이다. 그런데 양을 엄청 많이 주다 보니 손님들 불만이 거의 없다. 안동 〈신선식당〉 냉우동은 시원하고 맛이 좋다. 게다가 아주 푸짐하게 준다. 손님들은 주인 인심이 후하다고 느낀다. 사실 따지고 보면 원가 차이가 그리 크진 않을 것이다. 소비자는 냉철하기도 하지만 한편으로는 나이브한 측면이 더 강하다.

7. 무주공산

몇몇 고수급 외식업 경영자 사이에 '아무개가 이번에 무주공산에 입성했다'는 말을 가끔 주고받는다. 주인 없는 빈 산은 먼저 깃발을 꽂는 사람이 임자다.

서울 삼각지의 고깃집 〈몽탄〉은 참신한 기획과 디자인, 마케팅으로 순식간에 대박집 반열에 올랐다. 삼각지는 구도심지여서 노포 위주의 허름한 가게들이 대부분이다. 그동안 세련된 형태의 고깃집은 없었다.

이런 상권에 럭셔리한 고깃집이 등장하자 쉽게 사람들 눈에 띈 것. 만약 이 집이 강남의 선릉이나 교대에 같은 모습으로 개업했다면 지금 같은 독점적 지위는 누리지 못했을 것이다.

사무실 밀집 지역도 주택가도 아닌 애매한 상권이었던 서울 신사동에서 대박을 터트린 중식당 〈송쉐프〉, 전에는 막국수집이라고는 찾아볼 수 없었던 부산에서 막국수로 성공한 〈주문진막국수〉, 경기 오산의 벌판에 세운 신축 건물에 들어가 엄청난 성공을 거둔 〈짬뽕지존〉, 이들은 모두 공통점이 있다. 특정 상권 내에서 아예 없거나 지지부진한 아이템을 양질의 상품력과 기획력으로 무장해 입성한 식당들이다.

내가 18년째 살고 있는 경기도 분당 수지 지역에는 나의 단골 중식당이 없다. 중화요리를 먹을 때면 서울이나 인근 지역으로 간다. 중산층 눈높이에 맞는 중식당이 아직 무주공산이다. 누군가 먼저 괜찮은 중식으로 깃발을 꽂는다면 오래 번창할 듯하다.

8. 부메랑

마케팅이나 점포 활성화를 위해 취했던 조치가 나중에는 오히려 식당 발전에 걸림돌이 되는 경우가 있다. 짬뽕을 간판 메뉴로 내건 어느 중식당은 개점할 때부터 손님들에게 피자를 서비스로 제공했다. 손님 반응은 당연히 좋았다. 얼큰한 짬뽕을 먹은 뒤 입가심하기에 아주 맞춤했던 것. 그러나 피자는 서서히 짬뽕 맛의 만족도를 떨어트리고 사이드 메뉴 추가 주문을 가로막는 요인으로 등장했다.

수원의 어느 소갈빗집은 3인분을 주문하면 3인분을 추가로 제공했다. 역시 처음엔 손님들이 환호했다. 하지만 점차 고객에게 '싸구려 고깃집'으로 인식하게 만드는 단초가 됐다. 장기적으로는 수익성을 악화시키는 요인이기도 했다. 또한 수지 개선을 위해 객단가를 올리는 데도 장애가 됐다. 나중에 '그때는 맞고 지금은 틀린 마케팅'이 되어서는 안 된다.

9. 따라 하기 주문

고깃집 주인들과 점심메뉴 활성화를 위한 벤치마킹을 다녀온 적이 있다. 몇 곳의 고깃집을 돌고 잠시 커피숍에 들렀다. 누군가 냉커피를 주문하자 모두 따라서 냉커피를 시켰다. 식당 손님들의 주문 패턴도 이와 유사하다. 마치 '첫 번째 펭귄'이 바다에 뛰어들면 다른 펭귄들도 뛰어드는 모습 같다. 목표 메뉴가 확고한 손님도 있지만 적지 않은 손님들이 일행 중 먼저 주문한 메뉴를 따라서 주문한다.

식당 측에서는 팔고 싶어 하는 메뉴를 SNS나 메뉴판을 통해 손님에게 알려야 한다. 손님의 눈에 잘 띄게 디자인하고 배치해야 한다. 특히 메뉴 선택에 적극적인 '첫 번째 펭귄'을 공략하는 데 초점을 맞춰야 한다. 기왕이면 조리가 간편하거나 수익성이 높은 메뉴 위주로 고객이 자주 쉽게 주문하도록 고객을 길들여야 한다.

10. 조삼모사

소비자의 식당 선정 기준 1순위는 가격이다. 식당은 같은 값이면 손님의 체감 가격을 낮춰야 한다. 연매출 2,000억 원대의 성장가도를 질주하는 소갈비 전문점이 있다. 1만 1,000원짜리 갈비탕은 이 집의 식사 시그니처 메뉴다. 소갈비 양이 푸짐하지는 않지만 갈비탕으로서 비싼 가격은 아니다. 이 집은 탕도 많이 판매하지만 또 다른 식사 메뉴인 점심 고기 정식 판매도 만만치 않다. 탕 전문점이 아니어서 가격을 1만 1,000원에 맞춘 것이다. 사실 고깃값을 올리긴 쉬워도 밥값 올리긴 어렵다. 고기 먹은 건 생각 못하고 손님은 저렴한 가격에 갈비탕을 먹었다는 느낌만 들 것이다. 어느 차돌박이 프랜차이즈 전문점의 시그니처 메뉴는 1인분에 6,900원이다. 손님들 모두 저렴한 식당이라고 여긴다. 하지만 이 집의 실제 객단가는 2만 원 정도다. 2만 원을 계산하고 나와서도 손님 머릿속 그 집은 6,900원 수준의 저렴한 식당으로 각인돼 있다.

11. 중독성

아내가 무척 선호하는 한식당이 있다. 웰빙적 요소가 많고 음식이 깔끔하다. 아내와 함께하는 퇴근길에 저녁 한 끼 먹기에 맞춤한 집이다. 그런데 최근에 점점 발길이 뜸해졌다. 언제부턴가 그 집 음식에 질렸다. 그 집의 강점인 저염식(低鹽食)이 원인인 것 같다. 고객 건강을 위해 배려한 것이 오히려 독이 됐다. 또한 변화 없는 반찬 차림도 작용했을 것이다.

반면, 국내 최대의 설렁탕 프랜차이즈 식당의 설렁탕 맛은 탁월하지 않아도 쉬 질리지 않는다. 일종의 중독성이 있다. 그 설렁탕 중독 요인은 설렁탕보다 반찬으로 나오는 김치에 있다. 세 가지 김치를 내오는데 그중 익힌 숙성 김치 맛이 탁월하다. 액젓을 넣고 숙성도가 적당한 김치에 자꾸만 손이 간다. 이 설렁탕 집 숙성 김치는 양질의 액젓을 사용했고 무엇보다 숙성 관리를 잘한다. 한국인은 발효 음식에 은근히 중독성을 느낀다. 우리 아들은 서울 태생임에도 갈치속젓에 고기 찍어먹기를 좋아한다. 어쩌면 이것이 모든 세계인의 입맛 속성인지도 모르겠다. 마늘과 일종의 멸치젓갈인 안초비(anchovy)를 사용하는 이탈리아 음식이 세계인의 입맛을 사로잡는 것도 그 때문 아닐까?

12. 양면성

예전에는 사람의 속성을 곰과 여우에 비유하곤 했다. 곰은 우직함을, 여우는 영리함을 상징한다. 손님들은 곰처럼 우직한 식당 주인을 좋아한다. 곰 같은 주인은 누구의 감시나 통제가 없어도 양질의 식자재를 사용하고 건강에 좋은 음식을 만든다. 여러 번 방문해 먹어보면 손님은 대략 감을 잡는다. 곰 같은 주인인지 아닌지.

어떤 식당 음식은 보통 수준인데 단지 아이템이 좋아서 잘되는 곳이 있다. 이런 식당 근처에 곰 같은 주인이 운영하는 식당이 생기면 곧 '곰 식당'에 밀린다. 식당 주인이라면 일단 우직해야 한다. 하지만 동시에 여우처럼 영리해야 성공한다. 곰 같다고 해서 여우 같지 말라는 법은 없다. 재료비 원가가 50~60%에 이르는 미끼 메뉴가 있으면 수익성이 높은 메뉴로 균형을 잡는 여우 같은 영리함이 필요하다.

13. 타이밍

어떤 일이든 적절한 시기가 있다. 씨를 뿌릴 때가 있고 작물을 거둘 때가 있다. 거둘 시기에 씨를 뿌려서는 안 된다. 그 반대의 경우도 마찬가지. 4~5년 전에 두툼한 숙성 삼겹살이 최고의 인기를 누렸다. 당시 '숙성 삼겹살 창업 배'에 올라탄 사람들은 순풍을 맞으며 쾌속 항진했다. 심사숙고 끝에 배에 탔건 얼떨결에 배에 올라갔건 다수가 장사의 재미를 만끽했다.

외식업도 아이템에 따라 만조기와 간조기가 있다. 어떤 아이템은 그 주기가 짧고 어떤 아이템은 길다. 간조기에 배에 타거나 만조기라고 해도 반짝 인기 아이템에 잘못 타면 안 된다. 도중에 풍랑을 만나거나 심하면 파선에 이르기까지 한다. 지금이 간조기인지 만조기인지, 오래 가는 아이템인지 반짝 아이템인지 정확한 분석이 필요하다. 배를 선택하거나 배에 오르기 전에 경험 많은 항해사의 조언을 귀담아 듣는 게 중요하다.

14. 허드(쏠림)

허드(herd)는 무리, 군중, '떼지어 가다'라는 의미다. 아프리카 초원 지역을 담은 다큐멘터리 영화를 보면 물소, 누우, 가젤 등의 초식 동물이 떼 지어 이동하는 모습이 종종 나온다. 그런 모습이 바로 허드다. 인간이 식당을 이용하는 패턴에서도 허드 현상이 나타난다. 손님이 많은 식당일수록 손님이 더 몰린다. 반대로 손님이 없는 식당은 들어가려던 손님도 안 들어간다. 이렇게 되면 갈수록 격차가 커진다.

가족과 여행 중 검색을 통해 한 식당을 정하고 갔더니 그 식당은 고객이 많은 데다 일찍 영업을 종료했다. 어쩔 수 없이 인근의 주차 공간이 넓은 식당을 발견하고 갔다. 그런데 그 식당은 메뉴 일관성이 없고 넓은 주차장은 텅 비어 있었다. 우리는 차를 돌려 다시 제3의 식당으로 향했다. 사람 심리가 이렇다. 허드 현상 때문에 식당은 개점 후 3개월 동안 무슨 수를 써서라도 손님을 채워야 한다.

경기도 수원시 〈가보정갈비〉는 2003년 광우병 파동 때 돌솥비빔밥 시식권을 몇 개월간 뿌려 손님을 채웠다. 돌솥비빔밥 원가는 그리 높지 않다. 손님 중 일부는 공짜 돌솥비빔밥만 먹기 미안해서 다른 메뉴를 주문했다. 아주 영리한 전략이었다. 〈가보정갈비〉는 현재 수원시 매출 1등의 외식기업이다.

15. 시그니처

시그니처는 그 식당을 대표하는 메뉴다. 손님은 시그니처 메뉴만으로도 그 식당을 떠올린다. 시그니처가 강력한 식당은 정체성과 개성이 뚜렷하다. 그만큼 충성도 높은 고객을 많이 거느린 식당일 가능성이 높다.

얼마 전 가족들과 경북 충북으로 2박 3일 여행을 다녀왔다. 이른 아침 경북 문경의 〈청운가마솥손두부〉로 들어갔다. 이 식당은 두부전골과 순두부가 대표 메뉴였다. 문경산 콩으로 두부를 만들어 순두부와 각종 두부 음식을 조리한다. 음식 수준이 높을 뿐 아니라 조미료를 넣지 않고 친환경 식재료를 사용하며 간도 세지 않다. 게다가 특히 밥맛이 탁월하다. 바로 뒤 테이블에 노인 부부가 이른 아침인데도 공깃밥을 한 그릇 추가했다. 냉철한 손님은 이 식당이 건강을 지향하는 두부 전문점임을 단박에 알아차린다. 나는 곧바로 '밥맛이 발군인'이라는 헤드라인으로 블로그 포스팅을 했다.

문경 새재 관광지 인근은 음식의 레벨이 양호한 편이다. 이 두부집은 밥을 시그니처로 고객에게 어필하는 것이 최적의 마케팅일 것이다.

16. 뉘앙스

한 단어의 사전적 의미 외에 그 단어가 풍기는 미묘한 여분의 느낌을 뉘앙스라고 한다. 식당에서 뉘앙스를 풍기는 요소로는 식당 이름을 비롯해 파사드(외관 꾸밈새), 간판, 현수막 등이 있다. 손님이 음식보다 먼저 식당과 1차적으로 첫 대면을 하는 요소들이다. 손님에게 식당의 첫인상을 형성하는 데 영향을 미치는 요소들이어서 감성 소구를 제대로 하지 않으면 안 된다. 아무리 뜻이 깊고 의미가 좋아도 청각 이미지가 안 좋은 식당 이름은 피해야 한다.

한식당이라면 간판에서 차가운 청색 이미지를 빼는 게 좋다. 글씨는 비용이 저렴하고 깔끔한 궁서체가 무난하다. 경기 양평의 〈몽실식당〉은 돼지 특수 부위인 도래창으로 유명하다. 그렇지만 '몽실'이라는 정감 있고 감성적인 이름도 이 식당의 유명세를 끌어올렸다. 그뿐만 아니라 소박하고 서민적인 식당의 정체성까지 규정해줬다. 나는 권정생 선생의 동화 《몽실언니》에서 이 상호를 착안했다. 뉘앙스는 과학적 논리적으로 설명하기 어렵다. 그러나 분명히 존재하고 식당의 성패에 미치는 영향력이 크다.

17. 상품 속성 분석

야구팀 감독은 선수들의 장단점과 기질을 파악하고 경기에 내보낸다. 상인이라면 내가 파는 상품의 속성을 훤히 알아야 한다. 식당의 상품은 음식이다. 음식 원가나 이익률 같은 사항은 기본이다. 여기에 식재료 조달과 조리 과정, 조리와 서빙의 난이도, 소요 인력과 설비를 알아야 한다. 대상 고객층, 고객 어필 포인트, 맛의 특성을 꿰고 있어야 한다. 냉면을 예로 들면 평양냉면은 물냉면 중심으로 남성들이 선호하고, 함흥냉면은 비빔냉면 중심으로 여성들이 선호하는 측면이 강하다. 여성 고객을 좀 더 유치하려면 비빔냉면 소스에 신경 써야 하고, 남성 고객 위주의 상권이라면 육수를 개선하고 육수를 강조해야 한다. 선수의 장점을 살리고 최상의 컨디션으로 끌어올려야 경기를 잘 해내듯, 냉면도 자기가 맡은 포지션을 100% 소화하려면 냉면 속성에 맞는 조치를 취해야 한다.

18. 화룡점정

음식은 예술작품과 비슷한 속성이 있다. 같은 재료를 가지고도 누가 만드느냐에 따라 결과물이 달라진다. 또한 조리 과정에서 마지막 마무리를 어떻게 하느냐에 따라 결과물의 질이 확연히 갈린다. 충북 수안보의 〈향나무집식당〉은 순두부로 유명하다. 이 집 순두부는 마지막으로 양질의 참기름 한 방울을 살짝 뿌려 내온다. 순두부도 맛있지만 참기름 향이 순두부를 다 먹을 때까지 입 안에 감돈다. 식사를 끝내고도 한동안 여운으로 남는다. 마지막 참기름 한 방울이 이 집 순두부를 깊게 각인시켜주는 요소다.

몇 해 전 울산광역시의 어느 식당에서 맛본 낙곱새(낙지 곱창 새우로 끓인 전골)는 유난히 당기는 맛이 강했다. 식당 주인에게 물어보니 마지막에 어간장으로 간을 맞췄다고 했다. 평양냉면 전문점인 〈우래옥〉 냉면은 좋은 식재료를 사용하기도 하지만 간장 사용이 냉면 맛의 포인트다. 마지막으로 찍은 점 하나가 손님의 마음을 관통한다.

19. 태도

음식 수준과 함께 식당 종사자의 태도는 손님이 재방문 여부를 결정할 때 중요한 기준이 된다. 회사 근처에서 모처럼 손맛 좋은 식당을 발견했다. 저녁에는 다소 무거운 가격의 해산물 음식을 파는 식당이다. 반찬이 입에 맞아 점심에 몇 번 갔는데 문제는 주인의 태도다. 뭘 물어봐도 대답을 하지 않는다. 뚱한 표정으로 말이 없다. 앞으로도 그 식당을 계속 이용할지 의문이다.

반면, 벤치마킹을 갔던 경북 예천의 한 식당 주인의 태도는 달랐다. 하필 한창 바쁜 점심시간에 당도했다. 우리가 먼저 나온 음식을 사진 찍고 있을 때 주인이 음식을 마저 가져왔다. 주인은 음식을 든 채 짜증 내지 않고 촬영이 끝나길 기다렸다. 장사가 잘되는 대박집 주인이지만 볼 때마다 늘 겸손하고 친절하다. 두 집 모두 맛집인데 주인의 태도는 확연히 다르다. 이제 욕쟁이 할머니에게 환호하던 시대는 갔다.

20. 웰빙 포인트

요즘 소비자는 확실히 건강에 관심이 많다. 고객에게 '우리 식당은 건강한 음식을 판다'는 메시지를 전달하는 게 중요하다. 가장 확실하게 전달하는 방법은 건강 식자재(또는 건강하다고 알려진 식자재)로 조리한 음식을 제공하는 것이다.

경기도 여주의 일식집 〈허수사〉는 해초쌈을 소재로 정식 메뉴들을 구성했다. 시골 소도시가 일식집을 하기에 좋은 입지는 아니다. 그럼에도 꾸준하게 성장세를 유지한 비결은 해초쌈 키워드를 적절하게 활용했기 때문이다. 전남 담양의 〈쌍교숯불갈비〉는 반찬 구성이 뛰어나다. 특히 코다리찜과 해초 등 웰빙 지향성 반찬이 여성 고객들의 마음을 사로잡는다. 음식에 웰빙 포인트를 적절하게 주면 손님은 확실히 좋아한다. 단, 약선 요리나 약선 음식은 한 풀 꺾였다. 지나친 웰빙 콘셉트는 오히려 과유불급이다. 웰빙 포인트를 찍되 밸런스를 잃지 말아야 한다. 음식은 어디까지나 음식이지 약이 아니다.

21. 유기성

메뉴를 짤 때 가장 중요한 것이 유기성이다. 메뉴들 사이에는 연관성과 동질성이 있어야 한다. 그러면서 부족한 점을 서로 보완하는 관계에 있어야 한다. 뒤집어 말하면 전혀 생뚱맞은 메뉴가 있으면 안 된다는 얘기다. 마치 정조준하지 않고 아무렇게나 쏜 총알의 표적지처럼 메뉴 간 유기성이 떨어져서는 안 된다. 메뉴 간 유기성이 떨어지면 고객 신뢰도가 떨어진다. 짜장면 짬뽕 전문점의 평양냉면, 감자탕 집의 주꾸미에 대해 손님들은 그다지 기대하지 않는다. 설사 평양냉면과 주꾸미의 맛과 수준이 엄청 높더라도 손님들은 미덥지 않다. 주문할 확률도 낮다. 장사가 잘 안 돼서, 혹은 손님이 찾는다고 하나둘 늘린 메뉴들이 대개 이런 식이다. 코다리 전문점에서 황태해장국이나 코다리회냉면, 코다리회냉면, 막국수 등을 추가하는 건 좋다. 겨울에 동태찌개를 팔아도 괜찮다. 명태라는 연결고리로 서로 유기성 있는 메뉴들이기 때문이다. 또한 강원도라는 키워드로도 묶을 수 있는 메뉴들이다.

22. 해석

사실 이것은 쉬운 일이 아니다. 해석은 기존 지식들을 분석해 새로운 상위 지식을 도출해내는 추론 과정이다. 다시 말해 행간을 파악하는 능력이다. 남보다 앞서려면 이런 능력이 필요하다. 우리가 책을 읽고 벤치마킹을 다니는 것은 정보와 지식을 얻고자 함이다. 애써 모은 정보와 지식을 저장만 해놓고 해석하지 않으면 낭비다. 물론 그 자체로 의미나 가치를 지닌 개별 지식과 정보도 없지 않다. 그런데 개별 정보와 지식들을 모았을 때 일정한 방향성을 띄는 경우가 있다. 정보와 지식들이 일제히 가리키는 곳에 또 하나의 상위 지식이 존재한다. 그 지식을 먼저 알아차리는 사람이 진짜 승자가 된다.

경북 〈영양숯불갈비〉는 한우로 야키니쿠처럼 즉석 양념해 직화로 구워낸 '갈비살 양념구이'가 유명하다. 양념육의 특징은 고기 색깔이 살아 있고, 양념 맛이 진하지 않다는 점이다. 이 집은 영천과 경주에 가게가 있다. 영천점 카운터에서 물었더니 양념육보다 생고기가 많이 팔린다고 했다. 영천점은 생고기가, 경주점은 양념육이 훨씬 더 많이 팔린다. 경주점은 그 지역 내 매출이 가장 높은 고깃집이다. 외지인의 힘이다. 얼마 전 한 블로거가 〈영양숯불갈비〉 스타일의 서울 소재 고깃집을 올렸다. 그 집은 메뉴판의 양념육에 '경주식'이라는 타이틀을 붙였다. 경주는 외국인과 관광객이 많이 오는 곳이다.

위 지식과 정보들을 모아보면 '외국인과 젊은 고객은 대체로 양념육을 선호한다'는 추론이 가능하다. 만일 서울 명동과 종로 등 사대문 안에 어떤 콘셉트의 고깃집을 낼 것인지 고민하는 사람을 만난다면 나는 이렇게 조언해줄 것이다. "외국인과 젊은이들이 많이 다니는 곳이므로 그들을 타깃으로 야키니쿠식 즉석 양념육을 해보라"고. 역시 해석을 하려면 풍부한 관련 지식과 정보가 전제되어야 한다. 정보가 많을수록 해석의 결과가 더 정확하고 선명해진다.

☑ 창업 전에 다녀와야 할 식당들

이 책의 본문에서 언급한 식당들을 모았다. 대개는 맛집이라고 부를 정도로 음식 맛이 뛰어난 집들이긴 하지만 맛집을 모아놓은 목록은 아니다. 식당 창업을 앞둔 창업자들이 보고 배울 만한 벤치마킹 요소를 지닌 식당들이다. 어쩌면 이 책이 독자의 손에 들어갈 때쯤 본래의 빛이 바랬을 수도 있겠다. 이 식당들의 어떤 점을 취하고 어떤 점을 타산지석으로 삼아야 할지 한 번쯤 직접 찾아보기를 바라면서 이 책을 마무리한다. 이 책을 읽으신 당신이 식당 창업에 성공하시길 진심으로 빈다. 그 성공에 나의 조언이 조금이라도 보탬이 됐다면 더 바랄 나위가 없겠다.

고깃집 / 돼지고기			
맛찬들왕소금구이(본점)	삼겹살	053-939-9779	대구 북구 호국로 39길 26
남촌이락	삼겹살	031-643-0609	경기도 이천시 장호원읍 서동대로 8830번길 23
맛찬들왕소금구이(발산역점)	삼겹살	02-3661-5026	서울 강서구 강서로 375-7
화포식당	삼겹살	032-433-0092	인천 부평구 배곶로 4
육전식당(본점)	삼겹살	02-2253-6373	서울 동대문구 난계로 30길 16
일미락(본점)	삼겹살	02-2642-9292	서울 양천구 목동동로 226-16 1층
까치돌구이(본점)	삼겹살	042-472-0492	대전 서구 문정로 89번길 32 1층
잰부닥	삼겹살	02-577-1435	서울 강남구 강남대로 42길 13
정진식당	삼겹살	031-557-6033	경기도 구리시 아차산로 500번길 15
삼김화로구이	삼겹살	031-711-8592	경기도 성남시 분당구 느티로 16
화동갈비	양념갈비	02-386-5775	경기도 고양시 덕양구 용두로 3
하남돼지집	삼겹살	031-796-9232	경기도 하남시 대청로 137번길 12
육통령	삼겹살	010-7445-9111	서울 중구 명동8나길 37-2
오동추야	돼지갈비	031-631-9288	경기도 이천시 증신로 160

고깃집 / 소고기

서동한우(본점)	숙성 한우	041-835-7585	충남 부여군 부여읍 성왕로 256
뜨락	한우 안심	02-543-2987	서울 강남구 영동대로 142길 13-3
배꼽집	한우 안심	02-539-3323	서울 강남구 강남대로 128길 22
값진식육	한우	02-2634-9288	서울 영등포구 선유로 58-4
화진식당	한우	031-471-8776	경기도 안양시 만안구 충훈로 72번길 22
한소헌	한우	031-711-9220	경기도 성남시 분당구 성남대로 331번길 3-3
안동한우갈비	한우갈비	054-857-6337	경북 안동시 경동로 677-10
국일생갈비	한우갈비+된장찌개	053-254-5115	대구 중구 동산동 106-1
가보정	소갈비	1600-3883	경기도 수원시 팔달구 장다리로 282

불고기

한밭식당	불고기	041-642-2311	충남 홍성군 광천읍 광천로 299번길 6-1
임진각	석쇠불고기+소고기국밥	055-296-9292	경남 창원시 의창구 팔용로 515
큰언니불고기	불고기	(전화없음)	서울 서대문구 신촌로 87-8
광릉불고기(원주점)	불고기+막국수	033-742-9286	강원도 원주시 북원로 2577
일미옥불고기	불고기+시래기밥	041-632-3319	충남 홍성군 홍성읍 문화로 72번길
서경도락	직화불고기	02-512-1092	서울 강남구 도산대로 208

떡갈비

고산떡갈비	떡갈비	031-842-3006	경기도 의정부시 평화로 562번길 13
동신면가	떡갈비	02-481-8892	서울 강동구 올림픽로 803
에루화	떡갈비	063-252-9946	전북 전주시 완산구 고사평5길 25

메밀국수 · 돈가스 · 함박 · 우동

섬섬옥수	메밀국수	052-275-2777	울산 남구 삼산로 278번길 8
면옥향천	메밀국수	051-747-4601	부산 해운대구 해운대로 383번길 26
호천당	메밀국수+돈가스	02-567-1244	서울 강남구 삼성로 51길 11
메밀공작소	메밀국수	031-529-2626	경기도 남양주시 진접읍 금강로 1576번길 7

그집	메밀국수+만두	031-718-5115	경기도 성남시 분당구 황새울로 258번길 42
도쿄커틀릿	돈가스	02-6465-4050	서울 성북구 동소문로 22길 57-1
윤화돈까스	돈가스	02-3463-0863	서울 강남구 도곡로 221
오로라경양식	함박스테이크	02-424-2332	서울 송파구 백제고분로39길 33
미화당살롱	함박스테이크	051-803-1955	부산 부산진구 중앙대로 680번가길 75-1
장안정	함박스테이크	02-2246-6574	서울 동대문구 답십리로 314
아키라	사누키 우동	052-267-0840	울산 남구 왕생로 62번길 15-1
야마다야	사누키 우동	031-713-5242	경기도 성남시 분당구 구미로 124
일본 신슈소바무라타	메밀국수	81-92-291-0894	후쿠오카현 후쿠오카시 하카타구 레이센마치 2-9-1
호천당	돈가스	02-567-1244	서울 강남구 삼성로51길 11 카이로스빌딩 103호
일본 가츠레츠테이	흑돼지돈가스	81-96-322-8771	구마모토현 구마모토 시 주오 구 신시가이 8-18

탕반

형제갈비	갈비탕	02-365-0001	서울 서대문구 연세로 24
감미옥	설렁탕	031-709-9448	경기도 성남시 분당구 탄천로 181
서울깍두기(전포동점)	설렁탕	051-816-3950	부산 부산진구 서전로 49
우작설렁탕	설렁탕	02-584-8544	서울 서초구 서초중앙로 6길 7
태평소국밥	소고기국밥	042-522-5757	대전 중구 태평로 116
고성죽집	소고기국밥	051-802-5945	부산 부산진구 새싹로 8번길 69
약수순댓국	순댓국	02-2236-5926	서울 중구 다산로8길 7
진미옥	설렁탕	031-865-3626	경기도 동두천시 생연로 185-1
신선설농탕	설렁탕	032-327-3388	경기도 부천시 옥산로 104
원조칠성소곰탕	우족탕	053-425-3486	대구 북구 칠성남로 212-1

된장국 · 찌개류

신토불이된장배추국	된장국	031-338-5880	경기도 용인시 처인구 양지면 죽양대로 2299
아는집가정식부페	된장국	02-573-1239	서울 서초구 강남대로 30길 28
인정식당	된장국	041-933-4918	충남 보령시 동대동 983-110
일출옥	된장국	063-443-5524	전북 군산시 월명로 491
임꺽정부대찌개	부대찌개	02-2645-8252	서울 양천구 목동동로 12길 27
모박사부대찌개	부대찌개	031-675-5288	경기도 안성시 대덕면 서동대로 4653

왕릉골김치찌개	김치찌개	031-967-6611	경기도 고양시 덕양구 원당로 319번길 2
중앙해장	곱창전골	02-558-7905	서울 강남구 영동대로 86길 17
광주똑순이아구찜	아구찜	02-2668-3030	서울 강서구 강서로 375-8
김네집부대찌개	부대찌개	031-611-1041	경기도 평택시 송탄로 375-1
옛골토성(연산점)	곱창전골	051-864-9797	부산 연제구 월드컵대로 179

냉면

봉피양(본점)	평양냉면	02-415-5527	서울 송파구 양재대로 71길 1-4
우래옥	평양냉면+불고기	02-2265-0151	서울 중구 창경궁로 62-29
서경도락	평양냉면	02-512-1092	서울 강남구 도산대로 208
신부자면옥	함흥냉면	031-898-1700	경기도 용인시 기흥구 용구대로 2601 1층
다미정	함흥냉면	031-764-0473	경기도 광주시 초월읍 설월길 29
반룡산	함흥냉면+가릿국밥	02-3446-8966	서울 강남구 테헤란로 78길 26 1층
금고깃집	함흥냉면	02-3662-8295	서울 강서구 마곡동로 61 109호
육미옥	함흥냉면	031-227-8040	경기도 수원시 권선구 오목천로 143-1

막국수

고기리막국수	막국수	031-263-1107	경기도 용인시 수지구 이종무로 119
성천막국수(양재점)	막국수	02-589-5689	서울 서초구 논현로 83 삼호물산빌딩
막불감동	막국수	02-883-2110	서울 관악구 남부순환로 1599
주문진막국수	막국수	051-501-7856	부산 동래구사직로 58번길 8
진남포면옥	막국수+이북식 찜닭	02-2252-2457	서울 중구 다산로 108

칼국수 · 수제비

밀란국수	칼국수+만두	02-574-3216	서울 강남구 개포로 28길 4
성복동국수집	칼국수	031-276-8865	경기도 용인시 수지구 성복2로 76번길 25-20
황도바지락칼국수	바지락칼국수	02-484-6554	서울 강동구 천호대로 1256
행하령수제비	수제비	031-716-2335	경기도 성남시 분당구 성남대로 144번길 14
산월수제비	수제비	02-556-8229	서울 강남구 삼성로 212 은마상가
화심칼국수	수제비	063-243-9303	전북 전주시 덕진구 모래내5길 10-2

| 창모루 | 칼국수 | 031-792-9700 | 경기도 하남시 검단산로 301 |

만두 · 국수

보영만두	만두+쫄면	031-255-1085	경기도 수원시 장안구 팔달로 271
묘향손만두	만둣국	02-444-3515	경기도 구리시 아차산로 63
오월에초당	멸치국수	033-651-0187	강원도 강릉시 난설헌로 234-5

중식

용화반점	볶음밥	032-761-5970	인천 중구 참외전로 174번길 7
일일향	어향동고	02-545-6154	서울 강남구 논현로 168길 30
송쉐프	난자완스	02-546-1178	서울 강남구 도산대로 1길 40
오구반점	군만두	02-2267-0516	서울 중구 수표로 60
봉봉원	양장피	042-256-1110	대전 중구 목척3길 42
편의방	삼선만두	051-247-7358	부산 서구 보수대로 258번가길 27
신선식당	우동+짜장	054-853-7790	경북 안동시 광석3길 20
진진	중식	070-5035-8878	서울 마포구 잔다리로 123

백반류

황태마을	황태구이	055-931-7787	경남 합천군 대병면 회양관광단지길 28-10
양산박	돌솥비빔밥	02-3463-0074	서울 서초구 양재동 267번지
우시산함양집	비빔밥	052-260-9060	울산 남구 삼산로 228번길 19
일미식당	백반	02-766-6588	서울 종로구 삼일대로 428
산으로간고등어	고등어구이	031-263-6823	경기도 용인시 수지구고기로 126
지심도밥상	해산물 밥상	02-3478-1008	서울 서초구 서초중앙로 142 삼하빌딩 지하2층
원조화심순두부	순두부찌개	063-243-8268	전북 완주군 소양면 전진로 1051

기타

김씨부엌	족발+칼국수	031-713-3838	경기도 성남시 분당구 백현로 101번길 16
폴앤매리	햄버거	033-648-2893	강원도 강릉시 임영로 116 번안길 1
부민옥	양 무침	02-777-4323	서울 중구 다동길 24-12
용지봉	한정식	053-783-8558	대구 수성구 들안로 9

줄 서서 먹는 식당의 비밀

초판 1쇄 인쇄 2019년 9월 10일
초판 1쇄 발행 2019년 9월 17일

지은이 김현수
펴낸이 이상규
주간 주승연
디자인 엄혜리
마케팅 임형오

펴낸곳 이상미디어
출판신고 제307-2008-40호(2008년 9월 29일)
주소 (우)02708 서울시 성북구 정릉로 165 고려중앙빌딩 4층
전화 02-913-8888(대표), 02-909-8887(편집부)
팩스 02-913-7711
이메일 lesangbooks@naver.com

ISBN 979-11-5893-093-6 03320